Virtuoso Teams

Virtuoso Teams

GRANDES EQUIPOS QUE CAMBIARON EL MUNDO:
ENSEÑANZAS PARA LA EMPRESA MODERNA

Andy Boynton

y

Bill Fischer

**JORGE
PINTO
BOOKS**

Jorge Pinto Books Inc.
Nueva York, USA

— Miles Davis: un innovador permanente, que al menos en tres ocasiones diferentes se rodeó del talento de los vurtuosos para cambiarle el rostro al jazz.

— Sid Caesar: una semana tras otra, el proceso de actividad frenética en el que se embarcaba su equipo, integrado Mel Brooks, Woody Allen, Neil Simon, y Carl Reiner, revolucionaba la comedia y el entretenimiento ofrecidos por la televisión en los Estados Unidos.

— Thomas Edison: no sólo el solitario "hechicero de Menlo Park";, lejos de ello, el líder de un gran equipo compuesto por individuos extraordinariamente talentosos.

— Roald Amundsen: el explorador que, al elegir y liderar a un equipo de expertos mejor dotados para aprender y adaptarse a las circunstancias que sus competidores, venció a su rival en la carrera hacia el Polo Sur.

— El Proyecto Manhattan: un conjunto de cerebros trabajando denodadamente contra los nazis en un esfuerzo consciente para preservar al mundo libre.

— West Side Story: la sangre sobre el escenario exigía música, danza clásica, y grandes resultados artísticos y económicos. Todo ello llegó de la mano de un equipo de superestrellas decididas a triunfar.

— Norsk Hydro: un equipo formado por selectos ingenieros noruegos hacen que el salvar a su compañía del desastre se vea como una historia de suspenso.

Los equipos corteses obtienen resultados acordes. No tiene por qué ser así.

Este volumen trata acerca de equipos revolucionarios que funcionaron como catalizadores para lograr cambios y rendimientos innovadores. Al no verse limitados por los enfoques convencionales que rigen el trabajo en equipo, los *Virtuoso Teams* resultan a menudo conflictivos y siempre menos cómodos que otros equipos, pero si se logra reunir a las personas adecuadas y liderarlas correctamente, suelen obtenerse resultados extraordinarios. Los *Virtuoso Teams* no constituyen estructuras permanentes, pero casi siempre sus miembros se convierten en líderes de sus respectivos campos de especialización durante la generación siguiente.

Ya sea que se trate del lanzamiento de un nuevo producto o servicio innovador, de aceptar el desafío que significa competir en nuevos mercados o, simplemente, de transformar las modalidades operativas de una empresa, *Virtuoso Teams* puede marcar la diferencia entre lograr un éxito de alto impacto o sólo conseguir un nuevo resultado modesto para sumar a aquellos de iguales características que no le son ajenos.

En *Virtuoso Teams*, Andy Boynton y Bill Fischer presentan al lector algunas de las más irresistibles y variadas historias jamás reunidas acerca de los modos más notables de liderazgo.

Andy Boynton y Bill Fischer han tomado parte activa en el entrenamiento de cientos de equipos en los Estados Unidos de Norteamérica, abarcando proyectos que cubrían desde el lanzamiento de un nuevo producto hasta el logro de cambios culturales, y desde grupos dedicados a los medios de comunicación hasta iniciativas tecnológicas; y también han aplicado su perspectiva a diversos organismos gubernamentales. A partir de este tesoro de experiencias, aprendieron a reconocer que, respecto del rendimiento de un equipo, existe una diferencia entre "promesa" y "cumplimiento". En este volumen su experiencia cobra vida su particular manera de abordar los secretos de aquellos equipos extraordinarios que cambiaron el mundo en la época en que les tocó vivir.

Andy y Bill trabajaron en equipo durante más de una década, combinando la práctica de su experiencia gerencial con un saber académico que les deparó premios en su tarea docente y en su actividad literaria. Fueron compañeros de tareas en el cuerpo de profesores de IMD en Lausana, Suiza, como también en la Facultad de Negocios Kenan-Flagler, dependiente de la Universidad de Carolina del Norte en Chapel Hill.

En la actualidad, Andy Boynton se desempeña como decano de la Facultad de Ciencias de la Administración Carroll, en Boston College, habiendo integrado asimismo el cuerpo de profesores de Darden, Facultad dependiente de la Universidad de Virginia.

Bill Fischer es Profesor de Administración para la Tecnología en IMD, y ha ocupado el cargo de Presidente Ejecutivo y decano de la Escuela de Negocios Chino-Europea (CEIBS) de Shanghai, China.

Andy dedica este libro a Jane, el amor y la roca de su vida. Fue ella quien me alentó a ir en pos de mis sueños. Todos nosotros, los varones Boynton —Owen, Dylan, Ian, Evan y yo— le debemos más de lo que pueden decir las palabras. Jane es el líder definitivo de nuestro modesto *virtuoso team*: nuestra Amundsen, Edison, y Bernstein, todos en una, junto a nosotros en las grandes aventuras de nuestra familia a lo largo de la vida.

Durante años, Bill ha tenido una deuda pendiente con Marie: un libro, como mínimo, por haber sido, desde siempre y para siempre, lo mejor y lo más importante que le ha ocurrido en la vida. Marie: ¡éste es tu libro! Además, Bill ha sido bendecido con un gran *virtuoso team* que ha hecho que la vida merezca ser vivida. La historia de ese equipo no está incluida en las narraciones que componen este libro, aunque bien podrían haber formado de él. Todo mi agradecimiento a Marie, Amy, Billy, Kim, Sergio, Nicolás, Isabella y Gerome por ser un equipo tan maravilloso.

Índice

Agradecimientos de los autores   xv

1 **Liberar el talento de los *virtuoso teams*:**   1
Gestión y liderazgo de un equipo muy especial

2 **Presión sobre el cliente y presión sobre nosotros mismos:**   25
El equipo descortés detrás de *West Side Story*

3 **Ingredientes esenciales de la masa critica:**   49
Utilizando la presión del tiempo para desencadenar
el talento en el Proyecto Manhattan

4 **El impulso hacia el cambio dentro y fuera del equipo:**   69
Creando la revolución a pedido en la "fábrica de inventos"
de Thomas Edison

5 **Yendo más rápido con mayores conocimientos:**   91
El equipo de Roald Amundsen aprende cómo llegar
al éxito polar

6 **La entrega de grandes resultados, semana a semana:**   113
El equilibrio entre la libertad y la dirección bajo
el liderazgo de Sid Caesar

7 **El liderazgo del talento mediante la confianza:**   139
Miles Davis crea la innovación serial a través de la escucha
y la improvisación

8 **Equipos ardorosos en un clima frío:**   163
Ante la adversidad, Norsk Hydro quebranta las reglas
en pro de una rápida recuperación

9 **Aumente la potencia de su equipo:**   181
Cómo conducir a su equipo hasta niveles de elevado
rendimiento

Apendice I
Guía de implementación   211
Apendice II
Tres ejemplos de agendas DeepDive   215
Apendice III
Muestra de materiales utilizados durante un DeepDive   223

Agradecimientos de los autores

Todo libro atraviesa un período de gestación; éste fue particularmente largo y dificultoso. Comenzó varios años atrás, con la percepción inquietante de que cada mes nos encontraría trabajando con una empresa diferente, empeñada en incorporar a los "grandes" a sus filas; en convertirse en "el empleador favorito" dentro de su esfera de negocios; en ser vista como un imán que atrajera a los talentos de las universidades donde reclutaban a su personal y, sin embargo, año tras año, aunque continuaban sumando "grandes" recursos humanos, estas empresas no cesaban de producir resultados *mediocres*. En realidad, las personas que conocimos en nuestras aulas y en la labor que desempeñábamos como asesores, ¡*eran* grandes talentos! Eran ambiciosos, reflexivos, experimentados, y se encontraban ansiosos por desplegar su capacidad, pero se hallaban atrapados en organizaciones que desperdiciaban ese potencial. Creemos que no es así como debe funcionar la ecuación. El poder de la organización y de quienes la gestionan no debe traducirse en la fórmula "ingreso de personal valioso → egreso de resultados ordinarios". La construcción de organizaciones y la adopción de estilos de liderazgo que *reducen* el talento en lugar de *engrandecerlo* justifica una crítica severa a los profesionales de la gestión. Estábamos convencidos de que no tenía por qué ser así. Así fue como se originó este proyecto.

Hace varios años, comenzamos la búsqueda de "historias de éxito:" ejemplos que mostraran que, bajo las condiciones propicias, los grandes talentos podían ir más allá de sus propias expectativas. Comenzamos por equipos de superestrellas en las artes, el entretenimiento, y las ciencias, donde las experiencias eran mucho más abiertas y accesibles que en las corporaciones, donde los intereses comerciales echaban un manto de oscuridad sobre este tipo de historias. Finalmente, acabamos por encontrar múltiples casos en las firmas con las que trabajamos, aunque la mayoría de las veces los interesados se mostraban renuentes a permitir que se publicaran sus historias por razones de modestia, política interna, o inclusive temor a los celos. Entonces decidimos manejarnos con lo más accesible y vívido, y concentrarnos sobre un puñado de experiencias grupales de las que todos podrían aprender. Las historias que elegimos provienen de diversas "industrias" e intereses, pero todas comparten características del trabajo en equipo, el liderazgo, y el talento, casi siempre dentro de un ambiente comercial competitivo.

A lo largo del recorrido, recibimos muchísima ayuda; tanta, que nos es imposible enumerarla toda en estas páginas: vaya todo nuestro agradecimiento a todos los que la brindaron. Pero hay algunas personas en particular que merecen una mención especial. Nuestras familias, a quienes dedicamos este libro, fueron nuestro sostén más ferviente, ofreciéndonos la paciencia y el apoyo sin los cuales esta obra no se habría convertido en realidad; muchas veces realmente disfrutaban de las historias en las que estábamos trabajando, pero no fueron los únicos. Un gran número de ejecutivos, en diferentes programas, siguieron el desarrollo de estas historias y de nuestros argumentos: en todos los casos, el interés que demostraron y la energía de su reacción al material nos proporcionó el apoyo que necesitábamos para que nuestros conceptos se plasmaran en un libro. Norsk Hydro, en particular, nos permitió relatar la asombrosa historia de su triunfo en el proyecto del Bloque 34. Nuestro agradecimiento a Knut Asebo, Jan Helge Skogen, y Torstein Dale Sjøveit. IMD, la escuela cuyo cuerpo docente integramos durante gran parte del tiempo que llevó escribir el libro, nos prestó un respaldo increíble. John Walsh, director de I&D, jamás dudó de la importancia de lo que hacíamos, aunque algunos aspectos de ello resultaban algo extraños para la perspectiva de una escuela comercial, y el director de I&D Petri Lehtivaara siempre encontró los recursos necesarios para otro equipo más, sin importar cuánto hubiésemos excedido ya el presupuesto. Peter Lorange, presidente de IMD, también fue un entusiasta del proyecto, y contribuyó con el imprescindible y muy apreciado "empujón" cuando aflojábamos el paso. Jim Ellert también nos alentó; Gordon Adler, quien está ahora a cargo de las Relaciones Públicas en IMD, se involucró profundamente en prácticamente todas las etapas del proyecto casi desde el inicio. Sin su ayuda, lo que ahora es un libro habría quedado en un conjunto de ideas interesantes: uno más, entre tantos. Nuestros colegas fueron unánimes en su apoyo, y nos proporcionaron numerosos ejemplos de *virtuoso teams* que habían admirado desde siempre. Phil Rosenzweig, en particular, no dejaba de encontrar ejemplos desconocidos de *virtuoso teams*, lo cual reforzaba nuestra confianza en la existencia del fenómeno. El entusiasmo de todos ellos, libre de todo intento de competir, es una de las razones por las cuales es grandioso trabajar en IMD. En MIT-Sloan, la empresa asociada a IMD, nuestro buen amigo Charlie Fine se mostró tan encantado de trabajar con este material que nos dio la pauta de que teníamos algo que valía la pena.

Disfrutamos enormemente nuestro trabajo con Jaime Marshall, el primer editor que nos asignó Pearson. Creyó en el proyecto desde el instante en oyó hablar de él, y siempre nos brindó su ayuda. Su sucesora, Laura Brundell, recogió la pelota sin mirar atrás cuando se hizo cargo. Fue maravilloso trabajar con ambos. Kirsten Sandberg, de Harvard Business School Press, nos proporcionó asesoramiento vital en las primeras etapas del proyecto, y eso hizo la diferencia en el producto final: el libro es mucho mejor gracias a sus percepciones. Robert Crawford, quien en aquel momento era un escritor independiente residente en Italia, nos ayudó a desarrollar los capítulos como casos comerciales autónomos. Ello fue esencial para el armado del proyecto: su talento literario dejó marca en casi todas las páginas. Roland Huntford, autor de *Last Place on Earth*, se convirtió en un verdadero amigo, ofreciéndonos visiones que van mucho más allá de su estudio maestro sobre la carrera polar entre Amundsen y Scott. Amanda Vaill le quitó tiempo a la escritura de su biografía de Jerome Robbins: *Somewhere: A Life of Jerome Robbins*, de próxima aparición, para compartir con nosotros su punto de vista acerca de Robbins como catalizador del "virtuoso team" que creó *West Side Story*. En IDEO, Bruce MacGregor y Dave Blakely, ambos directores de grupo, realizaron grandes aportes a nuestra impresión de que esa gran organización no cesa de formar *virtuoso teams* como factor esencial de la manera en que encaran su trabajo. La lista de personas que nos prestaron su ayuda es mucho más larga; a ellos les daremos las gracias personalmente, pero esperamos que, en las páginas de este libro, puedan visualizar el impacto que sus ideas provocaron en nosotros.

Para cerrar, a Bill le gustaría llevarse todo el crédito, responsabilizando a Andy por los errores, mientras que Andy piensa exactamente lo contrario. La sociedad entre nosotros ha sido una bendición para ambos, y nuestro pequeño *virtuoso team* no sólo hizo posible este proyecto, sino que constituyó una grandiosa experiencia de vida personal y profesional.

Como leer este libro

Cada capítulo ilustra las experiencias de un *virtuoso team*. El primero resume las enseñanzas aprendidas, y los capítulos del 2 al 8 narran las historias de varios de los *virtuoso teams* que destacamos. Estos capítulos pueden leerse en cualquier orden; en realidad, sería conveniente leer cualquiera de los capítulos referidos a los equipos antes del Capítulo 1. Haciéndolo así, el primer capítulo resultará más familiar, en lugar de ser visto como un mero resumen general. Por último, el capítulo 9 trata de aquellas situaciones en las que usted no cuenta con un *virtuoso team*, pero aún así desea aumentar sus probabilidades de alcanzar un éxito importante. En dicho capítulo describimos un proceso adaptado de los *virtuoso teams* que trabajan en IDEO, modificado por nosotros para enfrentar los desafíos que se presentan a las actividades de gestión.

1

Liberar el talento de los *virtuoso teams*

Gestión y liderazgo de un equipo muy especial

Este libro trata de cómo gestionar y liderar equipos que funcionan como catalizadores de *grandes cambios*. Existen ya muchos textos excelentes a disposición del lector acerca de las maneras más eficaces para la administración de estos equipos, con explicaciones de la contribución que realizan a las organizaciones de "elevado nivel de desempeño". Son buenos libros, y muchas de las mejoras que implementan las organizaciones giran alrededor de las ideas provenientes de estas fuentes. Sin embargo, nuestra experiencia e investigación nos llevan a sugerir que los *grandes cambios* difieren del cambio incremental o de las "mejoras", y que los equipos que se forman bajo este tipo de liderazgo requieren de un enfoque harto diferente.

Llegado el momento de lanzar una rama de servicios o un producto nuevo, innovador, o de gran envergadura, o de incursionar en los desafíos que presentan los nuevos mercados, o de iniciar la transformación de la capacidad operativa en gran escala, los *virtuoso teams* pueden representar la diferencia entre el verdadero éxito o el logro de un modesto resultado. En resumen, los *virtuoso teams* proporcionan un potencial extraordinario, pero necesitan de un cuidado y manejo muy especiales. Lo que identifica al concepto del *virtuoso team* reside en una premisa fundamental: los cambios profundos requieren de enfoques de gestión radicalmente diferentes. Ya se trate de las artes, las ciencias, el atletismo, la política, o cualquier otro campo de la actividad humana, estos equipos ofrecen una ventaja definitiva: reúnen a personas de talento sobresaliente para que juntas logren grandes cosas.

Nuestro libro describe los elementos clave para gestionar y liderar con eficacia a estos equipos. Un *virtuoso team*,

- Se reúne con el propósito específico de llevar a cabo *grandes cambios*. Estos pueden ser radicales o discontinuos, pero siempre representan un alejamiento significativo de prácticas anteriores y/o marcan una ruptura abrupta en el modo en el cual la organización maneja sus negocios.
- Asigna todos los cargos dentro del equipo a superestrellas (es decir, a virtuosos del campo en cuestión).
- Utiliza un modo de liderazgo absolutamente diferente del que es usual en un equipo standard, a fin de dar rienda suelta a la máxima contribución de cada una de las superestrellas.
- Una experiencia de trabajo en equipo que no sólo opera cambios profundos dentro de la organización, del cliente, o de la industria, sino que también modifica al líder y demás miembros del equipo, orientándolos hacia el momento en el que se definirán sus respectivas carreras.
- Se crea específicamente como un equipo que no se perpetuará a lo largo de múltiples iniciativas o proyectos. El virtuoso team posee un mandato único y bien definido relacionado con aspiraciones muy elevadas y firmemente encaminadas al logro de un cambio discontinuo.

Suena sencillo, pero la mayoría de las organizaciones no suelen reunir los componentes necesarios para formar un *virtuoso team*, el cual es visto como "demasiado riesgoso, temperamental, egocéntrico, y excesivamente difícil de controlar". Estas son las frases que suelen escucharse cuando se piensa en reunir a grandes talentos dentro de un mismo equipo. No obstante, creemos que si se requieren *grandes cambios*, los intentos ambiciosos liderados en las respectivas organizaciones por equipos de corte tradicional resultan insuficientes para alcanzar el objetivo esperado. No ocurren grandes cosas. No se llega a grandes resultados. Toda la organización se frena, lo cual es inaceptable en el mundo ultra-competitivo de nuestra época. Esto no significa que los equipos tradicionales y armónicos hayan perdido su utilidad; por el contrario, continúan siendo esenciales para asegurar mejoras incrementales y el funcionamiento fluido del manejo diario de muchas organizaciones. Sin embargo, cuando se buscan *grandes cambios*, es imprescindible pensar de otra manera.

Para los *virtuoso teams*, las reglas del juego son otras. Recordemos que las oportunidades que conducen a los *grandes cambios* constituyen los objetivos más apropiados para sus fines. Hemos identificado siete lecciones esenciales para el éxito de los *virtuoso teams* y su liderazgo:

Siete lecciones para los *virtuoso teams*

1 Los líderes de estos equipos introducen la cultura, visión, y acción en el contexto del grupo.

2 Los líderes de los *virtuoso teams* reclutan a los mejores talentos y jamás se dan por satisfechos con lo que se encuentra disponible en el momento.

3 Estos líderes empeñan su máximo esfuerzo en dos direcciones, presionando tanto al cliente como al equipo para lograr las metas más ambiciosas.

4 Los líderes de los *virtuoso teams* destacan al "yo" individual antes que al "nosotros" convencional dentro del equipo.

5 Las organizaciones cultivan un mercado para el desarrollo del talento dentro de sí mismas a fin de facilitar la creación de los *virtuoso teams*.

6 Los líderes de los *virtuoso teams* extienden las fronteras y actúan como poderosos canales de ideas.

7 Estos líderes estimulan el flujo de ideas mediante la administración del espacio, el tiempo, y los procesos.

Los líderes de los *virtuoso teams* impulsan la acción

Los *virtuoso teams* no son democracias: sus conductores son líderes fuertes que impulsan vigorosamente tanto al equipo cuanto a su visión, su cultura, y los resultados consiguientes. A pesar del énfasis que ponen sobre los logros y el desempeño individual, todos los *virtuoso teams* que hemos analizado giran alrededor de un único líder fuerte. Inclusive en situaciones donde se ven varios individuos fuertes y momentos de liderazgo compartido, siempre termina emergiendo un individuo que actúa como el verdadero motor del equipo.

Estos líderes introducen una visión potente y sumamente ambiciosa en el entretejido de sus equipos. Es usual que la clarividencia de los *virtuoso teams* que nos ocupan haya sido fruto de las ideas de un individuo, y que luego estas ideas hayan sido compartidas por el equipo, el cual las ha hecho suyas. La visión cohesiona al equipo, tanto por lo que significa para la condición de solista virtuoso que cada uno detenta como por lo que representa para la estructura colectiva del grupo. Dicha visión no fue negociada, ni tampoco surgió de concesiones recíprocas: debe tener características lo bastante irresistibles para asegurar la lealtad de quienes sobresalen en sus respectivas profesiones, es decir, de aquellos que son percibidos como líderes del pensamiento que ha de construir el futuro. Casi siempre, la visión es lo bastante audaz como para insuflar energía, y lo suficientemente obvia como para ejercer una atracción inmediata pero, al mismo tiempo, está dotada de una apertura que contribuye a que cada estrella vea qué lugar le corresponde en el proceso de moldearla y llevarla a buen puerto.

En los *virtuoso teams*, el líder desempeña un papel tan central que este libro podría perfectamente haberse titulado *Liderando un virtuoso team*. Es el líder quien dispone el escenario sobre el cual se ejecutará cada una de las soberbias actuaciones individuales dentro del contexto del equipo. El líder es el creador absoluto de la idea que necesita de un equipo de superestrellas para desarrollarse; es él quien selecciona a los miembros del elenco. La presencia del líder dentro del equipo es constante: está ahí física, espiritual, emocional e intelectualmente. Guía, critica, nutre, rechaza, testea, y educa. De entre los líderes que hemos investigado, algunos no tenían experiencia previa en la función, pero cada uno de ellos es un virtuoso en su propio campo. También poseían la inteligencia necesaria para saber que, en todos los casos, los conocimientos de las estrellas que habían contratado para desempeñarse en las diferentes áreas superaban los del líder En razón de su sello personal y de los atractivos de su propia visión, los líderes de los *virtuoso teams* se constituyen en imanes que atraen talentos extraordinarios.

Estos líderes prescinden de cortesías innecesarias que sólo sirven para retrasar el trabajo del equipo. Después de todo, en palabras de uno de ellos, "los equipos corteses obtienen resultados corteses", algo que no le interesa a ningún *virtuoso team*. Sus líderes los fuerzan a llegar mucho más lejos de lo que cada uno pensó que podía llegar individualmente. Las relaciones interpersonales son tirantes, y surgen tensiones. Como lugares de trabajo, los *virtuoso teams* son agotadores y conflictivos, y sin embargo son pocos los integrantes que manifiestan fatiga cuando se encuentran inmersos en el equipo: la mayoría, aunque parezca sorprendente, parece absorber energía del ambiente reinante.

Los líderes atraen a los miembros del equipo a diálogos directos, francos, abiertos, sinceros, que los conducen a conversaciones estrictamente ligadas al asunto en cuestión. Este tipo de diálogo, en contraposición con un estilo cortés, tibio, y plagado de circunloquios, se convierte en una poderosa fuente de ideas nuevas las cuales, a su vez, generan conversaciones más fructíferas. Se ve asimismo un grado más elevado de competencia respecto de las ideas, y el líder no tolera nada por debajo de la excelencia. Como resultado de ello, el diálogo entre los miembros del equipo es directo y no tiene contemplaciones para con los sentimientos personales. Los líderes son implacables al criticar el desempeño o las ideas, pero el individuo no queda involucrado como tal. Está a la vista que el ritmo del diálogo y el compromiso compartido para con la grandeza permite que los individuos desechen ideas sin tomarlo como una cuestión personal. La visión que impulsa al equipo es el objetivo predominante; la calidad del diálogo, siempre en ascenso para generar nuevas ideas, constituye el medio para concretar el fin, dejando de lado el orgullo o los sentimientos personales.

Warren Bennis ha descripto perspicazmente el concepto de "crisol" o situación de extrema dificultad en la cual se forman los líderes.[1] Creemos que los *virtuoso teams* se ajustan a este propósito y que las organizaciones deben utilizarlos con la intención de adiestrar a quienes llevarán adelante el liderazgo en el futuro. Uno de los rasgos más notables de estos equipos consiste en que, casi siempre, sus miembros se convierten en líderes de la siguiente generación en cada uno de los campos. Los *virtuoso teams* no son eternos. Pasado cierto tiempo, sus miembros toman caminos separados; cada uno va en busca de sus propios sueños y desarrolla a pleno su talento individual, dejando su propia marca, personal e indeleble, en el terreno de su especialidad. Sin embargo, lo que los distingue es que, una y otra vez, los *virtuoso teams* se transforman en el laboratorio de experimentación donde se reproducen las nuevas generaciones de líderes. Los ejecutivos de las organizaciones inteligentes perciben que el poder de estos equipos debe ser consolidado, pensándolos no sólo como un medio para aumentar las probabilidades de lograr *grandes cambios* en el presente, sino también como un poderoso vehículo para asegurar el desarrollo del liderazgo en el futuro.

Los líderes de los *virtuoso teams* reclutan a la mejor gente

El punto de partida fundamental para los líderes con visión para los *grandes cambios* reside en un gran talento. Los líderes desean no sólo cambiar el mundo, sino que aquellos que realmente triunfan en esta empresa se rodeen de equipos formados por individuos acreditados. Antes que intentar hacer las cosas por sí mismos (lo cual es a menudo imposible), o "arrastrar" a personas dotadas de menor capacidad, los líderes de los *virtuoso teams* se otorgan una cabeza de ventaja reclutando a la mejor gente para que los ayude a conseguir el objetivo que se han propuesto.

El reclutar a los mejores en lugar de emplear a los menos talentosos se traduce en mejores ideas, mayor energía, y desempeño más elevado. Si bien esto puede parecer obvio, ciertamente no es la regla que se suele seguir. En muchos casos en los que se ha emprendido una empresa en equipo a la usanza tradicional, los miembros fueron elegidos por las razones equivocadas. Pueden haber sido aptos para trabajar en equipo, o haber estado disponibles, sin tarea asignada en el momento de la decisión, o haber tenido el tipo de personalidad que se adaptaba al concepto de equipo deseado, o haber necesitado la oportunidad de integrarse a un proyecto o de aprender otras áreas funcionales. Las razones son infinitas, pero en todos los casos el resultado es una combinación de profesionales agradables, interesantes, disponibles, motivados, y especializados. Por cierto, también se toma en cuenta el talento, pero sólo como una más entre otras consideraciones. No es de extrañarse que el éxito sea problemático. No es esto lo que ocurre con los *virtuoso teams*. Provistos de un "rayo láser", los líderes virtuosos ponen la mira en reclutar talentos fuera de lo común, y se resisten a rebajar la calidad del equipo o a aceptar un piso más bajo para el talento al dar mayor importancia a criterios que no se ajusten a lo que, según consideran, ha de llevarlos a lograr el cambio concebido según la amplia visión del equipo.

El reclutamiento de grandes talentos es un punto estratégico, puesto que no serán los pusilánimes, y menos aún los mediocres, quienes vayan a gestar una revolución. Cuando se habla de "revolución", es necesario reconocer que existen grandes brechas por cubrir entre el presente y el futuro, entre lo posible y lo real, entre el talento y los sueños, y entre lo que deseamos llevar a cabo y quiénes somos y qué somos capaces de lograr en el momento presente. El enfrentar y superar dichas brechas constituye una experiencia agotadora. Desafortunadamente, la brecha entre el lugar donde quisiéramos estar y el lugar donde en realidad nos encontramos suele reducirse de manera equivocada. La brecha no va a desaparecer si nos contentamos con menos de lo que nuestra visión reclama, ni si reunimos un equipo de actores "buenos", ni qué decir mediocres. Antes que proponer ambiciones menos elevadas o un equipo condenado a obtener resultados "modestos", los *virtuoso teams* ofrecen comenzar desde un lugar diferente. El punto de partida para iniciar el camino hacia nuestras ambiciones más caras consiste en reclutar los mejores talentos y liberar su potencial dentro del *virtuoso team*. Se trata de instalar el equipo adecuado para que la visión apasionante se vuelva realidad, no de bajar el nivel de ambición respecto del lugar donde se desea ubicar a la organización.

Resultar irónico que la obsesión por el descubrimiento de grandes talentos no sea la norma cuando se trata de reunir equipos tradicionales. En lugar de ello, con inusitada frecuencia, aquellos líderes ambiciosos que sinceramente desean cambiar el mundo se encuentran casi de inmediato en desventaja por no buscar y reclutar la mejor gente en cada campo. Lo que hacen es contentarse con lo que hay a mano, o con quienes estén disponibles. Es habitual que también malinterpreten la sabiduría popular respecto del "trabajo en equipo", reuniendo o tolerando equipos cuya cultura "de equipo" puede ser armoniosa pero que, en consecuencia, están casi inevitablemente predeterminados a producir una nueva serie de resultados mediocres.

¿Cómo atraen los líderes a los talentos virtuosos? Después de todo, cuentan con abundantes alternativas. A diferencia de otros líderes que descansan en otros miembros de la organización para que éstos encuentren a quienes integrarán el equipo, los líderes de los *virtuoso teams* se colocan en una posición tal que les permita saber quiénes son las personas que necesitan (sea dentro de su unidad de negocios, organización, industria, e inclusive su profesión) y luego salen a buscarlos. Esto no ocurre al azar. Se toman su tiempo y asumen la responsabilidad no sólo de no atrasarse con los negocios, sino también de mantener el talento al día. El líder se ocupa de leer, explorar, interconectar e investigar: así identifican, listan, y contactan a los más talentosos dentro y fuera de la organización. Cada uno de los equipos que se analizan en este estudio fue explícitamente integrado por la mejor gente que se podía conseguir en su momento. El líder se aseguró de ello personalmente. Este enfoque es bien diferente del de un líder que se conforma con elegir o aceptar a "los mejores de entre quienes se hallaban disponibles".

La "sabiduría" de nuestra época respecto de la relación entre equipo y talento suele poner énfasis en "contratar basándose en la actitud, y entrenar para desarrollar las habilidades". En nuestra opinión, esto produce equipos con actitudes encomiables, pero con habilidades que no alcanzan para cambiar el mundo. Según nuestra investigación, diríamos que cuando se desean *grandes cambios*, sería más productivo que los gerentes "contrataran basándose en las habilidades, y al diablo con la actitud". Los *virtuoso teams* de superestrellas triunfan gracias a los conocimientos de sus miembros, no en virtud de su simpatía.

En la mayoría de los casos estudiados, los líderes del *virtuoso team* poseían un fuerte sello personal y constituían un "imán para el talento". Los virtuosos los buscaban para tener la oportunidad de trabajar con ellos, y jamás se les habría ocurrido rechazar tamaña suerte. Estaban convencido de que "el lugar donde había que estar" era junto a estos líderes, y esta "fama" era bien conocida en la comunidad de intereses. A menudo, ello se debía a la propia reputación de virtuoso de que gozaba el líder, y era también el reflejo de que se lo conocía por ofrecer a otros la posibilidad de expresar sus talentos, explotar su potencial, y construir su capital profesional al mismo tiempo que su carrera.

Los líderes de los *virtuoso teams* rompen las reglas al reclutar a aquellos que, según su intuición les dicta, son fundamentales para el éxito del equipo. Ello puede requerir la contratación de personas ajenas a la organización, provenientes de otros proyectos; luchar contra las objeciones interpuestas por otros miembros de la organización, o recompensar a las superestrellas. En cada uno de los casos que presentamos, el líder se involucra personalmente en la selección de los integrantes del equipo, sabe por qué están ahí y, específicamente, quiere tenerlos con él —tanto por el nombre como por la reputación que se han forjado— en razón de algún talento especial que aportan al equipo. Los miembros del equipo están enterados de esto; por lo tanto, asumen la postura de una elite. Creemos que dicha actitud, tomada al inicio del proyecto, constituye un paso fundamental para asegurar el éxito del equipo.

Si lo que se desea es cambiar el mundo, o la parte de él en la que uno está implicado, estamos convencidos de la necesidad de acumular todo lo que incline las probabilidades a favor del lado propio. Hay que reclutar a los virtuosos de mayor talento, y luego crear un ambiente de equipo donde dicho talento se respete, mientras se lo alienta a liberar todo su potencial, cuidando de no imponerle restricciones ni de empequeñecerlo.

Los líderes de los *virtuoso teams* realizan un doble esfuerzo, presionando tanto al equipo como al cliente más allá de lo que ninguno creyera posible

Los líderes de los *virtuoso teams* desafían a sus equipos a que pongan todo de sí para alcanzar alturas que requieren los mayores esfuerzos e intensidad; también ejercen presión sobre la experiencia del cliente, brindándole niveles de cumplimiento más elevados de lo que éste ha previsto. Este esfuerzo a dos puntas carga de energía al equipo y refuerza la confianza que es el sello distintivo de la superestrella individual en el contexto de un equipo poderoso.

Estos líderes estipulan sus expectativas de esfuerzo haciendo saber a todos, dentro y fuera del equipo, que éste impulsará cambios profundos, alcanzando cimas mucho más altas de lo que suele aceptarse como "elevado rendimiento". Al establecer sus expectativas con claridad meridiana, los líderes le presentan al equipo un desafío explícito: "liberen su talento extraordinario para gestar *grandes cambios,* o fracasen ante los ojos del mundo". Desde el primer momento, luego de que su contrato se ha hecho efectivo, cada miembro del equipo sabe que está allí para hacer algo grandioso, y que quienes están fuera del equipo esperan que lo haga. Es nuestra opinión que este esfuerzo inicial desempeña un papel importante en la preparación de los *virtuoso teams* estudiados, en tanto enciende todo el potencial de los talentos individuales y colectivos. En palabras de Katzenbach y Smith [*The Wisdom of Teams*], "[un] desafío exigente planteado al desempeño tiende a crear un equipo".[2] Creemos que un desafío al esfuerzo planteado a un equipo de superestrellas resulta esencial para obtener rendimientos excepcionales por parte de los individuos y del equipo.

Los objetivos de esfuerzo encienden el instinto competitivo de los virtuosos. La combinación que surge de ser identificados como "superestrellas" y reunidos con otros bajo igual calificación a los fines de afrontar un desafío de gran envergadura provoca un efecto vigorizante en individuos talentosos. En cierto modo, se les ofrece la posibilidad de demostrar lo que realmente son capaces de hacer; más aún, se les presenta una oportunidad poco frecuente de hacerlo con compañeros de equipo que son tan buenos como ellos. Es inevitable que esto les proporcione una motivación genuina para destacarse.

La presión sobre el cliente completa el concepto del esfuerzo a dos puntas característico de los *virtuoso teams*. No es posible lograr los *grandes cambios* a menos que el cliente o el público al que están destinados también experimente algún cambio. Los líderes de los *virtuoso teams* y sus integrantes creen que el cliente quiere más, no menos. Los *virtuoso teams* piensan en el cliente bajo un aspecto "ennoblecido" antes que "denigrante", y no permiten que las creencias dominantes acerca de lo que el cliente quiere los confunda. Creen que su cliente es mejor de lo que lo pintan los estereotipos, por lo cual cumplen su cometido de acuerdo con esta percepción superior. Esto no significa sólo presionar para que el cliente adquiera más productos, servicios, o soluciones. Antes bien, el *virtuoso team* cumple con el elevado concepto que tiene de su cliente. El equipo está convencido de que el cliente es mucho más complejo e interesante de lo que suele darse por sentado. Los *virtuoso teams* evitan estereotipar, puesto que ello casi siempre desemboca en una visión disminuida del cliente en lugar de una imagen aumentada. Dan crédito al cliente por su capacidad de exigir y apreciar los *grandes cambios*, y luego le permite ayudarlos a poner los cambios en práctica.

El esfuerzo a dos puntas —el desafío interno dentro del equipo y el enriquecimiento de la experiencia del consumidor/ "interesado"/ usuario final— se contrapone a lo que solemos ver tan a menudo en los equipos de aquellas organizaciones que encuentran aceptables los resultados corrientes. Es propio de estos equipos ver a sus clientes bajo una luz impiadosa, y hasta denigrante o despectiva. Esta percepción es importante, puesto que, llegado el momento de la entrega, el producto reflejará igual visión. No es sorprendente que el cliente, a su vez, suela adaptarse a estos presupuestos, y así se llega a una profecía autocumplida. Todos están satisfechos con un status quo mediocre. Es decir, lo están hasta que aparece un competidor que ofrece algo que hace las delicias del cliente. Este abriga nuevas expectativas y algunos competidores muerden el polvo. En nuestro estudio acerca de los *virtuoso teams*, la insatisfacción con la mediocridad del status quo ha sido a menudo campo de cultivo para el surgimiento de un *virtuoso team* que vendrá a cambiar las reglas del juego.

La mayoría de los *virtuoso teams* que veremos en este estudio dio a sus miembros la posibilidad de esforzarse más allá de lo que jamás habrían imaginado. Además, ello ocurre casi siempre dentro de un esfuerzo explícito por ampliar las miras del cliente, quien responde demostrando su aprecio tangible, traducido en el aporte de su entusiasmo, ingresos, recursos, y apoyo.

Los líderes de los *virtuoso teams* destacan

el "yo" antes que el "nosotros"

Los líderes virtuosos que analizamos hicieron posible que cada "yo" —es decir, cada superestrella— se remontara a las alturas, permitiendo que los grandes talentos produjeran resultados aún más grandiosos sin preocuparse por los "nosotros" que ejercen tanta influencia sobre gran parte del pensamiento gerencial de nuestra época. Antes que ajustar las conductas individuales que enfatizan el trabajo en equipo bajo el signo de "nosotros", los líderes de los *virtuoso teams* rehúsan disminuir el poder del "yo" individual. Con entera deliberación, construyeron sus equipos alrededor de las superestrellas que habían atraído a su órbita. Insistieron en cada "yo" individual antes que en el "nosotros" del conjunto del equipo. El talento extraordinario se relaciona con el "yo". Debe ser dejado en libertad y permitírsele ejecutar en el papel de solista para que logre su desarrollo pleno. ¿Cuál sería el propósito de incluir grandes talentos en el equipo para después nivelar hacia abajo con tal de que todos queden satisfechos? Los *virtuoso teams* no tienen que ver con resultados de cortesía.

Creemos que uno de los problemas cruciales a los que se enfrentan muchas organizaciones hoy en día reside en la contradicción entre los talentos individuales reclutados y los logros alcanzados por el equipo. Las organizaciones que solemos ver se enorgullecen de contratar "gente magnífica". Los líderes se jactan de su fuerza de trabajo, la retratan en sus informes anuales, y aspiran a encontrarse entre los empleadores favoritos que visitan los campus de las universidades. Estas organizaciones dedican tiempo a construir procesos de reclutamiento que les otorguen ventajas al momento de identificar a los grandes talentos y, llegado el caso, inclusive recurren a contratar personal extra. Es típico de las organizaciones que se dediquen a reclutar más y mejor que sus competidores. De ello resulta que, año tras año, una cantidad de gente valiosa ingresa a estas organizaciones, pero los mediocres balances financieros y comerciales que dichas organizaciones arrojan todos los años sugieren que estos grandes talentos, tan buscados, en lugar de crecer dentro de la organización, más bien parecieran perder brillo. De alguna manera, la suma de los muy solicitados talentos no es eficaz. ¿Cómo es ello posible? Se trata de poner en tela de juicio todas nuestras creencias respecto del poder de la organización y el liderazgo. Creemos que la respuesta reside en la forma en que el individuo descollante es visto en el contexto de demasiadas organizaciones modernas.

Las organizaciones contratan "gente magnífica" por el magnífico desempeño de estas personas a escala individual. Los logros que los convierten en recursos humanos atractivos son sus logros individuales. Casi siempre han trabajado dentro de grupos u organizaciones, pero se destacaron claramente como individuos. Es entonces que los traemos a "nuestra" organización y, las más de las veces, ponemos limitaciones a las mismísimas características que en el comienzo atrajeron nuestra atención. Los equipos sucumben ante el mismo problema. El talento se reduce, y el bajo rendimiento se convierte en la norma.

Los contextos organizativos que limitan el talento individual incluyen barreras creadas por título o función, por mérito o por experiencia, por la preocupación de cumplir con las reglas antes que insistir en que se obtengan los mejores resultados. Se trata de una cultura que fomenta la unidad de pensamiento y prefiere no aceptar el disenso; y existe, tal vez, un sentido del "nosotros" que impregna la organización y provoca desconfianza o recelo hacia cualquiera que se atreva a ponerse de pie y proclamar "Yo". Las barreras construyen una "jaula de hierro" donde queda apresado el talento individual, y el talento individual se despilfarra, el potencial se pierde, y la promesa no se cumple. El último informe anual de RRHH sugiere que la fuerza de trabajo está satisfecha, pero los resultados del mercado son poco alentadores. Dicho informe asimismo enmascara un hecho importante: son los individuos más talentosos quienes experimentan la mayor frustración. Todo ello constituye una dura crítica al liderazgo. Tanto éste como la organización deberían contar con el poder de llevar a buen término el potencial de un individuo prometedor, en lugar de desconocerlo. Un excelente liderazgo implica tomar "yo" talentosos y hacer cosas extraordinarias con ellos, y no tomar talentos para inducirlos a realizar tareas mediocres.

Los líderes de los *virtuoso teams* se abren paso a través de la inercia de las organizaciones construyendo talento alrededor de sí y creando un contexto liberador que permita el desarrollo pleno del potencial en juego. Estos líderes parten del potencial de la superestrella y luego arman el equipo, permitiendo que el talento/los talentos se eleven a las alturas. Un equipo de "yo" no busca consenso ni espera trabajar en armonía. Es casi inevitable que estos equipos estén integrados por egos enormes y opiniones sumamente firmes. En un virtuoso team, la tensión constituye un modo de vida; no es algo que se trate de evadir o minimizar. Estos equipos consideran la tensión como una ventaja para el rendimiento conjunto; no sólo son conscientes de las tensiones que circulan entre ellos, sino que las aceptan y las manejan en lugar de tratar de escapar de ellas o de desviarlas.

Una de las lecciones a extraer de nuestros ejemplos es que jamás hay que temer la creación de elites cuando se requieren *grandes cambios*. Es esencial conseguir la mejor gente, aún si ello significa buscarla fuera del grupo de pertenencia. Contentarse con quien sea que se encuentre disponible, o con aquellos que ya forman parte del equipo que usted lidera, se traduce en un claro deseo de embarcarse en un proyecto desde una posición de desventaja. Es posible que no sea "políticamente correcto" defender la meritocracia lisa y llana para iniciar el reclutamiento de un equipo de alto perfil, pero es lo apropiado para mejorar las posibilidades de lograr verdaderos *grandes cambios*. Dar lugar a que las superestrellas sean reconocidas por su elevado rendimiento debe considerarse un rasgo positivo, no en algo negativo. Si bien esta afirmación puede sonar un tanto Darwiniana, estamos convencidos de que la competencia y el desafío son factores vigorizantes.

Los líderes de los *virtuoso teams* reclutan a sus miembros en el "mercado de talentos" dentro de su organización

La movilidad del talento es el sello distintivo de aquellas organizaciones donde los líderes de los *virtuoso teams* prosperan y triunfan porque reclutan a los mejores. Damos en llamar a estas circunstancias "el mercado del talento", pues ahí es donde debe permitirse que fluya y se mueva. Cuando examinamos las razones por las cuales tantas organizaciones que se enorgullecen de contratar a la mejor gente arrojan resultados corrientes una vez sí y otra también, no podemos evitar concluir que el incumplimiento de la promesa se debe a que tanto los líderes como los individuos talentosos han sido privados de la libertad de ensamblar o reunir sus propios equipos, establecer sus propios objetivos, decidir acerca de su futuro, encaminar su rumbo, o marcar su propio paso y ritmo.

Los líderes de los *virtuoso teams* no sólo identifican a los grandes talentos, sino que salen a atraerlo hacia el equipo que conducen. Para las grandes organizaciones, el conseguir la mejor gente posible y reunirla en el equipo correspondiente significa que los métodos tradicionales de asignar talentos —función que suele quedar en manos del departamento central de RRHH— están reñidos con las necesidades del equipo no menos que con la visión del líder. En los *virtuoso teams* de nuestro estudio, hemos encontrado que es importante que exista algún tipo de mecanismo destinado a permitir o fomentar la fluidez en tanto se trata de adquirir talentos.

En un sentido totalmente alejado de la metáfora, cualquier superestrella de alto rendimiento dentro de una organización debería ser caza legítima a los fines de la selección de personal para integrar un *virtuoso team*, sin importar qué rango del escalafón ocupó antes. Si es mucho lo que está en juego, ¿por qué alzar barreras para impedir que los mejores se unan a un equipo ocupado en proyectos que van a romper el récord del éxito? Es importante permitir la movilidad del talento a fin de ubicar al talento correcto en el equipo correcto. Quizás haya que realizar un gran esfuerzo de imaginación para concebir el verdadero significado de la movilidad natural dentro de una organización. Por instinto, estas organizaciones no acogen de buen grado la emulación con un mercado real de distribución de talentos. Sin embargo, lo que el mercado de talentos hace es devolver al individuo su autonomía para decidir el curso de su carrera, liberando todo el entusiasmo, energía, y compromiso que ello implica.

Los proyectos son esenciales para la eficacia de un mercado de talentos. Los grandes talentos ambicionan asociarse con grandes proyectos y grandes líderes. En nuestra opinión, independientemente de la industria elegida, los proyectos se tornan cada vez más importantes para la ventaja competitiva, el aprendizaje relacionado con la organización, el desarrollo del talento, y la concreción de las metas.

En estos tiempos, muchas organizaciones encaran básicamente dos tipos de tareas. Progresan mediante proyectos que impulsan cambios e iniciativas, y todo el resto se apoya en procesos: duplicación, escala, mensurabilidad, mejoramiento y reutilización del *know-how*. El centro de los procesos está compuesto por computadoras, rutinas, y procedimientos. Tienen su importancia, pero no es ahí donde se encuentra lo más jugoso. Los proyectos otorgan a los empresarios el derecho de propiedad y de oportunidad desde el inicio hasta el final.

Los equipos están a cargo de los proyectos, y es aquí donde el talento individual alcanza su altura máxima. Nos parece contraproducente interferir con el talento, impidiéndole que encuentre el proyecto adecuado y que desarrolle la totalidad de su potencial, en particular cuando se trata de organizaciones y líderes con grandes ambiciones que necesitan que sus equipos lleven a cambio algún tipo de cambio radical. Cuando hay movilidad para el talento, los líderes sienten la presión que los lleva a crearse una reputación por su creatividad, nutriéndola, desarrollándola, y liberándola. Los líderes de los *virtuoso teams* no tienen otra salida que "atraer" miembros a su equipo.

Los proyectos dejan de ser meros "trabajos" o desafíos. Desde lo social, se transforman en algo mucho más complejo, y representan un mercado enmarcado por el líder, el integrante potencial del equipo, y el proyecto mismo. Aún si el proyecto refleja una gran idea, un líder disfuncional no será capaz de atraer talentos, porque su equipo no resulta atractivo para quienes ofrecen alto rendimiento: no es el lugar donde desean estar. Los grandes proyectos y los grandes líderes son percibidos como oportunidades de crecimiento y progreso. Los talentos ambiciosos quieren avanzar hacia el trabajo "duro" y hacerlo bajo los mejores líderes. Comprenden que, a mayor riesgo, mayor ganancia.

Los líderes de los *virtuoso teams* extienden sus fronteras

y se convierten en canales de las grandes ideas

Los líderes de los *virtuoso teams* se autodefinen según su campo de conocimientos. Sospechamos que no suelen definirse como "líderes" en la acepción tradicional del término, y sin embargo cumplen con muchos de los requisitos que buscamos en los grandes líderes: poseen energía, agudeza, compromiso, y visión. Aunque parezca increíble, también son respetados por sus conocimientos profesionales y su creatividad.

Aquellos que logran el éxito expanden las fronteras de su propio campo, abarcando los espacios interiores y exteriores de su equipo en busca de ideas nuevas. Una expansión eficaz de las fronteras significa que los líderes deben mantenerse al acecho para reconocer el pensamiento extraordinario, canalizando las nuevas ideas hacia la dinámica del equipo. Esto no es algo que ocurre por casualidad: implica trabajar duro y haber adquirido enorme práctica. Los líderes de los *virtuoso teams* se toman el tiempo necesario para tornarse cada día más perspicaces. Antes que divagar un día o una semana con la esperanza de tropezarse con algunas ideas interesantes, dignas de ser llevadas al equipo o a la organización, los líderes deben considerar el modo de mejorar sus cualidades para extender las fronteras y canalizar las grandes ideas.

Los mejores líderes de los *virtuoso teams* planifican y gestionan activamente lo siguiente:

1 cómo, dónde, y cuándo adquirir talento e ideas; y

2 cómo hacerlos jugar dentro de la organización.

Ambos términos de la ecuación son imprescindibles: la adquisición de grandes ideas y su puesta en juego. Todos conocemos líderes o gerentes con grandes ideas que mueren antes de comenzar cuando son articuladas. También conocemos otros que son magníficos para articular ideas, pero que nunca tienen algo interesante que decir para dar impulso a la organización. Las dos situaciones mencionadas resultan inaceptables para los líderes de los *virtuoso teams*. No se ha prestado suficiente atención a un concepto simple aunque fundamental: el liderazgo es una profesión de pensamiento intensivo que es necesario tomar con mucha seriedad.

Tabla 1.1 Líderes de *virtuoso teams* versus líderes de otros equipos

Qué hacen los líderes de *virtuoso teams*	Qué hacen muchos líderes de equipos
Se obsesionan con las nuevas ideas; están siempre al acecho de un nuevo "ángulo"	Subordinan las ideas al "trabajo concreto"; no son conscientes de dónde toman sus ideas; por lo general es una cuestión de azar. Suelen confiar en fuentes tradicionales
Reconocen que aumentan las probabilidades de adquirir una idea magnífica si reúnen a la mejor gente de cada campo y la comprometen en un diálogo directo y estimulante	Se contentan con la mejor gente *disponible* y luego fomentan la convivencia
Su visión convincente de los grandes cambios actúa a modo de imán para influenciar las ambiciones de otros	Aceptan el proyecto tal cual les es dado y reúnen un equipo para concretarlo

Son profesionales consumados, dedicados a su aprendizaje y progreso personal dentro de su propio campo de conocimientos	Trabajan dentro de un campo de conocimientos para ganarse la vida y venden su tiempo
Se interesan en una amplia gama de temas, todos los cuales sirven a su propósito de adquirir mejores herramientas para comprender su propio campo	No hay conexión entre sus intereses personales y profesionales; viven en dos planetas diferentes
Comparten con sus colegas lo que leen y aprenden; crean un ámbito de constante aprendizaje para todos	No se les ocurre comunicar nuevas ideas a los demás; con frecuencia se concentran sólo en el trabajo que tienen entre manos
Se interesan activamente en el trabajo ajeno; desempeñan un papel central (tanto físico como profesional) en todos los aspectos de las actividades que el equipo desarrolla	Se concentran exclusivamente en su propio trabajo; no disponen de tiempo para interesarse por el trabajo de los demás; a menudo se muestran abstraídos o distantes
No temen la confrontación con el grupo siempre que conduzca a un mejor rendimiento	Insisten en conservar la armonía dentro del grupo; están dispuestos a sacrificar ideas para reducir los conflictos
Tienen en gran estima al cliente o al mercado al que se dirigen; tienden a "presionar" al cliente	Su representación del cliente responde a estereotipos poco halagadores; suponen que el cliente desea menos, no más
Manipulan deliberadamente el tiempo y el espacio para generar nuevas ideas	No son conscientes del poder que tiempo y espacio significan para la generación de nuevas ideas
Establecen los parámetros del equipo y luego se hacen a un lado	"Dirigen" todas las actividades; instruyen a cada integrante del equipo sobre el campo de conocimientos en el cual éste es experto
Atraen grandes talentos individuales y luego ensamblan un equipo alrededor de la promesa que dichos talentos representan	Reúnen talentos de modo tal que queden subordinados a los objetivos del equipo

Los *virtuoso teams* son lugares propicios para el poderoso flujo de ideas que produce chispas de creatividad, innovación, y emoción, todos ellos catalizadores de los cambios radicales. Las ideas constituyen los ladrillos basales de la creatividad, de la innovación, y del éxito. Las grandes cosas comienzan por las grandes ideas. A menudo, los líderes de los *virtuoso teams* son los autores o co-autores de nuevas ideas que señalan una desviación importante de otros modos de pensamiento. Ya hemos dicho que los líderes de los *virtuoso teams* reúnen los mejores talentos existentes para extraer las mejores ideas. Esto es sólo el paso inicial en la construcción de una maquinaria de ideas a partir de un equipo. Estos líderes hacen lo necesario para asegurarse de que las ideas que surgen entren en juego, insistiendo en la intensidad del diálogo, el debate, y la discusión. Tanto los líderes de los *virtuoso teams* como sus miembros sienten gran aprecio por las ideas nuevas y por la creatividad y energía espontáneas que se desatan ante el choque entre ideas. Los líderes saben por instinto que lo que cuenta no es la "reserva" de conocimientos, sino el "flujo" de ideas. Lo manejan con cuidado y energía. El flujo de ideas entre mentes talentosas desencadena ideas y posibilidades aún mejores. Es aquí donde se dan las conexiones espontáneas; éste es uno de los cimientos de un cambio radical destinado al éxito. No puede ser simplemente más de lo mismo. Los *virtuoso teams* dan cuenta de las grandes ideas que son llevadas a la práctica. Sin embargo, las grandes ideas no salen de la nada, y los líderes de los *virtuoso teams* comprenden que las conexiones no ocurren de manera espontánea ni por mero azar.

Los líderes de los *virtuoso teams* estimulan el flujo de ideas: el manejo del espacio, del tiempo, y de los procesos

En los *virtuoso teams*, los líderes hacen más que expandir las fronteras para canalizar las grandes ideas. Esto es importante, pero la atención que dedican a las ideas no termina ahí. Hemos descubierto que los líderes estimulan el flujo de ideas como un recurso para favorecer al equipo. A fin de que las ideas circulen, jalan diversas palancas que tienen a disposición: el espacio físico, los procesos, y el tiempo.

Los *virtuoso teams* se nutren de la intensidad y proximidad propios del trabajo que realizan. Las ideas, acciones, y sentimientos se transforman en un caldero burbujeante. Se crea una energía que no disminuye, al contrario de lo que sucede en las reuniones de equipos tradicionales. Dedicar atención al ritmo y al espacio constituye un ingrediente esencial de los *virtuoso teams* de alto rendimiento. El espacio personal queda subordinado a las necesidades de privacidad dentro del equipo. El hacinamiento y el caos se convierten en catalizadores que rompen las barreras posibles entre los miembros y enriquecen conversaciones ya valiosas. Cuando un *virtuoso team* está en acción, la conversación y el diálogo reemplazan al trabajo propiamente dicho como unidades críticas de logro. La conversación y el diálogo directo construyen la mecánica que mueve las ideas y que ayuda al despegue del cambio radical que se busca. Los *virtuoso teams* alimentan este tipo de diálogo, creando el espacio en el cual puede —mejor dicho, debe— transcurrir.

Sacar a los miembros del equipo de los lugares físicos donde se sienten cómodos es clave para reunirlos en lo que será su espacio de creatividad colectiva. La conducción de un *virtuoso team* es un ejercicio de coreografía que lleva al flujo de las ideas, uniendo el espacio, el tiempo, y el talento para que se produzca el descubrimiento decisivo.

Insistiendo en su estilo vertiginoso de "probar ideas y aprender de ellas", los *virtuoso teams* florecen mediante la experimentación, creando prototipos —uno tras otro, con la intención de probar ideas nuevas, osadas, y audaces. Los líderes también reconocen que los prototipos son "trabajos en vías de realización"; que la única manera de impulsar al equipo hacia delante consiste en experimentar con grandes cantidades de material novedoso y así comprobar qué sirve y qué no. El fracaso es fuente de aprendizaje, no algo que deba ser evitado. Los líderes de los *virtuoso teams* están movidos por la impaciencia de crear el cambio, y presionan para que las ideas se pongan a prueba a través de los prototipos lo antes posible. ¿Por qué habría de despilfarrarse un talento excepcional en ideas que no van a funcionar? El cristalizar ideas en prototipos no sólo se traduce en un rápido aprendizaje, sino que, además, proporciona una herramienta esencial para el manejo de los riesgos. Si las ideas se plasman en prototipos, y se las pone a prueba con los clientes, es mucho más improbable que el prototipo final se encuentre muy lejos de la meta buscada. La función del prototipo consiste en concentrar la atención del equipo en aquello que realmente sirve a sus propósitos, descartando lo demás. Estos equipos suelen rayar en el caos. Su ritmo operativo excede por mucho al de un equipo normal; sus integrantes trabajan codo a codo, en un sentido literalmente físico, y dialogan de manera directa, prescindiendo de las formas de cortesía. Exploran fronteras desconocidas, y tienen una confianza ciega en sí mismos. En situaciones como la descripta, la creación de prototipos se convierte en un estadio natural del trabajo en equipo: llega a formar parte de su cultura y de su actitud. "Sean audaces y provocativos, pónganlo a prueba, y aprendan". Es así como se generan e interrelacionan las grandes ideas.

Dentro de un *virtuoso team*, el liderazgo es un deporte que implica el contacto físico. Ya se trate de reclutar nuevos talentos, menear las ideas, diseñar el siguiente prototipo o tratar con el cliente, los líderes de estos equipos se ubican en el mismísimo centro de la acción. De no existir esta proximidad práctica —tanto física como emocional— los *virtuoso teams* no serían eficaces. Atravesados por la competencia mutua y por los conflictos consiguientes, los talentosos individuos que los integran rivalizan por transmitir sus ideas. Si el equipo ha de cumplir su promesa, el líder debe colocarse en el medio de estas corrientes, adaptando los ritmos, tomando decisiones, consolando a aquellos cuyas ideas no prevalecen, y manteniendo la energía. Esto no se puede hacer "a control remoto". En un sentido muy real, el "sello" del *virtuoso team* es el sello del líder, por lo cual su presencia y participación constantes resultan absolutamente esenciales.

Virtuoso teams en este volumen

Estamos persuadidos de que podemos aprender mucho de los grandes equipos que nos rodean. Sin importar a qué actividad nos dediquemos o cuál sea nuestro lugar de trabajo, las lecciones de liderazgo son observables a través de la experiencia de organizaciones más visibles que también están empeñadas en la lucha por cambiar su situación. Los cambios profundos tienen que ver con la ambición y la ejecución posterior; ergo, los cambios profundos tienen que ver con el liderazgo. No importa si el tema es la música, la ciencia, el entretenimiento o la investigación: sea cual fuere el caso, debemos aprender de la experiencia ajena. En realidad, dado que los equipos que trabajan en dichos campos son tanto más visibles que aquellos que lo hacen dentro de los límites de las organizaciones comerciales tradicionales, si fijamos la mirada sobre las experiencias de organización y liderazgo presentes en los equipos más expuestos, habremos de enriquecer nuestros archivos con lecciones y revelaciones acerca de nuestra propia situación. Por consiguiente, este volumen se propone encontrar lecciones de liderazgo a partir de una amplia variedad de experiencias, a saber:

> Leonard Bernstein y sus colaboradores, quienes provocaron una revolución en Broadway con *West Side Story* [Amor sin barreras], un éxito comercial y ganador del Oscar que reunía música seria, ballet clásico, y conciencia social. A pesar de tratarse de una idea de alto riesgo que no se apoyaba sobre un final feliz, rechazada repetidamente por los capitales de riesgo que financian los teatros de Broadway, el equipo de superestrellas, entre quienes se con-

taban Jerome Robbins, Stephen Sondheim, y Arthur Laurents, superó numerosos obstáculos y acabó por operar un cambio fundamental en nuestra concepción del teatro contemporáneo.

Cuando la seguridad del "mundo libre" estaba en juego, los científicos que se reunieron para desarrollar el Proyecto Manhattan no sólo crearon la bomba atómica, sino que, a pesar de haber tenido que enfrentarse con la implacable competencia que les oponía el ámbito científico, introdujeron una perspectiva completamente diferente de la gestión de "la ciencia mayúscula" que se mantiene vigente hasta nuestros días.

¡Luz (electricidad incandescente), acción (cine sonoro), sonido (sonido grabado)! Todo ello fue producto de un equipo inverosímil formado por personas serias e inteligentes a quienes su líder, Thomas Edison, bautizó "Los Compinches". Aunque el trabajo de este equipo se remonta a más de un siglo atrás, propulsaron varias revoluciones tecnológicas de máximo interés, que no sólo cambiaron el mundo en que vivían, sino que constituyen una parte importante del nuestro.

La expedición liderada por Roald Amundsen fue la primera en arribar al Polo Sur en 1911. Este equipo tuvo que competir con todas sus fuerzas contra el grupo inglés al mando de Robert Falcon Scott, que contaba con más hombres y mayores recursos económicos, además de gozar de una reputación establecida. Sin embargo, el equipo de Amundsen había sido cuidadosamente seleccionado; por lo tanto, cada puesto estaba ocupado por una superestrella. Lograron un éxito extraordinario a pesar de las limitaciones del caso, y establecieron pautas para la exploración de lo desconocido en diversos campos.

A principios de la década del 50, la llegada de la televisión trajo consigo el desafío de desarrollar nuevos contenidos para un medio nuevo. Sid Caesar, un genio de la comicidad, se rodeó de un virtuoso team compuesto por otros genios, entre quienes se contaban Woody Allen, Mel Brooks, Carl Reiner y Neil Simon. Juntos crearon un éxito comercial que dominó la primera etapa de la industria televisiva.

Miles Davis reinventó el jazz en las décadas de los 40, 50, y 60. En tres ocasiones, Miles Davis reunió bandas de superestrellas (cambiando a todos los integrantes en cada una de las décadas), empeñándose en una empresa revolucionaria que redefinió por completo el jazz de la época. Sus frutos se vieron en el "cool jazz", la música modal, y la fusión, todos ellos descubrimientos artísticos y récords comerciales.

Norsk Hydro, el gigante noruego de la energía global, tuvo que recuperarse de una crisis estratégica y hacer que sus profesionales de más alto vuelo se ocuparan de resolver una sorpresa mayúscula en su empresa petrolera de alcance global. Los líderes de Hydro tuvieron la sabiduría suficiente para descartar las tradicionales respuestas burocráticas a la situación que atravesaban, y reunieron un *virtuoso team* que se movió con la rapidez del rayo para impedir el desastre inminente.

Cada uno de los equipos mencionados optó por los *grandes cambios*. Todos ellos tenían objetivos comerciales concretos y debían trabajar sujetos a determinadas restricciones. Se dedicaban a negocios donde la competencia no daba cuartel ni ahorraba esfuerzos por derrotarlos. Pero todos alcanzaron el éxito. Ejemplos como estos abren una nueva perspectiva que demuestra cómo los grandes equipos logran imponer grandes cambios.

Cómo aprovechar este libro

En los próximos siete capítulos, usted, lector tendrá la oportunidad de ver de cerca a varios *virtuoso teams* fascinantes. No se deje ganar por el escepticismo en cuanto a la utilidad personal que estos casos pueden reportarle, en la medida en que provienen de una cultura diferente de la suya, ya sea en el plano individual o empresario. Tome cada una de las situaciones como una oportunidad para el aprendizaje. Todos los equipos que le presentamos asumieron riesgos, desplegaron su ambición, contrataron a la mejor gente e hicieron que cada miembro del equipo diera de sí mucho más de lo que el individuo mismo podía creer posible. En la mayoría de los casos, no sólo lograron llevar a cabo una revolución sino que, además, establecieron las bases futuras del liderazgo. A lo largo de cada historia, iremos explicando lo que hacen y por qué creemos que su obra es importante, para retomarla luego en un resumen más específico al concluir. En el último capítulo proponemos un enfoque sistemático para enriquecer la potencia de los equipos de su organización a fin de que obtenga un rendimiento muy próximo al de los virtuosos. Dicho enfoque sirve a una inmensa variedad de proyectos e iniciativas, y permite que los equipos que usted deje en libertad de acción salteen las vacilaciones preliminares para crear el futuro de la organización.

Al finalizar cada capítulo encontrará un cuestionario mediante el cual descubrirá si usted, sus ejecutivos, o su organización, están o no usando *virtuoso teams*. El propósito de las preguntas es que sopese los puntos clave de la gestión o liderazgo de los *virtuoso teams* que se describen en cada capítulo. Todas las preguntas cuentan con el agregado de un breve comentario que refiere a la parte del capítulo donde se reflejan las cuestiones particulares sobre las que le pedimos que reflexione. Acertar con la pregunta suele inducir las revelaciones más profundas: lo instamos a que considere estas preguntas consigo mismo y con sus colegas, guiado por el propósito de utilizar *virtuoso teams* para liderar los *grandes cambios* que su organización tiene por delante.

Los líderes con características de virtuosos reclutan lo mejor y luego permiten que el equipo —y cada uno de sus integrantes— desarrolle su potencial al máximo. El éxito no es cuestión de azar, sino el resultado de un liderazgo consciente y fortalecedor ejercido sobre equipos compuestos por individuos sobresalientes. Es un tanto diferente del "concepto de equipo" tradicional, cuya representación típica es un retrato colectivo donde todos sonríen y reina la armonía. Los *grandes cambios* requieren de una postura radicalmente distinta frente a lo que significa un equipo y su modo de funcionamiento.

De estas lecciones surgen algunas preguntas que sería conveniente formularse en el momento en que usted decida lanzar su próximo *virtuoso team*:

1 Cuando su objetivo es un *gran cambio*, ¿realmente insiste usted en hacer todo lo posible para reunir los mejores talentos que se pueden conseguir, sin que importe adónde se encuentran? ¿O usa a quienes están disponibles, aún sabiendo que no son los mejores?

2 Dentro de su organización, ¿es posible ofrecer la movilidad necesaria de modo que se pueda recurrir a los más talentosos, inclusive mudándolos de departamento o de función?

3 ¿Se esfuerza usted por preservar la excelencia individual en el contexto del equipo? ¿Permite que afloren los "yo", o lo obsesiona demasiado el "nosotros"?

4 ¿Contrata a individuos de gran talento y luego los nivela hacia abajo para que queden comprendidos en el grupo promedio para el cual usted establece normas de conducta dentro del equipo? ¿O permite que el conocimiento superior se exprese, aunque a veces ello signifique renunciar al consenso y a la democracia?

5 ¿Establece usted los parámetros generales que desea para su gente y luego la deja librada a sí misma para que encuentre la manera de cumplir con ellos? ¿O no sólo fija las metas, sino que también les dice a los demás cómo alcanzarlas, destruyendo la creatividad y el entusiasmo de su gente?

6 ¿Escucha —realmente escucha— a los miembros de su equipo?

7 Sus equipos ¿identifican nuevas ideas con facilidad, y luego las impulsan rápidamente dentro de la organización? ¿Cuál es la eficacia de las conversaciones entabladas por su equipo? Las conversaciones que usted sostiene ¿son directas? ¿Todos toman parte en ellas? Las mejores ideas ¿llegan a expresarse? Y si es así, ¿su equipo las acepta y las plasma en realidades?

Notas

1. Bennnis, Warren G., Thomas, Robert J.: "Crucibles of Leadership". *Harvard Business Review*, Vol. 80, No. 9, septiembre 2002.
2. Katzenbach, Jon R., Smith, Douglas K: *The Wisdom of Teams: Creating the High-Performance Organization*. Nueva York: Harper Business, 2003.

2

Presión sobre el cliente
y presión sobre nosotros mismos

El equipo descortés detrás de *West Side Story*

*¿Por qué Lenny tuvo que escribir una ópera, Arthur una obra
de teatro, y yo un ballet? ¿Por qué no pudimos los tres cumplir
con la aspiración de reunir nuestros talentos más inspirados
y trasladarlos al teatro comercial? Pues éste era el verdadero
mensaje del espéctaculo[1].*

Jerome Robbins, en la década del 50

West Side Story, una de las comedias musicales de mayor éxito y permanencia en los escenarios de Broadway, fue el fruto de un extraordinario equipo de *virtuosos* que emprendieron una colaboración agotadora y de alto riesgo cuyo resultado se tradujo en un gran triunfo artístico y comercial. Un elemento esencial en contribuir al éxito de este *virtuoso team* en particular radicó en su firme rechazo a los estereotipos de la época que reclamaban sus clientes, y en darles más de lo que se suponía estarían dispuestos a aceptar. Al presionar al cliente, también se impulsaban a sí mismos a nuevas cumbres del arte. Esto es lo que llamamos "doble esfuerzo", una característica clave de los *virtuoso teams* que componen este volumen. El "doble esfuerzo" equivale a obtener el máximo rendimiento por parte del equipo, logrando el mayor cambio posible tanto para quienes trabajan en el proyecto como para el cliente. Una vez establecido el concepto, es mucho lo que se juega en términos de éxito (o de fracaso), y el caso de *West Side Story* ilustra como la colaboración estrecha y genuina entre los miembros de un *virtuoso team* se produce en virtud del diálogo franco y directo y de la concentración puesta en los resultados antes que en preservar las formas de cortesía dentro del equipo. La colaboración se fomenta en un marco de intensa proximidad, intensificada por apretados lazos emocionales y cercanía física.

La creación de *West Side Story* también ilustra otra poderosa lección para aquellos que se embarcan en *virtuoso teams* a fin de cambiar el mundo: no hay cabida para los términos medios o concesiones (una u otra palabra o las dos?). Las palabras "medianamente bueno" son el primer paso hacia un resultado mediocre. "Sin concesiones" tal vez equivalga a no tener en cuenta los sentimientos personales o estar dispuesto a lastimar unos cuantos egos por el camino, pero si se ha reunido a la mejor gente, y todos han asumido el compromiso de llevar a cabo un *gran cambio*, ello implica la obligación de asir la oportunidad y aprovechar el talento al máximo. Este es, sin duda, el legado de *West Side Story*. La empresa se tradujo en un rotundo éxito comercial, la película que se filmó con posterioridad obtuvo varios Oscars, y la música todavía se escucha en todo el mundo. He aquí la historia del equipo que, al crear *West Side Story*, dio vuelta de cabeza el estilo convencional de Broadway.

El nacimiento de una idea que ejerce

presión sobre los virtuosos y sobre el cliente

East Side Story, una saga sobre católicos de origen italiano que se enzarzan en una pelea entre pandillas con un grupo judío durante la Pascua hebrea, no llegó a pasar de la etapa conceptual, pero el núcleo de la idea, con una pequeña ayuda de *Romeo y Julieta* de Shakespeare y un gran *virtuoso team* dio origen a un segundo proyecto, localizado al otro lado de la ciudad, que cambió los cánones del teatro estadounidense y se plasmó en *West Side Story*, una de las obras de música popular de mayor permanencia en la era moderna. La idea original pertenecía a uno de los talentos más brillantes del mundo de la danza en la ciudad de Nueva York a mediados del siglo XX: nos referimos a Jerome Robbins, un joven coreógrafo.

Hacía algún tiempo que Robbins se sentía atraído por la perspectiva de encarar una crítica social contemporánea con base en los elementos aportados por *Romeo y Julieta*. El 6 de junio de 1949, telefoneó a Leonard Bernstein, gran compositor y director de orquesta, para preguntarle si estaría dispuesto a colaborar en una versión contemporánea de *Romeo y Julieta*, ambientada en Nueva York, y llevada al escenario en Broadway. El espectáculo del que hablaba era una obra teatral que mostraba una guerra entre pandillas católicas y judías en el East Side de Manhattan, bajo el título de East Side Story. ¿Querría Bernstein discutir el asunto en su apartamento junto con Arthur Laurents, el libretista que Robbins había elegido? Robbins quería a Laurents consigo por el libro *Home of the Brave*, del que dijo que "[lo había hecho llorar] como a un bebé".[2] Según Bernstein, la historia sería "una tragicomedia musical [que podría cambiar] los cánones del teatro musical estadounidense". No sólo habría de incorporar un tema social con un propósito noble, sino que también incluiría canciones, danza, y teatro en lugar de destacar un único género, como solía hacerse en Broadway. Semejante combinación constituiría una novedad para una producción estadounidense destinada a Broadway. Para cada uno de los gestores de la idea, esto significaba un desvío mayúsculo de todas sus realizaciones anteriores. Las carreras de todos atravesaban una coyuntura crucial, y de pronto estaban considerando una empresa que los apartaba del camino seguro. Uno a uno, sus mentores intentaron disuadirlos; sin embargo, los tres sentían curiosidad por explorar una oportunidad de cambiar los hábitos del entretenimiento en los Estados Unidos. ¿Significaba el hacerlo un gran riesgo personal para ellos? Sin duda. Pero igualmente equivalía a una inmensa oportunidad.

El nacimiento de un virtuoso team:

una visión para cambiar a Broadway

Durante la década del 50, los musicales se encontraban limitados por una serie de convencionalismos auto-impuestos. Los espectáculos solían fusionar la nostalgia y la comedia con "finales felices" que dejaban contento al público. Se trataba de un tipo de entretenimiento de fácil comercialización; de una fórmula destinada a las estrellas "populares". En este contexto, existían pocas oportunidades para el florecimiento de la tragedia, de la crítica social, o del "arte" liso y llano. Por otra parte, los diversos géneros (la danza, el canto, y la actuación) tendían a la divergencia antes que a la integración. A modo de ejemplo de un éxito de la época podemos citar *My Fair Lady* [Mi bella dama], una comedia

liviana apoyada en el canto, con una estructura que no requería gran
actuación ni habilidad para la danza. Luego arribó un puñado de re-
beldes, entre los que se contaba Jerome Robbins, con la intención de
ampliar el potencial del musical típico de Broadway.

El proyecto estaba basado sobre una idea de Jerome Robbins, quien
había triunfado anteriormente con varias producciones de danza plenas
de imaginación, entre las que se encontraba *Fancy Free*, un éxito de ballet,
y su secuela, la película *On the Town*, que fuera filmada posteriormente.
Robbins pertenecía a esa especie de pensadores pausados y prudentes,
para nada impulsivos, y tenazmente aferrados a un caudal de ideas
que, a través del tiempo, se traducían en éxito tras éxito. Una vez que
se le había ocurrido una idea, jamás se daba por vencido, y como tenía
abundantes ideas y una compulsiva ética de trabajo, estaba destinado a
convertirse en un "innovador serial" dentro del ámbito de la danza y de
la industria del entretenimiento. Lo impulsaba la búsqueda de la perfección en todo lo que emprendía. En palabras de uno de los miembros
del elenco de *West Side Story*:

> *Cultivaba el arte de mantener a su gente siempre alerta simplemente
> mediante la exigencia de que trabajaran tanto como él. Solía decir:
> "Yo trabajo duro. Quiero que ustedes también lo hagan. ¡Quiero que
> esto sea lo mejor que hayan hecho jamás"!*[3]

El tema de *Romeo y Julieta* fue una de las ideas a las que Robbins se
aferró a lo largo de su carrera, a punto tal que ya la había introducido en
varias de sus empresas anteriores. Robbins también poseía experiencia
previa en el trabajo con virtuosos, aunque no con *virtuoso teams*. Por
ejemplo, la creación y coreografía del musical *Miss Liberty*, exhibido en
Broadway, fue el fruto de un *virtuoso team* compuesto por Irving Berlin
en música, Moss Hart en la dirección, Robert Sherwood, ganador del
Premio Pulitzer, a cargo del libro que sirvió de plataforma al espectáculo, y Oliver Smith a cargo de la escenografía. A pesar de todos estos
nombres ilustres, terminó en un fracaso, lo cual provocó la observación
de que se había cumplido la historia en la que se narraba "cómo cuatro
genios pueden hacer un desastre".[4]

En enero de 1949, Robbins, Bernstein, y Laurents se reunieron por
primera vez en calidad de equipo para llevar adelante *East Side Story*.
Bernstein evoca: "Recuerdo aquella noche en el apartamento de Jerry
como si hubiera sido ayer, por la excitación de la que todos éramos presa".
Sin embargo, la idea comenzó a presentar problemas casi de inmediato.

Aunque interesado en el proyecto, Laurents —un autor teatral en ciernes y guionista de Hollywood por mérito propio— no quería ocupar una posición que lo subordinara a Bernstein. "Hay algo que quiero dejar claro antes de pasar a mayores … [Laurents gritaba] ¡No pienso escribir ningún libreto de m*** para ninguna maldita ópera de Bernstein"![5] Mientras Bernstein hacía lo posible por calmar las cosas, otro observador soltó una broma: "Jamás la escribirán … tres temperamentos como los de ustedes juntos en una habitación harán caer las paredes".[6] Los egos eran inmensos, y lo mismo podía decirse del talento. Desde el comienzo mismo, la coexistencia en equipo se presentaba como una amenaza a tener en cuenta.

Muchos otros obstáculos también parecían insuperables. Al tratarse de un tema con visos de tragedia, muchos productores consagrados sentían que se trataba de un proyecto de alto riesgo, y ya habían rechazado los avances de Robbins. El equipo se encontraba en apuros para encontrar algún tipo de financiamiento que, por lo menos, les permitiera empezar a trabajar. Por si esto fuera poco, todos ellos se encontraban demasiado ocupados para echar todo por la borda y concentrarse solamente en este proyecto. Bernstein, una estrella en ascenso dentro de la música clásica, ya había tomado compromisos en exceso, y no estaría disponible durante largos períodos. Además, su mentor, el director de orquesta europeo Serge Koussevitsky, se mostraba abiertamente desdeñoso hacia los musicales de "clase baja" (calidad mas que clase) que se representaban en Broadway, y presionaba a su discípulo a no salirse de los clásicos. Como resultado de las circunstancias descriptas, la reputación de Robbins no sólo pendía de un hilo al defender este concepto revolucionario, sino que la carrera de Bernstein corría la misma suerte. Finalmente, Bernstein y Laurents se percataron de que el concepto en sí era trasnochado: la "guerra de pandillas" entre judíos y católicos del East Side era cosa del pasado. Bernstein decidió buscar nuevos proyectos y la idea se archivó.

La visión se mantiene viva

y la oportunidad llama a la puerta

Seis años después, un encuentro fortuito volvió a poner el proyecto sobre la mesa. En 1955, durante su permanencia en Hollywood para escribir la partitura de *On the Waterfront* bajo la dirección de Elia Kazan, Bernstein se topó con Laurents en la piscina del Hotel Beverly Hills. Laurents se encontraba en la ciudad trabajando en un guión. Por azar, la atención de ambos se vio atraída por el titular de un periódico que mencionaba guerras de pandillas entre mexicanos y estadounidenses. Bernstein recuerda que "Arthur y yo nos miramos ... [y] de pronto todo cobró vida. Podíamos sentir la música y ver los movimientos. Era una sensación eléctrica. Podíamos visualizar el producto".[7] Bernstein formuló una pregunta: ¿por qué no hacerlo con base en una pandilla de portorriqueños? El tema aparecía con bastante frecuencia en las noticias de Nueva York, y se hablaba mucho de sus conflictos con los "norteamericanos". Cuando regresaron a Manhattan con la versión ya revisada, se pusieron en contacto con Robbins, quien ahora no abrigaba dudas de que esta vez, eligiendo como escenario el West Side de Manhattan, la idea funcionaría.

Rápidamente, el equipo comenzó a tomar impulso, aunque todavía debía encontrar un letrista y un productor. Robbins fue convocado inmediatamente y, en palabras de Bernstein, "hicimos un juramento solemne sobre este segundo pacto. Allá vamos. ¡Que Dios nos bendiga"![8]

Sondheim entra en escena: los grandes talentos actúan como imanes para otros grandes talentos

Hacía falta un letrista para las canciones; Stephen Sondheim, joven ahijado artístico del gran compositor Oscar Hammerstein, se convirtió en la última adquisición del núcleo principal del equipo que habría de dar a luz *West Side Story*.

Hammerstein le había enseñado que la simplicidad constituía un elemento esencial, y de qué manera introducir los personajes, construir las relaciones entre éstos y las canciones, cómo narrar una historia, y qué hacer para interrelacionar la letra y la música.[9] La casualidad hizo que Sondheim y Laurents se conocieran en una fiesta, y éste recordó haberlo escuchado cantar en una audición para otro espectáculo. Allí mismo lo invitó a hacerlo para Bernstein, quien relató lo siguiente:

> *No podía contener mi entusiasmo ... pensé que había encontrado un talento genuino. La música no sonaba muy distinguida que digamos —no se diferenciaba de cualquier otra— pero la letra no se parecía a nada que hubiera escuchado hasta entonces.*[10]

Aunque Sondheim llegó al equipo de la mano de Arthur Laurents, tanto Robbins como Bernstein tenían una bien ganada fama por su talento e inclinación a buscar material creativo. En cierta ocasión, Robbins comentó: "Siempre tuve la mirada muy atenta a la pesca de material. El 'ojo' se transforma en una especie de contador Geiger que comienza a enviar señales al cerebro y a las emociones en cuanto uno se aproxima a un sujeto de valor".[11] El trío no tardó en ofrecer a Sondheim que colaborara con las letras, compartiendo el crédito con Bernstein. Aunque en ese momento particular su carrera estaba paralizada, al principio Sondheim se mostró renuente a unirse a la empresa. No sólo se consideraba, ante todo, un compositor, sino que se sentía humillado e incómodo por el hecho de trabajar como simple "colaborador" en las letras. Finalmente, fue Hammerstein quien lo convenció de firmar el contrato. Con Sondheim en el núcleo principal del equipo, los cuatro miembros sostuvieron intensas conversaciones y debates hasta forjar una visión de lo que *no* querían. Laurents declaró:

> *[No queríamos] poesía formal, ni periodismo insípido, ni ópera, ni números de comedia musical divididos en dos niveles, ni ballets a presión, ni rutinas de danza anodinas. No queríamos actuaciones que evocaran programas de noticias, vestuarios de jeans ni escenarios cubiertos de tachos de basura, y por supuesto tampoco queríamos discursos de barricada que apelaran al corazón en virtud de nuestro tema: un amor joven destruido por la violencia en un mundo regido por los prejuicios.*[12]

Además, Bernstein deseaba lograr algo totalmente novedoso y diferente, riesgoso e imponente. Presionó al equipo para que creara un esbozo sumamente primitivo, el cual sirvió como un prototipo eficaz para acelerar la obra de modo tal que otorgó forma y precisión al delicado equilibrio entre "ópera y Broadway" y entre "realismo y poesía",[13] permitiéndoles postergar la conceptualización final en una etapa posterior. Sondheim también cumplía con otro requisito para unirse al equipo: su disposición a trabajar duro. Si bien Jerry Robbins era famoso por su habilidad para descubrir talentos, también eran evidentes su capacidad de reconocer el ego ajeno, y su falta de paciencia para con cualquiera que no se comprometiera de lleno con el trabajo. Sondheim ciertamente era poseedor de un ego fuerte, y su contracción a la tarea no admitía discusión. En cuanto a Bernstein, con quien Robbins había colaborado en diversas ocasiones en el pasado, y cuyo ego era mundialmente famoso, contaba con todo el respeto de Robbins por su compromiso irrestricto, por lo cual el ego pasaba a ser una cuestión secundaria.[14]

La obtención de grandes recursos y apoyo:

el problema de conseguir productor

Resultaba extremadamente difícil conseguir un productor adecuado, y esto tuvo no poca incidencia en la detención del proyecto. De entre los numerosos productores que fueron sondeados al respecto y que rechazaron la idea, comenzó a circular la opinión de que se trataba de un concepto excesivamente violento, iracundo, cuyo final dejaba dos cadáveres sobre el escenario, todo lo cual era más desagradable de lo que Broadway podía tolerar. Por esa época, el equipo encontró un único apoyo financiero sólido en la figura de Roger Stevens, cuyo entusiasmo no le impedía insistir en que otros inversores debían unirse a la empresa. Cuando finalmente lograron convencer a la avezada productora Cheryl Crawford, que gozaba de amplio reconocimiento por su trabajo en los escenarios durante la Depresión, el proyecto adquirió gran autoridad moral.

Sin embargo, ante su consternación, el equipo no tardó en descubrir que Crawford se proponía enfrentar a unos contra otros para obtener ella la totalidad del control. La evolución de los preparativos alcanzó un hito importante cuando ella exigió cambios en el libreto más acordes con sus preferencias, y las cuatro cabezas —que apenas si se habían constituido en un verdadero equipo para entonces— se pusieron de pie en silencio, todos a una, y abandonaron su oficina sin decir palabra. Semejante actitud los privó de una productora de fuste, pero terminó de forjar su condición de verdadero equipo. No obstante, con sólo seis semanas por delante antes del comienzo de los ensayos, la impresión general era que todo iba a desmoronarse.

En medio del atolladero, el compromiso que Roger Stevens —el socio de Crawford— había adquirido para con el equipo y el proyecto les permitió salir adelante. Luego telefonearon a Harold Prince, un productor amigo de Sondheim que ya había rechazado la idea. En esta ocasión, Prince accedió. Se sentía atraído por el material sorprendente y nada convencional; se mostró dispuesto a repartir los papeles estelares entre desconocidos prometedores, y tuvo la sagacidad de equilibrar los criterios comerciales con los artísticos. Al unirse a la producción de la obra, Prince desoyó los consejos de su mentor, el director George Abbott, quien desaprobaba este "musical pandillero". Así fue que, con este proyecto, Prince obró por cuenta propia, lo cual constituía un paso riesgoso en su carrera. Pero su entusiasmo hizo que pronto se recaudaran fondos para cubrir los costos totales de la producción.

Las superestrellas unen su talento: libreto y diseño

Una vez conformado el núcleo del equipo, las tensiones aumentaron al iniciarse el trabajo. Robbins estaba en todas partes, elogiando cuando era necesario, deduciendo qué pensaba cada uno, abriendo vías de comunicación entre los colaboradores principales y, cuando no había otra salida, imponiendo su voluntad. Se contrató un trío adicional (también de primera calidad) para el diseño de la iluminación, el vestuario, y la escenografía. A instigación de Robbins, todos los integrantes del equipo trabajaban codo a codo, a menudo esfumando sus roles específicos sin importar su especialidad ni las tareas para las que habían sido designados.

Por voluntad de Robbins, las tareas de sus colaboradores solían superponerse. En su calidad de creador, coreógrafo, y director, Robbins presionaba a sus colegas para llevarlos a comprender lo que los otros se proponían hacer. Con la brusquedad que lo caracterizaba, los interrogaba y cuestionaba sin cesar. Por ejemplo, la primera vez que escuchó la canción "Maria", Robbins levantó a Sondheim en peso de un grito: "¿Me estás diciendo que [Tony] se queda ahí parado mirando al público? ¿Qué crees que está haciendo?"[15] Fue así como logró que Sondheim "escenificara" la acción correspondiente. Necesitaba que el público se relacionara mejor con la acción que acompañaba a la canción. Este representa un caso típico del modo en que se fusionaban los roles de los colaboradores principales. Cada uno de ellos sentía que aportaba elementos esenciales para la totalidad de la producción. Según el relato de Robbins,

Arthur llegaba con una escena, los demás decían que podían componer una canción con el material, yo agregaba: "¿Y si lo convirtiéramos en un baile?" ... Lo fundamental de esto es que nos dábamos los unos a los otros, tomábamos de todos, cedíamos ante los demás, nos dábamos por vencidos, volvíamos a trabajar los elementos, y los reuníamos nuevamente.[16]

La intimidad durante la interacción se mantuvo durante todas las etapas de la producción, con cambios, agregados y cortes hasta que todo estuvo terminado. Lentamente, se desarrolló un espíritu de apoyo mutuo alrededor de Robbins, que desempeñaba el papel de un catalizador malhumorado y exigente. Por ejemplo, hacia el final del período de ensayos, Bernstein y Sondheim se dieron cuenta de que el personaje de Tony necesitaba quedar definido en un momento temprano de la narración. Cuando miraron el libreto, las palabras "Something's coming" súbitamente les golpearon el rostro: eran la solución al problema. En un solo día escribieron una nueva canción para llenar el vacío que habían percibido.[17] Bernstein declaró:

> *Recuerdo todas las colaboraciones entre Jerry y yo como una sensación táctil: sus manos sobre mis hombros ... Puedo sentirlo parado detrás de mí, diciendo: "Cuatro compases más aquí" o "No, es demasiado" o "Sí, así queda bien".*[18]

Bernstein trabajaba de la misma manera con Sondheim; a veces, por separado, y otras, escribiendo en la misma habitación. Cuando llegaban a un punto muerto, jugaban juegos durante horas. Sin embargo, cuando el equipo de escritores, o parte de él, volvía a reunirse, no había objeciones a reescribir todo para satisfacer lo que los instintos de los otros reclamaban. En 1990, luego de la muerte de Bernstein, Robbins recordó su trabajo conjunto en *West Side Story*, y emitió la siguiente reflexión:

> *"El flujo continuo de ideas entre nosotros fue una inmensa fuente de excitación".*[19]

Gerald Freedman, asistente de dirección de Robbins, pensaba que *"estos tipos se interesaban tanto por sus carreras —pero nadie pensó que iban a lograr semejante éxito. No trabajaban con ese propósito en mente ... se trataba de la excelencia ... Por eso su compromiso con lo que hacían era tan extraordinario".*[20]

Canalización de las ideas: la búsqueda activa de experiencias para enriquecer el producto

El equipo era consciente de que debía crear una experiencia realista y poderosa que reflejara la emoción y las tensiones visibles en las calles de Nueva York. Bernstein compuso la partitura de *West Side Story* para sacar a la superficie los temas subyacentes y cristalizar las emociones.

La música era nueva y fresca, pero a la vez poderosa y atemporal. Su belleza la hizo perdurar durante cinco décadas como una maravillosa manifestación artística y como una de las colaboraciones comerciales más exitosas de nuestro tiempo. Pero la música no era suficiente por sí misma. Para este producto, hacía falta una historia, acción, y movimiento.

Todos los movimientos físicos del primer acto fueron diseñados por Robbins con el propósito de dramatizar los temas de la búsqueda del poder y del amor condenado al desastre. Al finalizar el acto, en la escena titulada "The Rumble", la danza reemplaza al canto y así escenifica la muerte de Riff y de Bernardo, retratando los sucesos en acción (mediante la violencia de la danza) y en música (con sonidos metálicos, disonantes, y sombríos). El segundo acto comienza con dos números cómicos que hacen las veces de cínica sátira social, y luego entra en secuencias de danza más prolongadas: "Ballet Sequence", "Taunting Scene", y "Finale". Si bien la danza expresa el tema de la tragedia inminente, también refleja la oportunidad de que el amor prevalezca sobre el odio. Cuando todo ha terminado, Maria, sacudida por los sollozos y sentada junto al cuerpo de su amante asesinado, no puede completar su canción: entonces, la orquesta se hace cargo y la completa por ella.

A fin de lograr un realismo total y de asegurarse de que las ideas con las que trabajaban eran la viva representación del "objeto genuino", Robbins se aventuró en los vecindarios de Nueva York para adquirir una noción no mediatizada del comportamiento de las pandillas juveniles. Estando en Manhattan, en un festival realizado en la Pequeña Italia, fue testigo de una batalla entre pandillas en ciernes. "Fue aterrador" —recuerda. "Se podía cortar la tensión con un cuchillo ... Me deslicé por detrás de un grupo de chicos y escuché con cuánta calma discutían la posibilidad de arreglar sus diferencias, cualesquiera que fuesen, mediante una pelea limpia".[21] También observó las danzas gimnásticas de los jóvenes; según declaro, éstas le proporcionaron "la sensación de que habitaban un mundo propio. No se trataba exactamente de arrogancia, sino de una suerte de confianza loca. Y todo el tiempo se percibía la tensión".[22] Las ideas que recogió en las calles de Nueva York se trasladaron directamente a las escenas de danza que iba imaginando y que habría de redondear una vez contratado el elenco.

Selección de los mejores talentos

y asignación de personajes: Tony y Maria

Con el libreto casi terminado, Robbins necesitaba reunir un elenco adecuado, hacer que actuara en concordancia con el desarrollo de la visión del equipo, y continuar moldeando la producción a medida que ésta se desenvolvía.

Encontrar el elenco apropiado presentaba un sinfín de desafíos: los elegidos tenían que saber bailar, cantar, y actuar con parejo nivel de calidad en los respectivos roles de personajes jóvenes cuyas características étnicas debían sonar auténticas. Las estrellas tradicionales probablemente no servirían para el caso; su extremada especialización les jugaba en contra. Además, tanto las estrellas como otros experimentados profesionales del espectáculo eran demasiado viejos y refinados para adaptarse a los papeles juveniles que esta producción requería. Según Bernstein, necesitaban "cuarenta muchachos y muchachas ... que no hubieran cantado [mucho] antes. Cualquiera que se oyera más profesional también se oiría más experimentado, y esto iría en detrimento de la cualidad juvenil".[23]

Para las primeras audiciones, Robbins llegó a invitar a amateurs y jóvenes de las clases trabajadoras, pero la combinación de habilidades que pedía resultó demasiado para ellos. Entonces Robbins y su equipo optaron por buscar nuevos talentos entre los profesionales de las artes, incluyendo a quienes estaban intentando hacer sus primeras armas, dobles, y hasta un ex marine cuyo experto manejo del cuchillo podía ayudar a Robbins a lograr una coreografía creíble para la escena "The Rumble".

Tony y Maria, los protagonistas, fueron los jóvenes actores Larry Kert y Carol Lawrence. Después de numerosas audiciones que compartió con Kert, Lawrence preguntó si podían estudiar el libreto juntos y regresar más tarde. Su actitud creó expectativas de una actuación pulida y de gran calidad en la siguiente audición. Según Kert, "corrimos un riesgo". "La gente suele ser menos severa cuando los actores trabajan partitura en mano, pero Carol decidió apostar al límite y trabajamos en 'Tonight' tres o cuatro días".[24] No obstante, cuando llegaron al estudio, Robbins les devolvió la jugada. En lugar de limitarse a escucharlos, le ordenó a Kert que esperara entre bambalinas. Luego le dijo a Lawrence: "Oye, Maria. ¿Ves esos andamios? Encuentra la manera de treparte a ellos. Y luego quédate fuera de la vista".[25] Cuando hizo entrar a Kert, le indicó que buscara a Lawrence, y que después se las arreglara para llegar hasta ella, todo lo cual infundía tensión y apremio en la actuación de ambos. Al finalizar la canción, Bernstein se adelantó, diciendo: "No sé qué va a ocurrir. Hemos prometido escuchar a otras personas. Pero esta es la audición más fascinante que jamás he presenciado". Como Lawrence comenzó a llorar a causa del estrés, Prince intervino: "No, es verdad, ¡tú eres Maria"![26] Más tarde, esa misma noche, les ofrecieron los papeles protagónicos.

La presión sobre los artistas

Robbins exigió ocho semanas completas para los ensayos, un tiempo mucho más largo de lo que se estilaba en Broadway en aquellos años. En palabras de Prince,

Se pone nervioso. Odia entrar en la etapa de los ensayos. Es como alguien que está parado al borde del precipicio; uno, como productor, tiene que empujarlo (con lo cual, naturalmente, si el espectáculo fracasa, el responsable es uno). Pero cuando por fin se decide, claro, todo se sacude hasta los cimientos.[27]

Fiel al *Método**, la técnica de dirección ejercida por Robbins buscaba desarrollar en cada uno de los miembros del elenco el retrato de una personalidad individual. Al principio, cubría las paredes con artículos periodísticos sobre la guerra entre pandillas interraciales, al tiempo que instaba a los demás a buscar y compartir ese tipo de publicaciones. Incrementaba la presión dándole a cada uno de los actores seleccionados para interpretar a un pandillero un nombre y la biografía correspondiente: por primera vez en la historia de Broadway, el coro salía del anonimato. Más aún, mientras se encontraban dentro del teatro, tenían prohibido utilizar otro nombre que no fuera el del personaje que se les había asignado. Luego Robbins segregaba al elenco para que ambas pandillas se cohesionaran entre sí, y los obligaba a llegar, partir, y comer juntos. Esta técnica encendió un genuino antagonismo entre los dos grupos. "El escenario es el único territorio que verdaderamente les pertenece dentro del teatro", solía decirles. "Nada más es de su propiedad.

---

*Entendemos que se refiere al método que Robbins había adquirido como alumno de Lee Strasberg en el Actor's Studio [N. de la T.]

Y tienen que luchar por conservar su territorio".[28] El personaje llamado "Anybody's", una simple adolescente excluida por los Jets, se veía obligada a sobrevivir dentro del aislamiento de su personaje, comiendo sola y fraternizando con el resto del elenco en muy contadas ocasiones.

Finalmente, Robbins no dejaba de formular preguntas a los actores respecto de sus respectivos personajes. Yendo más allá de las biografías sencillas que se les habían proporcionado, inquiría, por ejemplo, cómo eran sus padres. "Quiero que, del mismo modo en que lo hacen cuando actúan, mis bailarines encuentren una justificación emocional para ... lo que sea que hagan", explicó. "Quiero que entiendan quiénes y qué son".[29]

La presión de los unos sobre los otros

Cada una de las cuatro cabezas que constituían este *virtuoso team* ya había dejado establecido su récord para el trabajo duro, pero no sería exagerado sugerir que la colaboración que les demandó *West Side Story* los forzó a trabajar más duro que nunca. Un observador de los hechos insinuó que fue "el equipo en sí mismo lo que les permitió probar todo aquello que impulsara el proyecto hacia delante. Una gran colaboración genera gran competencia. Uno se siente presionado a 'aventajar' a sus colaboradores".[30] El papel desempeñado por Oliver Smith, a quien bien podría llamarse el quinto miembro del *virtuoso team*, ofrece un claro ejemplo del caso. Smith era un ambientador de fama y talento considerables. Trabajó con Robbins y Bernstein por primera vez diseñando la escenografía de *Fancy Free*, y luego la de *On the Town*. Cuando el proyecto de *West Side Story* comenzó a cobrar vida, Jerry Robbins especificó que quería a Smith como escenógrafo. Así fue como éste se unió al equipo, dándose cuenta inmediatamente que una colaboración de este tipo se presenta una sola vez en la vida, y proponiendo una ambientación que no se parecía en nada a lo que el equipo tenía en mente. A diferencia de las escenografías teatrales tradicionales, donde el escenario se dividía en sectores (hasta cuatro) separados por entrepaños y colgaduras, Smith optó por crear "...cambios de escena fluidos, al estilo cinematográfico, [algo] que jamás se había hecho en un musical de Broadway ... [En consecuencia], Jerry [Robbins] descubrió que sus ideas sobre la puesta en escena requerían de un esfuerzo para adaptarse al concepto escénico de Oliver: ya no bastaba con que los actores ingresaran al escenario y luego se retiraran: debían moverse junto con la escenografía, como si ellos y las unidades que la componían fueran parte de un complicado ballet".[31] Durante los intercambios entre Smith y el equipo, cada bando impulsaba al otro a volverse más audaz, y continuaba elevando las apuestas sobre cómo se veía el escenario cuando todo estuviera dicho. Smith desafiaba a Robbins a que aceptara una escenografía más parecida a la del cine y menos "libresca", y Robbins lo desafiaba a llegar más lejos todavía. Finalmente, el intercambio de réplicas agudas entre Smith y los demás respecto de la cuestión escenográfica constituye una vívida representación del "sentido de aventura que imprime su sello total al espectáculo".[32]

Un perfeccionismo despiadado

El estilo de Robbins era tan exigente como agresivo. Fiel al perfeccionismo a ultranza, Robbins presionaba al elenco tanto como se presionaba a sí mismo, aprovechándose de la juventud e inexperiencia de los actores para imponerles sus exigencias con brutal franqueza. No era inusual que los miembros del elenco rompieran en llanto ante un maltrato que les caía encima como un rayo. Lawrence recordaba que "el más mínimo error en un paso de danza, un gesto, o una palabra era un destino peor que la muerte. Casi diariamente, Jerry escogía a alguien como objeto de sus críticas … durante el día entero".[33] Según Kert, "si subías al escenario y no le dabas exactamente lo que había imaginado la noche anterior … te destruía. La gente pensaba que éramos marionetas".[34] No es sorprendente que un ex compañero de trabajo observara: "No temo ir al infierno cuando muera, porque trabajé con Jerry Robbins".[35] Sin embargo, por la misma época, el actor Jack Klugman declaró que Jerry "[era] el único genio con quien trabajé, absolutamente el único. Si él me pidiera que me arrojara por una ventana, lo haría, y estaría bien".[36] Parecía que prácticamente no había cosa que lo detuviera o que lo enterneciera. Por ejemplo, durante el ensayo de la escena en la que Tony le dice a María que ha matado a su hermano, Robbins instruyó a Lawrence para que, en la ira del personaje, golpeara el pecho de Kert con toda la fuerza de la que era capaz. Esta escena se repitió durante horas. Finalmente, los dolores atroces que Kert sufría en el pecho requirieron la presencia de un médico, quien le advirtió que semejante golpiza podía desalojar los pulmones de la caja torácica. Cuando se le informó a Robbins que los golpes debían cesar, éste replicó: "Golpéalo en la cabeza —ahí no hay posibilidad de que le hagas daño".[37] En otra ocasión, Lawrence cayó al piso sobre el estómago luego de un salto; al instante en el que estaba poniéndose de pie, muy dolorida, Robbins le ordenó que repitiera el salto —esta vez, añadió con sarcasmo— con quienes debían abarajarla *listos* para hacerlo.[38]

A pesar de todo, Robbins conseguía que el elenco lograra cosas que jamás hubieran imaginado posibles. Según Lawrence,

> *Su* modus operandi *consistía en regañarnos y menospreciarnos hasta llevarnos a niveles de furia que nos impelían a demostrarle que estaba equivocado, cosa que hacíamos saltando más alto, o girando más aprisa, o golpeándonos con mayor fuerza en las escenas de lucha. Nos hacía temerle u odiarlo —a veces ambas cosas a la vez. Pero el resultado nos permitió experimentar nuestro potencial a pleno, algo que, de otro modo, jamás hubiéramos sabido que poseíamos.*[39]

El escenógrafo Oliver Smith describió a Robbins como a un individuo que "[ ] vive para su trabajo, y su trabajo es Jerry Robbins. Puede parecer implacable, pero no es ése su propósito, sino que está más involucrado con su trabajo que con las relaciones que sostiene con otras personas".[40]

Además, a medida que los bailarines probaban nuevas variaciones, la inspiración de Robbins iba en aumento. "Me siento influenciado por los bailarines" —reconoció. "Los veo moverse, y eso estimula mi pensamiento creativo".[41] Así fue que Robbins permitió que gran parte de la coreografía quedara librada a la interpretación de los bailarines, permitiéndoles un cierto grado de improvisación sobre el escenario.

La experiencia de esta puesta en escena resultó increíblemente agotadora para todos los que participaron de ella. Carol Lawrence [Maria] recuerda que los cuatro organizadores principales trabajaban de sol a sol. En sus diarios, Bernstein confiesa que estaba exhausto, pero también admite que "esta obra se ha transformado en mi bebé ... [y] podría llegar a convertirse en algo muy especial". Los desacuerdos eran constantes, pero finalmente Bernstein rememora que "fue una colaboración muy cómoda ... como si los cuatro estuviéramos escribiendo el mismo libreto".[42]

Probando las ideas

El trabajo de Jerry Robbins se distinguía por su habilidad para seleccionar los talentos y luego aprovecharlos al máximo. A menudo ello implicaba retrabajar las ideas o conceptos a fin de hacer mejor uso de los talentos que había reunido, lo cual, a su vez, se traducía en el hecho de que sus producciones estaban inevitablemente sujetas a abundante experimentación. *West Side Story* no constituyó una excepción. Para conjugar la experimentación con el aprendizaje, el enfoque de Robbins consistió en crear diversas "versiones" alternativas [prototipos] para cada escena de danza. Luego probaba las distintas versiones antes de decidir con cuál de ellas iba a lanzarse al mercado. En el caso de *West Side Story*, todavía las estaba analizando en la noche del estreno.

Liderazgos divergentes: estilos contrastantes

A diferencia de la personificación del "policía malo" encarnada por Robbins, Bernstein y Prince se unían en una contracara de "policía bueno" para tratar con el elenco. Sin involucrarse en los choques que se venían sucediendo, el estilo de Robbins los hacía sentir incómodos. Prince, quien luego llegó a dirigir sus propias obras, se percató de que la buena relación con los colaboradores era esencial para el trabajo. Si bien no dejaba de reconocer que el ambiente competitivo aportaba energía a algunos de los miembros del elenco, Prince detestaba los alborotos y tensiones que Robbins había desatado. Bernstein adoptó una actitud más sensible y paternalista, consolando a quienes habían sido víctimas del "tratamiento Robbins", e inclusive modificando la partitura a fin de eliminar partes que perturbaban al elenco o que estaban fuera de su tesitura. "Trabajaba con nosotros de manera individual durante horas, y no podíamos quitarle los ojos de encima", recuerda Lawrence, "[porque] su rostro traslucía tantas emociones. Jamás perdía los estribos ni los modales. No nos presionaba; nos guiaba mostrándonos que creía en nosotros".[43]

El estilo exigente y despiadado con el que Robbins dirigía a su gente era, por lejos, el más controvertido; esto se mantuvo igual a lo largo de toda su carrera. La bailarina Joan Tewkesbury, quien tomó parte en la puesta de *Peter Pan* dirigida por Robbins, lo resumió en pocas palabras:

"Aún si tenía la cabeza llena de m***, ejerció una enorme influencia sobre mí ... Era un tipo horroroso ... pero todo se reduce a que si no puedes tolerar el fuego, debes apartarte de la cocina. Por enfermo que suene, yo habría vuelto a esa cocina cada vez que se me presentara la oportunidad, porque cada vez que volvía, había un nuevo trozo de leña que hacía entrar en combustión mi creatividad de artista".[44]

Chita Rivera, estrella de la versión cinematográfica de *West Side Story*, lo ve desde la siguiente perspectiva:

"... si [Robbins] no hubiera sido como era, ninguno de los bailarines habría bailado del modo en que lo hicieron. Ninguno habría tenido la carrera que desarrolló después, porque, en mi opinión, la gente se rinde; todos nos rendimos, y muchas veces abandonamos demasiado pronto ... él te hacía hacer aquello de lo que verdaderamente eras capaz; eso que jamás habrías soñado que podías hacer, él te lo hacía hacer"...[45]

La llegada al mercado: últimos retoques

Las primeras representaciones de prueba, llevadas a cabo en Washington, DC, sin la presencia del público, constituyeron un éxito. No obstante, hubo necesidad de hacer cambios de último momento en una serie de detalles. En cierta ocasión, queriendo modificar la partitura, Robbins empujó a un lado al director de la orquesta y, sin más, borró las notas que le molestaban. No habiendo sido consultado, esta actitud no le cayó nada bien a Bernstein, quien se retiró del teatro y se dirigió a un bar cercano, donde Sondheim lo encontró "con tres whiskies escoceses alineados frente a él". El reconocimiento también constituía toda una cuestión. Como el nombre de Sondheim no apareció en los primeros artículos periodísticos publicados sobre la producción, Bernstein renunció a todo el crédito que le correspondía por las letras de las canciones, cediendo también las regalías correspondientes, y llegando al extremo de quitar su nombre de la partitura oficial, por lo cual ésta tuvo que ser reimpresa. Por último, a fin de resguardar la integridad artística de la obra, no prestaron atención a la amenaza de que las representaciones iban a ser víctimas de piquetes a causa de las alusiones a Puerto Rico, una de las cuales la describía como "isla de enfermedades tropicales". A pesar de los cambios realizados, la obra conservó sin fisuras su unidad y equilibrio entre la danza, la actuación, la música y el texto.

Llegado el momento de exhibirla, fue un éxito de taquilla, a pesar de las críticas dispares que recibió por parte de la prensa. Cumplidas 760 representaciones en Broadway, emprendió una gira por los Estados Unidos antes de triunfar en otros países. En 1960, en ocasión de su reestreno en Broadway, las alabanzas de la crítica fueron unánimes, asegurándole así a *West Side Story* un lugar entre las obras musicales más populares del mundo. En 1961 se convirtió en una película de enorme éxito, arrasando con los Oscar del año, y alcanzando el puesto de *best seller* entre los discos de música popular. En su calidad de primer musical donde la danza no cumplía una simple función accesoria, constituyó un descubrimiento creativo que estableció nuevas pautas para futuras producciones de Broadway. Por añadidura, tiempo después, permitió que otros creadores reunidos en equipo abordaran temas mucho más polémicos que la guerra entre pandillas. En realidad, los miembros del equipo que forjó *West Side Story* llegaron a ocupar posiciones de liderazgo en muchas de sus respectivas especialidades. Por esta razón, Alan Johnson, un suplente de los Sharks que luego se convirtió en asistente dilecto de Jerry Robbins, se refirió a la experiencia de este emprendimiento llamándola la "Universidad de *West Side Story*".

Implicaciones para los *virtuoso teams* sobresalientes: resumen y preguntas clave

El equipo que creó *West Side Story* no se contentó con ofrecerle al mercado lo que éste quería. Para ser más precisos, antes que dedicarle menos atención al cliente, pensaron más en él. En una época en que el estereotipo del cliente lo representaba como un ser indiferente, el equipo de *West Side Story* previó los cambios sociales y presionó al cliente para que éste apreciara el valor de una forma de entretenimiento novedosa y enriquecedora.

Fue una jugada riesgosa, pero pagó jugosos dividendos. Si el lector cuenta con un *virtuoso team* cuya energía es capaz de cambiar el mundo mediante la propuesta de un nuevo producto o servicio valioso, asegúrese de que el equipo no ofrezca lo mismo que usted o sus competidores han venido ofreciendo hasta el presente, pues es un desperdicio de talento y esfuerzo. Haga que apunten bien alto, hacia una propuesta potencialmente nueva y más rica que cambie las reglas del juego. Asegúrese de que vean al cliente bajo una luz diferente, y que cesen de asumir qué ideas habrán de ser aceptadas por el comprador. ¿Qué es lo que puede marcar una diferencia en sus vidas o en sus negocios? Ejerza presión sobre el cliente y piense en utilizar los mejores talentos para crear algo nuevo que *realmente* haga las delicias del consumidor final.

Prácticamente desde el primer encuentro, los cuatro virtuosos que crearon *West Side Story* hablaron, discutieron, y forjaron cada detalle de los matices que se plasmaron en su visión final. Haciéndolo de este modo, se presionaron a sí mismos: de esto se trata el "doble esfuerzo". Al articular con todo cuidado lo que "no querían", cada integrante del equipo supo cuáles eran las reglas a seguir.

El diálogo directo dio lugar a la comprensión y aprecio mutuos que les permitió fusionar sus distintos talentos para cambiar la fachada de Broadway. La intensidad de los intercambios verbales y la apertura del ir y venir de las ideas tuvo la misma importancia, si no más, que la mismísima visión acabada. El equipo hizo suya la visión; no le fue impuesta por el afuera. Este es el punto donde el apoyo y el compromiso se traducirán en resultados, un paso que necesariamente debe darse temprano en la vida del *virtuoso team*. Los equipos de superestrellas deben crear su propia visión del futuro de manera colectiva. Deben entregarse de lleno al diálogo directo y sin concesiones que les permita apreciar sus respectivos talentos para luego fusionar sus habilidades especiales una vez comenzado el trabajo. Realmente deben apropiarse de la visión antes que aceptarla como una imposición externa, producto de intereses corporativos.

Los colaboradores de *West Side Story* hicieron más que "trabajar juntos". Su labor fue guiada por un verdadero espíritu de colaboración. Se aconsejaban mutuamente con total libertad, y opinaban sobre cuestiones que iban más allá de su especialidad en particular. En búsqueda de la perfección, aceptaban de buen grado los desafíos planteados por otros miembros del equipo. Mantenían un contacto estrecho, trabajando codo a codo, para así infundirse energía los unos a los otros mientras duró el intenso proceso de producción. Una colaboración de estas características es mucho más rica que el tradicional trabajo en equipo, donde los profesionales se aferran a su especialización y no interfieren con las tareas de los demás. Siguiendo el espíritu de *West Side Story*, la colaboración es la manera en que los equipos más talentosos deben fusionar sus habilidades particulares para plasmar la visión global, irresistible e importante que los mueve.

El cuarteto de *West Side Story* dio una serie de pasos que los llevó a comenzar por la generación de la idea, a continuar por la venta, a proseguir por la producción, y a culminar con la entrega del producto final. Este modo de organización crea fuerza y energía, junto con la habilidad para entretejer una idea de modo tal que adquiera consistencia en un producto o servicio final sin fisuras. Ello es sin duda preferible a que un grupo de individuos trabaje de manera más o menos aislada, sin sincronización, y siguiendo su ritmo individual, para lograr finalmente que su idea penetre en el mercado con enormes dificultades. Desde su comienzo mismo, las cabezas de *West Side Story* a cargo de las decisiones clave sabían que iban a tener que sostenerlas dentro del mercado, y ello impulsó su energía y su compromiso, así como conducta frente a la toma de riesgos.

Se ha dicho que el equipo de *West Side Story* trabajaba tan unido que inclusive "cocinaban" en equipo. Las ideas fluían de uno a otro miembro; era difícil decidir quién era responsable por la creación de las diversas instancias. Sin embargo, muchas de las ideas provinieron de fuentes externas al equipo. Por ejemplo, cuando Robbins recorría las calles de Nueva York, prestando atención a las guerras desatadas entre pandillas, o cuando presenciaba los bailes celebrados en el West Side, recogió poderosas ideas que infiltraron los pensamientos y diálogos del *virtuoso team* que integraba. Robbins era consciente de la necesidad de incorporar al equipo ideas provenientes del exterior. Lo mismo se aplica al equipo al que usted, lector, pertenece. Hay más ideas fuera de él que en su interior. Esto es un hecho. Una de las principales responsabilidades del líder consiste en incorporar esas ideas.

Llegado este punto, es importante decir unas palabras acerca del liderazgo. No creemos que *West Side Story* hubiera merecido legítimamente el nombre de "revolución" de no haber sido por la postura inflexible de Robbins. El papel que desempeñó fue fundamental para los resultados logrados; a Robbins le interesaba mucho más la excelencia del proyecto que ganarse la simpatía de quienes trabajaban con él. Es nuestra convicción que en todo *virtuoso team* existe un lugar para un rol de liderazgo tan intransigente como el que él ocupó. ¿Quizás el rol de Bernstein, quien actuaba como moderador y componedor, constituía el complemento natural del estilo brutal de Robbins? La cuestión es que, en conjunto, este equipo excedió ampliamente la suma de los talentos individuales que lo componían y, en consecuencia, operó un cambio en el mundo.

Estas enseñanzas abren algunas preguntas que usted debería considerar al lanzar su próximo *virtuoso team*:

1 Su *virtuoso team* ¿realiza el "doble esfuerzo"? ¿Ejerce presión sobre sus propias habilidades y, lo que no es menos importante, presiona al cliente para que éste aprecie el valor de nuevos estándares de excelencia, explicitando lo implícito?

2 Su *virtuoso team* ¿se encuentra estrechamente involucrado en un diálogo directo y en un intercambio de ideas abierto, para así agudizar su visión y obrar en consecuencia?

3 Los miembros de su *virtuoso team* ¿están comprometidos en una verdadera colaboración, física, emocional e intelectual que los impulsa en la consecución de su visión?

4 ¿Tiene su *virtuoso team* la oportunidad de avanzar desde el inicio de la idea hasta la entrega del producto final al cliente?

5 Usted, o quien lidera su *virtuoso team* ¿exploran ideas y las canalizan introduciéndolas en el equipo?

6 El liderazgo de su *virtuoso team* ¿exige la excelencia sin concesiones?

Referencias

Este capítulo se basa en diversas fuentes de gran utilidad:

Bernstein, Leonard: *The Joy of Music.* Nueva York: Simon & Schuster, 1963.

Garebian, Keith: *The Making of West Side Story.* Ontario: Mosaic Press, 1995.

Gordon, Joanne: *Art Isn't Easy: The Theater of Stephen Sondheim.* Nueva York: Da Capo, 1992.

Lawrence, Greg: *Dancing With Demons.* Nueva York: Berkley Books, 2001.

Jovitt, Deborah: *Jerome Robbins: His Life, His Theater, His Dance.* Nueva York: Simon and Schuster, 2004.

Laurents, Arthur: *West Side Story.* Radnor: Chilton, 1973.

Lawrence, Carol: *Carol Lawrence: The Backstage Story.* Nueva York: McGraw, 1990.

Vaill, Amanda: *Somewhere: A Life of Jerome Robbins.* (de próxima aparición).

Notas

1. Garebian, Keith: *The Making of West Side Story.* Ontario: Mosaic Press, 1995.
2. Lawrence, Greg: *Dancing With Demons.* Nueva York: Berkley Books, 2001, pág. 232.
3. Ibíd., pág. 77.
4. Ibíd., pág. 145.
5. Zadan, Craig: *Sondheim & Co.* Nueva York: Harper & Row, 1974, pág. 14.
6. Garebian, op. cit.
7. Zadan, op. cit., pág. 15.
8. Lawrence, op. cit., pág. 232.
9. Zadan, op. cit., pág. 111.
10. Garebian, op. cit., pág. 36.
11. Lawrence, op. cit., pág. 186.
12. Garebian, op. cit., pág. 39.
13. *Leonard Bernstein: Reaching for the Note,* 1998. Video. U.S.A., Educational Broadcasting Corporation.
14. Este ejemplo ha sido tomada del libro de Amanda Vaill *Somewhere: A Life of Jerome Robbins,* de próxima aparición.
15. Garebian, op. cit., pág. 121.
16. Garebian, op. cit., pág. 116.
17. Garebian, op. cit., pág. 120.
18. Garebian, op. cit., pág. 119.
19. Lawrence, op. cit., pág. 248.
20. Lawrence, op. cit., pág. 249.
21. Garebian, op. cit., pág. 117.
22. Garebian, op. cit., pág. 118.
23. *Leonard Bernstein: Reaching for the Note,* 1998. Video. U.S.A., Educational Broadcasting Corporation.
24. Garebian, op. cit., pág. 110.
25. Garebian, op. cit., pág. 110.
26. Garebian, op. cit., pág. 111.
27. Lawrence, op. cit., págs. 161 y 339.
28. Garebian, op. cit., pág. 112.
29. Garebian, op. cit., pág. 119.
30. Vaill, Amanda. Comunicación personal, Agosto 2004.
31. Garebian, op. cit.
32. Vaill, op. cit., Agosto 2004.
33. Garebian, op. cit., pág. 112.
34. Garebian, op. cit., pág. 111.
35. Lawrence, op. cit.
36. Lawrence, op. cit., pág. 272.
37. Garebian, op. cit., pág. 113.
38. Garebian, op. cit., pág 113.
39. Garebian, op. cit., pág. 114.
40. Lawrence, op. cit., pág. 85.
41. Garebian, op. cit., pág. 119.
42. *Leonard Bernstein: Reaching for the Note,* 1998. Video. U.S.A., Educational Broadcasting Corporation.
43. Garebian, op. cit., pág. 115.
44. Lawrence, op. cit., págs. 228–229.
45. Lawrence, op. cit., pág. 255.

3

Ingredientes esenciales de la masa critica

Utilizando la presión del tiempo para desencadenar
el talento en el Proyecto Manhattan

A fines de la década de 1930, la amenaza nazi se abría camino a paso de ganso a través de Europa, ocupando, una tras otra, las capitales del "viejo mundo:" Copenhague, Oslo, Amsterdam, Bruselas, y París. En una Europa devastada, cada noche los bombarderos nazi se lanzaban contra el último bastión de la libertad: Londres, una ciudad cada vez más aislada. Testigos de este horror, los estadounidenses sentían que la convocatoria a las armas para defender su propio suelo sólo era una cuestión de tiempo; pero el tiempo se agotaba y la situación era gravísima. Luego, llegaron rumores a los Aliados de que, aún si la situación ya era mala, era más que probable que empeorara. Los nazi estaban activamente empeñados en la búsqueda de los más recónditos secretos del universo, con el propósito de desarrollar el arma final: la bomba atómica. Al enterarse a través de los servicios de inteligencia que Hitler pretendía construir una bomba de estas características, los líderes occidentales se sintieron anonadados, y la amenaza de la bomba encendió una hoguera bajo las discusiones que se estaban llevando a cabo respecto de las políticas atinentes al potencial de la guerra atómica. Por añadidura, la Operación Barbarossa —un ataque masivo ordenado por Hitler sobre la Unión Soviética que comenzó en junio de 1941—, parecía aumentar las chances de Alemania en su apuesta por la dominación del mundo. Alrededor de la misma época, el físico estadounidense Ernest O. Lawrence atrajo la atención sobre el plutonio —un nuevo elemento creado por el hombre— que podía proporcionar suficiente energía atómica para crear una bomba antes del final de la guerra.[1] Hacer de esto un arma militar implicaba una tarea monumental, y requeriría de un numeroso equipo constituido por los mejores cerebros disponibles embarcados en una carrera contra el tiempo. Claramente, si alguna vez existió la necesidad de contar con un *virtuoso team*, ésta era la ocasión indiscutible.

El Proyecto Manhattan fue la respuesta dada por los Estados Unidos a la amenaza nazi. Comprendía tanto un programa militar de máxima prioridad como, quizás, el proyecto científico más ambicioso jamás emprendido. Además de los desafíos que presentaba a la ciencia y a la ingeniería, en ese momento era también la mayor empresa industrial de todos los tiempos. Por otra parte, representaba un *virtuoso team* en gran escala: podría decirse que iba a reunir el mayor grupo de superestrellas con talento científico en la historia de la humanidad. En octubre de 1939,[2] Franklin Delano Roosevelt, presidente de los Estados Unidos de Norteamérica, inauguró oficialmente la misión estadounidense cuyo fin era la construcción de la bomba atómica. No había de ahorrarse esfuerzo alguno: la orden consistía en reclutar a los mejores y los más brillantes. Lo que no se decía, por supuesto, era que el talento llegaría acompañado por opiniones, egos, y algunos de los sujetos más individualistas que jamás fueran puestos a trabajar en equipo. Resultaba evidente para todos que habría que encontrar líderes que pudieran obtener el mejor provecho posible de un equipo cuyo talento igualaba las dificultades que habrían de presentarse por los rasgos de personalidad de sus miembros, en el marco de una situación donde la diferencia entre el éxito y el fracaso habría de decidir la victoria o la derrota del mundo libre.[3]

El Proyecto Manhattan reunió un equipo de fuerza intelectual sin precedentes —algunos de los científicos más brillantes del siglo XX— para diseñar y probar la primera bomba atómica. Oprimidos por el apremio del tiempo, crearon la primera aplicación práctica a gran escala de la nueva física nuclear, junto con el arma más poderosa del mundo jamás vista. El liderazgo del proyecto fue compartido por Leslie Groves y J. Robert Oppenheimer, quienes juntos forjaron un equipo unificado y coherente a partir de veintenas de superestrellas científicas, sin que ninguna reclamara crédito personal o propiedad por las ideas que aportaron. En el presente capítulo, veremos cómo Groves y Oppenheimer organizaron el proyecto para extraer el mayor fruto de los talentos que habían reunido. Veremos también cómo manejaron las encarnizadas controversias que estallaron entre aquellos individuos excepcionales, pero extremadamente obstinados y egocéntricos. Aprenderemos cómo los líderes mantenían el flujo y la frescura de las ideas, introduciendo una política de compartimentalización a fin de reforzar los límites y reducir la inescapable amenaza a la seguridad. En una palabra, nos esperan unas cuantas enseñanzas a partir de las cuales, llegado el momento de abordar los *grandes cambios,* podrían beneficiarse la mayor parte de quienes ocupan posiciones gerenciales.

Leslie Groves: el primero de los dos líderes principales

Antes que nada, el Proyecto Manhattan fue un proyecto militar, y los máximos líderes militares de los Estados Unidos decidieron que el coronel Leslie Groves, un ingeniero militar de 46 años de edad, era el único que poseía la rara combinación de cualidades necesarias para llevar adelante el liderazgo de la empresa, pues era quien tenía la habilidad de encontrar y organizar a los talentos, contaba con amplia experiencia en gestión de proyectos, y se lo conocía por aplicar mano dura. En cuanto acabó de supervisar la construcción del Pentágono, en aquel momento el edificio de oficinas más grande del mundo y uno de los proyectos físicos que mayores desafíos presentó a los Estados Unidos, Groves fue investido con "autoridad absoluta" sobre el Proyecto Manhattan, que habría de convertirse en uno de los esfuerzos intelectuales más arduos de la historia. En términos de liderazgo, el mandato de Groves incluía quedar libre de interpelaciones parlamentarias mientras durara la guerra y, a medida que el proyecto se desarrollaba, tuvo a 600,000 personas trabajando con él, con un máximo de 160,000 al mismo tiempo.[4] Sin embargo, no fue Groves la primera elección para conducir esta tarea. En esto que finalmente llegó a ser conocido bajo el nombre de Proyecto Manhattan, había habido un predecesor, quien permaneció poco tiempo en el puesto, y que fue reemplazado a causa de su lentitud e indecisión, dos rasgos que jamás detentó el entonces coronel Groves.[5]

Groves era un oficial de carrera dentro del Ejército, graduado de West Point y con un título de ingeniero expedido por el MIT. Se lo reconocía como sumamente capaz y no menos difícil; era un trabajador incansable, totalmente dedicado a la tarea que tuviera entre manos, y dotado de una confianza que nada podía debilitar. Mientras que a muchos de sus colegas "no les caía bien" por su arrogancia y por la total indiferencia que demostraba hacia la impresión que causaba en los demás, no por ello dejaba de ser respetado como un hombre que lograba que las cosas se hicieran.[6] Según uno de sus colegas, Groves era "el hijo de puta más grande que conocí ... Tenía un ego que no le iba en zaga al de ningún otro [pero] uno no necesitaba preocuparse de que las decisiones se tomaran o de lo que se proponía".[7] Groves se dio cuenta de que esta oportunidad era de las que se presentan una sola vez en la vida, y que venía acompañada de riesgos inauditos, tanto en el aspecto personal como en el profesional. En una ocasión, reflexionó que,

> *Si nuestro aparato no llega a estallar, yo y todos los principales ofi-*
> *ciales del Ejército que tomamos parte en el proyecto ... pasaremos*
> *el resto de nuestras vidas en un calabozo tan profundo de Fort*
> *Leavenworth que tendrán que hacernos llegar algo de luz a través*
> *de un tubo desde la superficie.*[8]

A pesar de su inclinación autoritaria, Groves prefería alentar a sus subordinados a experimentar y competir, lo cual permitía el error y abría múltiples caminos para la exploración. Buscaba gente decidida que no temiera arriesgarse, y deploraba los debates interminables acerca de las posibles opciones.[9] Para gestionar su equipo de superestrellas, Groves se guió por los siguientes preceptos:

1 reclutar a los mejores;

2 delegar lo más posible, evitando controlar personalmente cada detalle; y

3 transformar los departamentos y oficinas ya existentes en vehículos que sirvieran a su propósito antes que implementar una duplicación burocrática e innecesaria.[10]

Según uno de los observadores del proyecto, el resultado fue que Groves se convirtió en "la persona indispensable para la construcción de la bomba atómica".[11]

> *El Proyecto Manhattan no fue algo que ocurrió por casualidad. Fue*
> *ensamblado y dirigido de un modo especial: el modo de Groves.*[12]

Preocupado por tener que trabajar con tantos académicos —"el mayor puñado de *prima donnas jamás visto*",[13] según su propia descripción— Groves era consciente de la necesidad de encontrar un científico de calidad intachable para ponerlo a cargo de la jefatura del laboratorio; un líder técnico cuya amplitud de visión unificara el trabajo de los demás.[14] En otras palabras, necesitaba un experto apasionado por el proyecto. Por su parte, Groves estaba en condiciones de manejar los aspectos políticos y la burocracia militar. El y el jefe de laboratorio actuarían como codirectores en sus respectivos campos de competencia. Durante un almuerzo llevado a cabo en octubre de 1942, Groves se fascinó con el físico J. Robert Oppenheimer, a quien llegó a considerar un genio.[15]

Descubrimiento del segundo líder: el notable y joven físico estadounidense J. Robert Oppenheimer

Durante la década de 1930, Ernest Lawrence y J. Robert Oppenheimer habían inaugurado un departamento de Física de calidad internacional en la Universidad de Berkeley, California. Sin embargo, la reputación de Oppenheimer estaba sujeta a altibajos. Cuando se proponía mostrarse encantador, pocos lograban igualarlo. Podía parecer extremadamente comprensivo ante los sentimientos de todos los presentes, adelantándose a sus deseos y necesidades. La vastedad de sus conocimientos se extendía desde la Física Teórica hasta la poesía y el sánscrito, lo cual deslumbraba no menos que intimidaba a sus colegas. No obstante, también podía comportarse de manera hiriente y arrogante, haciendo a un lado a quienes no pudieran mantenerse al ritmo de su pensamiento, veloz como el relámpago.[16] A la edad de 38 años, preocupado por la guerra, asumió un rol de liderazgo en el debate acerca de la construcción de una bomba atómica.[17]

Groves reconoció de inmediato que el empuje y las habilidades de Oppenheimer se complementaban con los suyos propios. Oppenheimer poseía un dominio tan exhaustivo de las cuestiones científicas involucradas en la construcción de bombas que Groves supo que había encontrado al mejor hombre para liderar su laboratorio. También lo dominaba una "ambición desmesurada" que Groves temía podría interferir con la suya. Se ha dicho que Groves "comprendía que Oppenheimer se sentía frustrado y desilusionado; que su contribución a la Física Teórica no le había ganado el reconocimiento al que se creía acreedor. Este proyecto podía abrirle paso hacia la inmortalidad".[18] Además, Groves se percataba de que el trato que debía dispensar a Oppenheimer requeriría de mayor tacto del que solía prodigar a sus subordinados. Por lo general, Groves prefería presionar a la gente, burlarse, inclusive, para poner a prueba su "resistencia". Si no se mostraban "a la altura de las circunstancias", sencillamente se deshacía de ellos. En el caso de Oppenheimer, se propuso crear entre ambos una compenetración análoga a una amistad personal.[19]

Era tal la confianza que Oppenheimer le merecía que Groves estaba dispuesto a defenderlo aún a riesgo de su propia carrera. Para empezar, a la contrainteligencia del Ejército le inquietaba que muchos de los allegados de Oppenheimer, aún su hermano y su esposa, estuviesen identificados como miembros del Partido Comunista. Por otra parte, había quienes argumentaban que, habiendo tantos ganadores del Premio Nobel dentro del proyecto, quizás fuese uno de estos y no Oppenheimer quien debería estar al frente del laboratorio. Les preocupaba que el joven no gozara de la autoridad necesaria para liderar a los otros. Groves finalmente obtuvo el apoyo del Ejército sólo cuando desafió a sus detractores a encontrar a alguien que reuniera mejores cualidades. Al abogar por Oppenheimer, Groves llegó al extremo de no revelar el total de la información de seguridad que estaba en su poder, y que incluía referencias a que el hermano de Oppenheimer había sido abordado por un espía soviético. Naturalmente, el haber optado por ocultar estos detalles dejaba a Groves expuesto a ser acusado de traición. Sin embargo, merced a estas decisiones, Groves estableció una profunda relación de confianza con el jefe de diseño de su bomba, relación que habría de perdurar durante el resto de sus vidas.[20]

Punto de inicio: atraer el talento y construir un equipo

Tanto Groves como Oppenheimer sabían que la clave del éxito residía en reclutar a los mejores talentos. En virtud de encontrarse íntimamente familiarizado con la comunidad internacional de los físicos, Oppenheimer y sus colegas estaban en condiciones de identificar a la mejor gente, con nombre y apellido, y cargo por cargo. Consciente de la curiosa mezcla de ambición febril y elevado idealismo que caracterizaba a los científicos que esperaba reclutar, Oppenheimer creó una visión poderosa, diciendo que el trabajo que emprenderían prometía el fin de la guerra y, tal vez, el de otras futuras guerras mundiales también. Declaró que ésta era la oportunidad de modificar el curso de la historia. Aquellos a quienes estaban dirigidas sus palabras creyeron en esta visión. Uno de los participantes del proyecto afirmó:

Era una oportunidad incomparable para demostrar la importancia de las ciencias básicas y de la ciencia como arte en beneficio de nuestra patria ... Finalmente, prevalecieron la excitación, la devoción, y el patriotismo.[21]

También Groves estaba convencido de que "lo primero y principal [era] encontrar y reclutar la mejor gente posible".[22] Lo que ya habían hecho era mucho menos importante de lo que podían lograr. En realidad, por lo menos en un caso, Groves citó lo que había aprendido de Robert E. Lee acerca de la selección de talentos:

... en lugar de acatar las prácticas aceptadas, han de seleccionarse hombres mucho más jóvenes y de menor experiencia y reputación. Una de mis dos elecciones más importantes y exitosas fue hecha contra el firme consejo que recibí de mis asesores más valiosos y antiguos.[23]

Mientras duró la selección de talentos y los pasos posteriores, tanto Groves como Oppenheimer se mantuvieron íntimamente involucrados en el proceso. El segundo prestaba extremada atención a las necesidades y temores de los candidatos al proyecto. Según Feynman,

Prestaba atención a los problemas de todos ... se preocupaba por mi esposa, que sufría de tuberculosis, y de si habría un hospital en la zona ... era un hombre maravilloso.[24]

En cambio, el estilo de Groves consistía en preguntar: "¿Qué puedo hacer para facilitarte la tarea?"[25]

Una vez que se hubo identificado y reclutado el talento, quedaba a resolver el problema de cómo unificarlo en un equipo. Dado que los recursos estadounidenses en el campo de la física nuclear se encontraban dispersos por todo el país (dentro de departamentos universitarios competitivos y dotados de poder político, ubicados en Berkeley, Chicago, y Nueva York) no dejaba de tener su lógica que muchos afirmaran que el mantener esfuerzos paralelos y sostenidos en escenarios dispersos contribuiría a la eficiencia de la labor. Por su parte, Oppenheimer favorecía la necesidad de un laboratorio central, puesto que el dividir el talento iría en detrimento del intenso intercambio de ideas y opiniones que él pretendía. Groves estuvo de acuerdo, y agregó que, por razones de seguridad, el proyecto requería de un aislamiento estricto del público en general. Luego de una larga búsqueda, eligieron el campus de una desaparecida escuela de varones llamada "Los Álamos" y localizada en Nueva México. Sin duda, se trataba de un lugar más que aislado, y a muchos de los candidatos les preocupaba el ambiente inhospitalario y la carencia de estímulos culturales que tanto ellos como sus familias deseaban. Por añadidura, los controles de seguridad que el Ejército se proponía imponerles irritaba a estos científicos.[26] A pesar de todo ello, la decisión acerca del emplazamiento se sostuvo, y los controles de seguridad se implementaron con la mayor severidad posible.

La batalla por la compartimentalización

versus la libertad de flujo del conocimiento

Oppenheimer no ignoraba que para lograr un gran cambio científico hacía falta espontaneidad y un libre intercambio de ideas, algo que debía ser alentado sin dejar de ejercer algún control sobre ello. El proyecto debía ser un lugar "donde las personas puedan conversar libremente, donde las teorías y los descubrimientos experimentales puedan influenciarse mutuamente, donde puedan eliminarse el desperdicio, la frustración, y el error de los muchos estudios experimentales compartimentados..."[27] Creía que el aislamiento, producto de la disciplina científica y de la estrechez de los procedimientos burocráticos podría ahogar el flujo de las ideas, amén de socavar peligrosamente un proyecto pleno de cuestiones intrincadamente relacionadas entre sí. Esperaba que cada científico e ingeniero supiera en qué se estaba trabajando, y que ello los inspirara a concentrarse en una meta común y, en ocasiones, interdisciplinaria. Se trataba de un delicado equilibrio entre la apertura y la protección que muchas organizaciones encuentran difícil lograr.

Si bien Groves se mostraba comprensivo hacia muchas de las preocupaciones que Oppenheimer manifestaba respecto de la necesidad del libre intercambio de ideas e información —puesto que ambos se comunicaban telefónicamente a diario— no dudaba en intervenir con guante de hierro en pro de la seguridad militar, insistiendo en que la política de compartimentalización se mantuviera en Los Álamos. La razón por la cual le era tan difícil partir las diferencias sobre este punto[28] residía en que la compartimentalización servía a la consolidación del poder de Groves: él era la única persona que contaba con una visión general y sistemática de la totalidad del proyecto, incluyendo tanto los aspectos científicos como los administrativos.

La verdad del caso es que Groves ya había identificado a ciertos individuos como riesgos para la seguridad, y deseaba impedir que trabajaran en Los Álamos. Sin embargo, en lugar de obedecer las reglas de la compartimentalización, los científicos continuaban discutiendo todos los problemas abiertamente con quienquiera que se les ocurriese. Más tarde, Leo Szilard, uno de los grandes físicos del siglo XX, escribió: "No había cómo anticipar qué individuo iba a ser capaz de descubrir o inventar un método nuevo que convirtiera en obsoletos a todos los anteriores"[29]. Szilard y otros argumentaban que el proceso de invención requiere de libertad de palabra: cuanto más saben los científicos, más probable es que se produzcan descubrimientos, sin que importe a qué área de compartimentalización fueron asignados.[30]

Oppenheimer estaba de acuerdo con esta filosofía de apertura, e insistía en que los informes de los progresos semanales debían quedar a disposición de todos los que calificaran para leerlos. También propuso una alternativa a la compartimentalización: sugirió que el Ejército cuidara de la seguridad y del secreto de la información, mientras que el laboratorio, manejado por civiles y foco del trabajo que se realizaba en Los Álamos, se ocuparía de la arquitectura de la bomba. Con cierta renuencia, Groves accedió, comprendiendo que la insistencia en una compartimentalización estricta lo conduciría a demoras que no se podía permitir.[31] Con espíritu conciliador, Groves permitió que los científicos gozaran de una libertad inusual, pero mantuvo la compartimentalización en aquellas áreas del Proyecto Manhattan que no estaban sujetas a la investigación científica.[32]

Una olla a presión que forzó el rendimiento individual

En marzo de 1943, a medida que miles de científicos e ingenieros iban llegando, Oppenheimer surgió como maestro administrador. Los participantes se reunieron en una serie de "conferencias introductorias" acerca de los problemas a resolver. La edad promedio rondaba los 25 años, aunque había un grupo de hombres mayores, ocho de los cuales habían merecido el Premio Nobel (otros 12 laureados se sumaron más adelante).[33] Los jóvenes científicos, durante largo tiempo privados de información acerca de lo que sus colegas habían logrado —ya fuese porque no habían integrado el proyecto hasta entonces, o a causa de la compartimentalización— de pronto se encontraron en situación de acelerar desarrollos cuya existencia sólo podrían haber adivinado. Los ánimos eran optimistas, y hasta eufóricos.[34]

La apuesta era alta, el tiempo, corto; el trabajo, más exigente de lo que ninguno de ellos había encarado jamás, y todo se desenvolvía en frente de las "estrellas" que conformaban la elite de la profesión. Decir que el estrés era sintomático dentro del Proyecto Manhattan constituiría un craso eufemismo. El lugar tenía todas las características de una olla a presión. Al principio, Oppenheimer decidió permitir que cada individuo manejara el estrés a su manera. Muchos de los miembros del personal poseían parecidas características de personalidad: gran inteligencia, competitividad, y dificultad para adaptarse socialmente. Se encontraban aislados en un lugar remoto, y la comunicación con el afuera se veía limitada por el régimen de seguridad. Vivían virtualmente los unos encima de los otros, y no tenían modo de evitar el contacto frecuente. Las pocas diversiones a las que tenían acceso consistían en reuniones sociales, cabalgatas, y caminatas por las montañas. No resulta sorprendente que semejantes condiciones de vida los llevaran a buscar maneras imaginativas de aliviar las tensiones. El futuro Premio Nobel Richard Feynman aprendió por sí mismo a tocar unos tamboriles para niños que encontró abandonados, y que llegaron a convertirse en su sello personal durante el resto de su carrera. Junto con otros colegas, Feynman también se dedicaba a hacer travesuras para así disminuir la tensión. Era bien conocido por forzar las cerraduras de las cajas de seguridad que encerraban materiales ultrasecretos, dejando adentro una nota que rezaba: "¿Adivinen quién fue?". En realidad, su reputación no mejoró cuando se escabulló de una reunión donde se trataban temas de seguridad para forzar el escritorio de Edward Teller en el mismo instante en que éste se jactaba de cuán seguros estaban sus papeles en el dichoso escritorio.[35] Pero aún mientras jugueteaban, el trabajo no los abandonaba. Algunos de los descubrimientos más importantes ocurrieron durante los paseos por las montañas, cuando el personal se sentía libre para cruzarse a los "compartimentos" de sus colegas.[36]

Organización del genio individual, ideas descabelladas, y trabajo complejo

Oppenheimer ideó cuidadosamente la coreografía de la magnitud y del ritmo a ser aplicada en la intrincada interrelación del trabajo. Los cálculos resultantes de la división teórica determinaron especificaciones que los expertos en química y armamentos debían cumplir y esto, a su vez, estableció los parámetros para los prototipos que los ingenieros metalúrgicos debían mecanizar. A fin de crear una estructura administrativa eficaz para manejar estas cuestiones, Oppenheimer organizó equipos acordes a las especialidades de los científicos e ingenieros, quienes fueron luego distribuidos en programas que contemplaban las diferentes categorías, a saber: física teórica, física experimental, química y metalurgia, y armamentos.

Cada categoría contaba con un líder, quien asignaba la realización de las tareas a grupos más pequeños conducidos por los respectivos líderes. Era una organización jerárquica, donde los líderes de cada división eran responsables ante el jefe del laboratorio —Oppenheimer. Se reunían con él por separado y también asistían a los encuentros de la junta directiva, cuyo propósito era proporcionar una visión de conjunto de todas las actividades en pro de la coordinación.[37]

Respecto de la selección de los líderes a cargo de las divisiones, Oppenheimer prefería elegir la persona adecuada antes que otra que tuviera a su favor la antigüedad en la profesión o el título necesario en el ámbito civil. Partiendo del elenco de superestrellas que había sido reunido para trabajar en Los Álamos, tendía a favorecer el liderazgo de quienes demostraban poseer condiciones para relacionarse socialmente con los demás junto con la confianza para alentar la libre interacción del flujo de ideas, además de un enfoque sistemático dirigido a la resolución de problemas. Dentro de este esquema, la meta consistía en asegurar la generación de buenas ideas, restando importancia a los sentimientos personales. A modo de ejemplo, Hans Bethe fue designado para dirigir el programa de división teórica, pasando por sobre Edward Teller, aún cuando éste último venía ocupándose de la conceptualización de una bomba atómica desde tiempo antes, razón por la cual proclamaba —a los gritos— sus derechos de antigüedad para el proyecto. En opinión de Bethe, Oppenheimer lo había elegido porque "[mi] enfoque más estable, tanto hacia la vida como hacia la ciencia, servirían mejor al proyecto en esa etapa de su desarrollo, cuando había que atenerse a las decisiones y llevar a cabo cálculos muy detallados, lo cual significaba que era inevitable ejecutar un gran número de tareas administrativas".[38] La decisión causó profunda amargura a Teller, considerado como un hombre extraordinariamente creativo, pero en exceso sensible a lo que percibía como desaires.[39]

Si bien la estructura debía ser lo bastante flexible para poder absorber las ideas descabelladas que surgían de manera impredecible, Oppenheimer impuso fechas tope estrictas para los proyectos discretos a fin de impulsar el avance permanente de los equipos. No habiéndose determinado todavía el diseño básico de la bomba, y en medio de una reformulación incesante, la etapa inicial se componía de experimentación con final abierto y de "lluvia de ideas". Los científicos y los ingenieros exploraron todas las opciones a un tiempo y de manera exhaustiva, a menudo haciendo a un lado las jerarquías formales. Por ejemplo, aprovechando al incontrolable Richard Feynman, a quien no le atemorizaba desafiar las ideas de los "grandes" a cuyas órdenes servía, Neils Bohr y Hans Bethe se divertían arrancándole ideas que luego presentaban a los "peces gordos".[40] Oppenheimer también ofrecía un coloquio semanal abierto a todos. En este foro, informaba a los presentes de los progresos logrados hasta la fecha y comunicaba los problemas que necesitaban solución. Se alentaba a todos los participantes a compartir sus puntos de vista con los demás.

Tratando de mantener fresco el flujo de ideas y perspectivas alternativas, Oppenheimer prohibió a quienes generaban ideas que se arrogaran derechos de "propiedad" sobre ellas. Todos estaban obligados a trabajar sobre las ideas de los otros. Revelando la frustración que esta política le producía, Teller escribió: "Era indispensable una colaboración casi constante; todo el trabajo se hacía a un ritmo febril, y una vez que uno había incubado una idea propia, ésta podía serle arrebatada y dada a otros para su desarrollo ... [Era] en cierto modo como confiarle a un extraño la crianza de un hijo".[41]

Oppenheimer se esforzó mucho para que los talentos permanecieran en el equipo; no era su intención permitirles que abandonaran el proyecto, para lo que se basó principalmente en el sentido de la misión personal que le tocaba desempeñar a cada uno. A pesar de la importancia de sus propias dotes individuales, Oppenheimer trató de renunciar a su ego al momento de tomar decisiones y desplegar recursos. Haciendo caso omiso de los conflictos que lo separaban de Teller, le pidió que ideara y diseñara la poderosísima bomba de fusión (la

"Super") en calidad de jefe de un subgrupo dentro de la división dedicada a la teoría. Los dos hombres se encontraban una vez por semana para discutir las ideas de Teller, referidas a una serie de áreas cruciales para la concreción del proyecto en curso.

Oppenheimer asimismo creó oportunidades similares para otros.[42] En sentido estrictamente literal, Oppenheimer era implacable en su búsqueda de las mejores ideas para el proyecto, y éste era el trato que dispensaba a sus científicos, como profesionales del conocimiento, con plena conciencia de lo que hacía al atraerlos y comprometiendo de continuo sus ideales en aras de un bien mayor.[43]

La implosión como alternativa:

cómo mantener viva una idea "absurda"

A pesar de la aparente formalidad del Proyecto Manhattan, tanto Groves como Oppenheimer mantenían vivas muchas "ideas descabelladas" junto con —o compitiendo contra— las líneas rectoras de la investigación. Esta metodología resultó decisiva para el éxito del programa. Groves creía que "… si hay que elegir entre dos métodos, que se implementen ambos".[44] La buena disposición para construir prototipos con todas las ideas aseguraba que las alternativas se mantenían en desarrollo y disponibles durante la totalidad del programa, en lugar de ser descartadas por inadecuadas o impracticables. En el área de la detonación, hacía tiempo que se sabía que un error de una millonésima de segundo en el cronometraje haría entrar en "efervescencia" a la bomba, la cual habría entonces de explotar con la fuerza de 60 toneladas de TNT y no con las 20,000 que se habían estimado. Al principio del proyecto, el principal modelo en funcionamiento era un "cañón de plutonio" de 17 pies, destinado a inyectar materia fisionable dentro de la base de la bomba para crear una "masa crítica". Seth Neddermeyer sugirió hacerlo de un modo diferente: ¿por qué no construir una esfera que implosionara de manera pareja, comprimiendo los materiales desde tres dimensiones? Sostenía que esto sería más rápido y compacto, dos consideraciones prácticas para el uso bélico.[45]

La propuesta de Neddermeyer fue articulada durante una reunión abierta, y se enfrentó a la oposición arrolladora de casi todos los presentes, Oppenheimer incluido. Muchos objetaban que la implosión no sólo tendría que ser perfectamente simétrica, sino que existía el riesgo de que el material inyectable saliera a chorros en vez de comprimirse. Algunos de los científicos más jóvenes expresaron abiertamente que consideraban la idea ridícula: "Apesta" —dijo Richard Feynman.[46] Otros, defensores acérrimos del modelo de cañón, argumentaron que su elección era la que tenía las mejores probabilidades de éxito. Sin embargo, y a pesar de sus propias dudas, Oppenheimer llamó a Neddermeyer aparte para sostener una conferencia privada, y le dijo que estudiara la idea con mayor detenimiento. Neddermeyer, quien al igual que Teller, no era partidario de las empresas cooperativas, fue designado para dirigir experimentos de implosión y desarrollar los cálculos matemáticos, extremadamente complejos, que se necesitaban para generar una "onda implosiva". Durante más de un año, Neddermeyer se ocupó de esta tarea en soledad, sin fechas tope rígidas, y evitando los intercambios que la mayor parte de sus colegas habían llegado a aceptar como parte del estilo de trabajo en este proyecto.[47] El azar quiso que la decisión de apoyar la idea de Neddermeyer de un modo que podría calificarse como "de contrabando" resultara finalmente de enorme provecho para el proyecto.

Cuando el proyecto entró en su segundo año, ya estaba claro que el modelo del cañón contaba con pocas probabilidades de éxito. El modelo de implosión, que Oppenheimer había mantenido en funcionamiento bajo la dirección de Neddermeyer, surgió como la única alternativa factible de la que disponían, aunque los problemas técnicos todavía parecían insuperables. La moral se derrumbó, y Oppenheimer comenzó a considerar en la posibilidad de renunciar.[48] La resolución del problema implicaba dejar de lado cuestiones de ingeniería militar para ocuparse de aspectos relacionados con las ciencias básicas: por ejemplo, determinar, hasta el último detalle, la dinámica de fluidos que se produciría durante unos pocos milésimos de segundo en el momento en que se detonara la bomba. El modelo de implosión constituía la única solución a la que el equipo podía apelar pero, a su vez, ello requería una visión del problema desde nuevas perspectivas. Oppenheimer pidió a Neddermeyer que cediera su liderazgo en aquello que, originariamente, había concebido como su idea propia, y que pusiera su proyecto en manos de otros que pudieran completarlo. Este pedido fue hecho "... en nombre del éxito del proyecto común"...[49]

Características de liderazgo:

intelecto superior y calidez humana

Tanto Oppenheimer como Groves se situaban en el centro de los hechos; se involucraban íntimamente con todo lo que ocurría, pero delegaban tareas en los mejor calificados. Supervisaban *todos* los desarrollos técnicos, y no parecía que nada importante escapara su atención. Ambos eran expertos en mantener al personal trabajando duro, en demostrar comprensión al escucharlos manifestar sus problemas, y en ofrecer soluciones sin dejar de presionarlos para que cumplieran con los plazos impuestos. Los dos les estaban encima para instarlos a intercambiar información. Además, ambos despertaban una fuerte lealtad personal por parte del equipo, cuyos miembros sentían que cualquier falla en la que incurrieran sería una fuente de decepción para los líderes en jefe.[50] Bethe recuerda que,

[Oppenheimer] conocía y comprendía todo lo que sucedía en el laboratorio, ya se tratara de química, física teórica, o taller mecánico ... y lo hacía entrar dentro del esquema genera, llegando a las conclusiones pertinentes. No había una sola persona en el laboratorio que pudiera comparársele ... También poseía calidez humana. Todos sentíamos que a Oppenheimer le importaba lo que hacía cada uno de nosotros en particular. Cuando hablaba con alguien, dejaba claro que el trabajo que esa persona realizaba era importante para el éxito de la totalidad del proyecto. No recuerdo ninguna ocasión, durante el tiempo que pasamos en Los Álamos, en la que se mostrara desagradable con nadie, si bien ésta solía ser su conducta antes y después de la guerra.[51]

John Lansdale, jefe de seguridad e inteligencia de Groves, hizo un comentario similar: "[Groves] ejercía una suerte de efecto catalítico sobre las personas. La mayoría de quienes trabajamos con él logramos un mejor desempeño de lo que indicaban nuestras habilidades intrínsecas".[52]

Otro punto a tener en consideración es que el liderazgo compartido entre Groves y Oppenheimer le permitía a éste jugar el papel del "policía bueno" en contrapartida al de "policía malo" de Groves. Así, muchas de las críticas que Oppenheimer habría merecido fueron desviadas hacia el General. Por propia decisión, Groves asumió las culpas de todo lo que no resultó satisfactorio.

Conclusión

Para enero de 1945, el costo del Proyecto Manhattan había llegado a la suma de $2, 2 billones. A medias en broma, el General Groves advirtió a su personal que si el proyecto no funcionaba, "cada uno de ustedes va a pasar el resto de sus días testificando ante Comisiones Parlamentarias".[53] Pocos meses después, la bomba fue detonada con éxito en el desierto, expandiendo en el aire una bola de fuego con la potencia de 18,600 toneladas de TNT. El mundo había ingresado en una nueva era, plena de nuevas promesas y de temores horripilantes. Los Aliados construyeron y utilizaron bombas atómicas para poner fin a la guerra. Contra toda probabilidad, un *virtuoso team* de superestrellas logró vencer el desafío que su país le había encomendado.

Implicaciones para el liderazgo de los *virtuoso teams*: resumen y preguntas clave

¿Puede el lector imaginar el mundo de hoy si Oppenheimer y Groves no hubieran conseguido atraer el mejor talento de todas las fuentes posibles? Sin embargo, en el ambiente corporativo, no deja de sorprendernos que los ejecutivos enfrentados a grandes problemas no logran contactar a los más talentosos para encarar dichos problemas frontalmente. En la mayoría de los casos a la vista, desde el inicio mismo del proyecto, comienzan las concesiones para decidir quiénes han de formar parte del equipo y por qué no es posible contar con superestrellas. En este sentido, el Proyecto Manhattan constituye un claro recordatorio de que si se desea implementar un *gran cambio*, es necesario reclutar un *virtuoso team*.

La visión es una cuestión delicada e importante cuando se trata con personas talentosas cuya energía intelectual se alimenta de sus ambiciones y metas personales. Oppenheimer se dio cuenta de que la visión a la que apelaba para reclutar a los grandes talentos necesitaba encontrar un eco genuino dentro de cada ejecutante virtuoso. También se percató de que si el virtuoso en cuestión no adhería en cuerpo y alma a la visión que subyacía a este proyecto agotador y sumamente riesgoso, estaba destinado a fracasar como líder, fuese para reclutar o para conservar ese talento cohesionado. Si bien podría argumentarse que "salvar al mundo libre" representa una visión nada corriente —y, por lo tanto, irresistible; una visión mucho más poderosa que los asuntos con los que nos enfrentamos diariamente— ello no impide la impresión que nos provoca el notar que las visiones a las que apuntan muchos equipos dedicados a proyectos corporativos sean aquellos que "la empresa", o alguien externo a ella, les indican. Con frecuencia, este tipo de visiones se formulan sin tomar en consideración lo que verdaderamente —con énfasis en *verdaderamente*— significan para los miembros del equipo. A diferencia de estos casos, creemos que una de las enseñanzas del Proyecto Manhattan es que lo que realmente se necesita es una visión que toque las fibras más profundas de cada ejecutante virtuoso.

Reunir a los grandes físicos en un mismo lugar, donde literalmente estaban unos encima de los otros las veinticuatro horas del día, constituyó un ingrediente importante que contribuyó al aprovechamiento de su capital intelectual colectivo. Los Álamos surgió a partir de la conciencia de que los grandes intercambios de ideas no ocurren si no existe el contacto íntimo. Es nuestra convicción que, si se ha de explotar al máximo el valor de los talentos que se han reunido, los *virtuoso teams* deben convivir durante todo el tiempo que dure el proyecto. Reunirse unas cuantas horas por día, o comunicarse por medios virtuales, para luego regresar a oficinas separadas no es la manera de poner a los grandes talentos a trabajar en equipo para lograr *grandes cambios*. Creemos que ubicar el equipo en un lugar físico reducido durante largos períodos de tiempo (a fin de intensificar el flujo de ideas por medio de conversaciones y diálogos) es una de las tácticas más importantes —y más evitadas, a raíz de la incomodidad que supone— para impulsar el elevado desempeño de los equipos talentosos.

Oppenheimer sabía que estaba dirigiendo a talentos extraordinarios pero que, a menos que ideara mecanismos organizativos para alentar el pensamiento individual, acicatear el intercambio de ideas apropiado, y encender la chispa de alguna ocasional idea descabellada, el proyecto estaba condenado al fracaso. Ocuparse de estos detalles mediante los "ladrillos" con los que se construyen las bases de la organización (jerarquías, claridad en los roles, informes acerca de las relaciones entre los miembros, canales de comunicación) resulta esencial para obtener resultados que vayan más allá del talento potencial de los individuos, así como para alcanzar las metas extraordinarias que se les exigían.

No es infrecuente que se reúnan equipos de alta potencia sin pensar cuidadosamente cómo habrán de trabajar juntos y cuáles serán los principios organizativos básicos. En el extremo opuesto, algunos ejecutivos se sienten intimidados por los grandes talentos y evitan someterlos a una organización estricta. Por nuestra parte, creemos que la historia del Proyecto Manhattan y de su modo de funcionamiento da testimonio de que, cualquiera sea el proyecto, son los pequeños detalles los que pueden arruinar las cosas, lo cual demuestra que es necesario no perderlos de vista siquiera un instante.

El conflicto interminable entre el flujo de ideas y la complejidad organizativa también es un *leit motif* que atraviesa el Proyecto Manhattan de punta a punta. Claramente, existía una abierta contradicción entre la necesidad de un mayor número de ideas y la de mantener el proyecto en secreto. Además, se presentaba el problema de cómo generar ideas novedosas cuando tantos verdaderos expertos —y por añadidura, dogmáticos— formaban parte del equipo. Por ejemplo, cuando Neddermeyer presentó la alternativa de la implosión, fue objeto de burla; entonces, ¿por qué Oppenheimer no la dejó morir? ¿Quizás respetaba lo suficiente el genio de Neddermeyer —su talento, aún sin pulir— para saber que éste podría descubrir algo de importancia? ¿Tal vez se daba cuenta de que un gran equipo comprende la divergencia entre ideas antes que la comunión de pensamiento e ideas? Sin importar el motivo, la enseñanza dirigida a los líderes de *virtuoso teams* emerge con claridad. En determinadas ocasiones, inclusive las ideas más descabelladas deben ser apoyadas y cultivadas, pues no hay manera de medir su valor futuro. El líder de un *virtuoso team* debe alentar esta actitud, aún apostando a lo improbable para impulsar el surgimiento de más ideas. No se trata del orgullo personal. Las ideas constituyen la moneda de cambio del *virtuoso team*, y las ideas descabelladas pueden conducir a la máxima recompensa.

Cuando usted, lector, encare el equivalente del Proyecto Manhattan en su propia compañía, proponiéndose cambiar el panorama en el ámbito de la competitividad, considere lo siguiente:

1 Si se enfrenta a un desafío urgente y crucial, ¿está reclutando a los mejores y más talentosos?

2 La visión creada para su *virtuoso team*, ¿es irresistible para cada uno de los integrantes, tanto en lo personal como en lo profesional?

3 Su *virtuoso team*, ¿se encuentra ubicado en el lugar adecuado y está restringido en el espacio ideal para favorecer la interacción y el diálogo con la intensidad y emotividad requeridas?

4 Las conversaciones, diálogos, y debates en que se embarca su
equipo, ¿poseen la intensidad y frecuencia suficientes para
crear el flujo de ideas necesario para catalizar la innovación
y la creatividad, transformando así en realidad la visión de
su equipo? ¿O los controles burocráticos y barreras de otro
tipo sofocan el libre pasaje de las ideas?

5 ¿Permite usted que sobrevivan las ideas descabelladas con
la esperanza de que lleguen a convertirse en elementos
esenciales dentro de la solución que su *virtuoso team*
persigue?

Notas

1. Kevles, Daniel J.: *The Physicists: The History of a Scientific Community in Modern America*. Nueva York: Knopf, 1997, pág. 325.
2. Rhodes, Richard: *The Making of the Atomic Bomb*. Nueva York: Simon & Schuster, 1995, págs. 303–315.
3. Ibíd., págs. 367–369.
4. Norris, Robert S.: *Racing for the Bomb: General Leslie R. Groves, The Manhattan Project's Indispensable Man*. South Royalton Vermont: Steerforth Press, 2002, págs. 227–228.
5. Ibíd., pág. 172.
6. Rhodes, op. cit., págs. 424–426.
7. Citado en Rhodes, op. cit., pág. 426.
8. Norris, op. cit., pág. 175.
9. Rhodes, op. cit., pág. 431.
10. Norris, op. cit., págs. 192–193.
11. Norris, op. cit., pág. X.
12. Ibíd.
13. Citado en Kevles, op. cit., pág. 331.
14. Rhodes, op. cit., pág. 425.
15. Rhodes, op. cit., págs. 443–447.
16. Rhodes, op. cit., págs. 119–127.
17. Rhodes, op. cit., págs. 443–447.
18. Norris, Robert S.: "General Leslie R. Groves and the Scientists", tomado del Simposio sobre los Procedimientos Preliminares del Proyecto Manhattan, Atomic Heritage Foundation, Abril 27, 2002, pág. 33.
19. Norris, Robert S.: *Racing for the Bomb: General Leslie R. Groves, The Manhattan Project's Indispensable Man*. South Royalton Vermont: Steerforth Press, 2002, pág. 237.
20. Rhodes, op. cit., págs. 448–449.
21. Rhodes, op. cit., pág. 459, cita en pág. 452.
22. Norris, op. cit., págs. 192–193.
23. Norris, op. cit., págs. 137–138.
24. Feynman, Richard P.: *Surely You're Joking, Mr, Feynman!*. Bantam Books, 1985, pág. 93.
25. Norris, op. cit., pág. 203.

26. Rhodes, op. cit., págs. 449–452.
27. Citas de Rhodes, op. cit., págs. 449–451.
28. Norris, Robert S.: *Racing for the Bomb: General Leslie R Groves, The Manhattan Project's Indispensable Man.* South Royalton Vermont: Steerforth Press, 2002, pág. 256.
29. Citado en Rhodes, op. cit., pág. 503.
30. Rhodes, op. cit., pág. 568.
31. Rhodes, op. cit., pág. 454.
32. Kevles, op. cit., pág. 330.
33. Norris, Robert S.: *Racing for the Bomb: General Leslie R. Groves, The Manhattan Project's Indispensable Man.* South Royalton Vermont: Steerforth Press, 2002, pág. 625.
34. Rhodes, op. cit., pág. 460.
35. Feynman, op. cit., págs. 69–71.
36. Rhodes, op. cit., pág. 568.
37. Swanstrom, Edward: *The Manhattan Project: Knowledge Management Case Study.* EknowledgeCenter.com, *www.metainnovation.com/researchcenter/courses/Revised%2 0Manhattan%20Case/*
38. Citado en Rhodes, op. cit., pág. 539.
39. Ibíd.
40. Feynman, op. cit., págs. 60, 87–88.
41. Citado en Herken, Gregg. *Brotherhood of the Bomb.* Nueva York: Henry Holt, 2002, pág. 85.
42. Rhodes, op. cit., pág. 546.
43. Ver *www.metainnovation.com/researchcenter/courses/Revised%20Manhattan%20Case/ ManhattanCase.htm*
44. Norris, op. cit., pág. 232.
45. Rhodes, op. cit., pág. 466.
46. Citado en Rhodes, op. cit., pág. 479.
47. Rhodes, op. cit., pág. 467.
48. Rhodes, op. cit., págs. 541–549.
49. Rhodes, op. cit., pág. 547.
50. Kevles, op. cit., págs. 330–331.
51. Citado en Rhodes, op. cit., pág. 570.
52. John Lansdale, citado en Norris, op. cit., págs. 235–236.
53. Citado en Kevles, op. cit., pág. 332.

4

El impulso hacia el cambio dentro y fuera del equipo

Creando la revolución a pedido
en la "fábrica de inventos" de Thomas Edison

Se necesita tiempo, trabajo intenso, y algo de suerte ... Así ha ocurrido con todos mis inventos. El primer paso es una intuición que aparece como un estallido. Luego surgen las dificultades ... Las trabas ... se dejan ver. Se requieren meses de cuidadosa observación, estudio y trabajo antes de tener la certeza de que ha llegado el éxito —o el fracaso— comercial.[1]

Thomas Edison

¿Un invento de la máxima importancia cada seis meses? ¿Una innovación lista para patentar cada diez días? ¡Asombroso! De ninguna manera. En realidad, Thomas Edison fijó este calendario para su equipo, y luego cumplió con lo que se había propuesto. Al hacerlo, estos hombres cambiaron el mundo al menos tres veces (mediante la luz eléctrica, la grabación y reproducción del sonido, y el agregado del sonido a la producción cinematográfica). Lo que contribuyó al éxito de Edison fue que éste valoraba y se servía de las habilidades necesarias para crear, liderar, y gestionar con eficacia *virtuoso teams* reunidos alrededor de una visión clara y de procesos enérgicos. Los virtuosos que reunió sabían exactamente qué estaban haciendo, qué habían hecho otros antes que ellos, cómo había que hacerlo, y por qué (esto último, en términos estrictamente comerciales). Con base en dicha información y talento, lograron cambiar el mundo una y otra vez. Lo esencial para el éxito de Edison fue la creación de una "fábrica de inventos" donde los rasgos fundamentales de los extraordinarios logros del equipo se caracterizaban por la construcción de prototipos, una cultura innovadora, grandes hombres, liderazgo, y la consolidación de una marca.

En el presente capítulo, veremos a Edison y a su *virtuoso team* en acción dentro de un medio que se mueve a un ritmo vertiginoso, circulando las ideas a una velocidad sorprendente, asumiendo riesgos, fracasando, triunfando, y luego recorriendo nuevamente todo el ciclo. Veremos también un equipo en el cual el tiempo y el espacio físico fueron manipulados ejecutivamente a fin de facilitar el flujo de ideas, y observaremos los beneficios de ser uno de los mayores *creadores* de riesgos. A pesar de la antigüedad de estos sucesos, creemos que la enseñanza que proporcionan es tan válida hoy como lo fuera un siglo atrás. El modo en el que usted, lector, introduzca estas enseñanzas dentro de su propio equipo y organización bien puede constituir su primer paso hacia la creación de sus propios *virtuoso teams*.

El mito del genio solitario

La bombilla de luz eléctrica se ha convertido en el parangón del "eureka;" es decir, el encendido de una bombilla eléctrica por sobre la cabeza de un creador marca el momento de descubrimiento o de intuición. Sin embargo, no deja de ser irónico que la invención de la bombilla incandescente en realidad involucró a veintenas de ingenieros y mecánicos trabajando unidos en un equipo poderoso, reacomodando los detalles de diseño y plasmándolos en innumerables prototipos, creando inclusive la tecnología de apoyo para la generación exitosa de la electricidad, bajo el liderazgo de un gran gerente de investigación: el visionario Thomas Edison. No fue, como muchos suponen, el producto del "jugueteo" de un genio, sino una empresa corporativa de avanzada que creó el modelo del moderno laboratorio de investigación industrial: una "fábrica de inventos" —así la llamaba Edison— perfectamente diseñada y equipada. A partir del éxito de la bombilla eléctrica y de la infraestructura de energía eléctrica que había creado, Edison montó una segunda "fábrica de inventos", de dimensiones mucho mayores que las instalaciones originales, cuyo personal estaba integrado por asistentes del más alto calibre, y equipada con las herramientas más modernas y completas disponibles en el mercado. Allí, Edison y su equipo inventaron la moderna industria del entretenimiento (con fonógrafos y películas sonoras), creando al mismo tiempo los cimientos de una amplia gama de productos y procesos industriales que aún hoy constituyen la base de un buen número de tecnologías contemporáneas.

Los primeros años: de repartidor
de periódicos a inventor serial

Thomas Edison, el menor de siete hermanos, nació en Ohio el 11 de febrero de 1847. Para mantener a la familia, su padre desempeñó diversas ocupaciones, desde cultivar la tierra a picar piedra para fabricar guijarros. Edison, un niño enfermizo, pasaba gran parte del tiempo en el hogar, donde su madre se ocupaba de su educación. Aunque concurrió a la escuela durante un breve período, comprendido entre los años 1859 y 1860, aprendió a extender su creciente interés por la ciencia y la mecánica a través de los libros y, lo que es más importante aún, mediante la experimentación en un laboratorio de química que instaló en su casa. En cierta ocasión comentó que los libros "podían demostrar la teoría de las cosas [pero] lo que cuenta es llevarlas a la práctica".[2] Edison obtuvo su primer empleo a la edad de 12 años: primero vendió periódicos en el ferrocarril local y luego, a los 14 años, inició su carrera de telegrafista. Sólo una década más tarde se convirtió en un inventor de tiempo completo, con el laboratorio experimental mejor equipado del mundo.

Primeros años de Edison como empresario

Fue en el ferrocarril donde Edison comenzó a manifestar el carácter y las habilidades de un verdadero empresario. Después de sólo seis meses en el trabajo, ya había contratado a dos jovencitos para hacerse cargo de puestos en los que se vendían periódicos y hortalizas. Edison compartía las ganancias con ambos. Para ocupar las horas de poco tránsito, también instaló un laboratorio de química en uno de los vagones, aunque este emprendimiento [empresa] duró sólo hasta el momento en que una botella de fósforo se derramó y se prendió fuego, poniendo fin a los experimentos. Sin embargo, su más exitosa iniciativa como joven empresario se sirvió de la alta tecnología de aquellos tiempos: el telégrafo. Habiendo observado el gran interés de los pasajeros por los acontecimientos diarios que se sucedían durante la Guerra Civil en los Estados Unidos, Edison intuyó una oportunidad cuando se libraba la batalla de Shiloh, en abril de 1862. Más tarde escribió: "En ese momento se me ocurrió la idea de telegrafiar las noticias con antelación. Decidí que, en lugar de los 100 periódicos que vendía habitualmente, podía llegar a vender 1000".[3] Aunque carecía de los fondos para adquirir tal cantidad de periódicos al por mayor, persuadió al editor de entregárselos a crédito. Como los pasajeros estaban dispuestos a pagar precios más altos por estos periódicos, la ganancia fue enorme. Este episodio no sólo enseñó a Edison cuán importante era comercializar las ideas con el ejecutivo adecuado, sino que también le dio una lección acerca del poder de la prensa.

Telegrafista "vagabundo" adquiere

conocimientos valiosos

Luego del éxito logrado mediante la venta de periódicos, en 1863 Edison decidió convertirse en telegrafista itinerante, viajando de ciudad en ciudad en busca de oportunidades laborales. Sostuvo esta modalidad de trabajo durante los cinco años siguientes.[4] Su rol de "vagabundo" o "viajero" marcó el intercambio y la difusión de las ideas, y nos proporciona un anticipo de la manera en que Edison se comprometía con todos y cada uno de los procesos gracias a los cuales él y su equipo cosechaban más y mejores ideas, poniéndolas rápidamente en circulación.

> El *"vagabundo" apartó al joven mecánico de su "encasillamiento mental, consecuencia de su largo período de aprendiz y de un reducido círculo de relaciones".*[5]

Aunque era en gran parte un autodidacta, Edison había aprendido los rudimentos del negocio telegráfico de James MacKenzie, un operador agradecido a cuyo hijo había salvado de ser atropellado por un tren. Munido de sus nuevas habilidades, Edison se unió a lo que se llamó "una fraternidad de elite de operarios técnicos".[6] Parte de la cultura de esta fraternidad consistía en el estudio de la electricidad, acompañado por experimentación práctica tendiente a mejorar las tecnologías de las que dependían este tipo de trabajadores. Edison lo tomó muy seriamente, trabajando turnos nocturnos para poder dedicar sus días a estudiar en bibliotecas y a realizar experimentos en su bien provisto laboratorio amateur. Además de su aprendizaje técnico, y siempre sediento de conocimiento, también estudió latín y castellano. Pronto comenzó a esbozar una serie de ideas innovadoras: por ejemplo, un aparato que registraba las señales que ingresaban por el telégrafo para ser reproducidas luego de manera más lenta. Esto resultó eficaz para aliviar la carga de los operadores, agobiados por la presión del trabajo, al mismo tiempo que garantizaba mayor exactitud en la transmisión de la información. Edison asimismo inventó técnicas que permitían enviar más de un mensaje a la vez por medio de un único cable conductor.[7]

Según Francis Jehl, uno de los primeros asistentes de laboratorio que trabajó con Edison, "[él] conocía los secretos del electromagnetismo como ningún otro; observaba y estudiaba mientras oprimía las teclas, y la fuerza misteriosa, tan desconcertante para los demás, era algo que Edison comprendía a la perfección ..."[8] En otras palabras: a través de la práctica, la experimentación, y lo que aprendió en los libros, Edison logró una comprensión única, intuitiva, podría decirse, de una tecnología revolucionaria que aún se encontraba en pañales.

El inventor se convierte en habilidoso conectador

de redes para penetrar en el mercado

Establecido en Boston como telegrafista de la Western Union, Edison comenzó a elaborar su primera invención auténtica: un aparato eléctrico para el recuento de votos. Ya experto en avivar el entusiasmo de otros, rápidamente reunió el apoyo económico de capitalistas locales. El 1 de junio de 1869, este invento le valió a Edison su primera patente. Desafortunadamente, el mercado que había elegido —el de los políticos locales— mostró escaso interés en aumentar la eficiencia del voto a mano alzada. En realidad, en tanto necesitaban tiempo para conseguir que los votantes suscribieran sus mociones y para negociar los votos correspondientes, los legisladores preferían conservar el sistema tradicional, más lento. Sin desanimarse por este fracaso, y decidido a juzgar mejor sus mercados, Edison comenzó a realizar experimentos vinculados a una variedad de proyectos diferentes, algunos de los cuales lo indujeron a adentrarse en el campo de la tecnología del registro eléctrico. Gracias a sus denodados esfuerzos, surgió una rápida sucesión de productos;

entre ellos, un telégrafo impresor, transmisores dobles (el "dúplex"), y un telégrafo que servía como alarma contra incendios. Con base en esta producción, Edison renunció a su empleo en la Western Union y publicó un anuncio formal en el periódico *The Telegrapher*, expresando que se proponía "dedicar su tiempo a los inventos".[9] Sin embargo, una enseñanza clave que le dejó el registrador eléctrico de votos fue su resolución de jamás volver a inventar algo para lo cual no existieran mercado ni clientes.

Luego de la primera emoción provocada por el éxito en el área de la tecnología, y a pesar de haber recibido varias patentes adicionales y de haber adquirido un creciente respeto por la complejidad del medio comercial, Edison fracasó una vez más en su intento de vender ideas. Fue entonces que decidió mudarse más cerca de su mercado potencial, trasladándose a Manhattan, donde se encontraban las sedes de las compañías telegráficas más importantes, y donde la comunidad financiera tenía características más innovadoras y se encontraba más ávida de productos que la de Boston. Una vez allí, a la edad de 22 años, Edison inmediatamente se abocó a establecer una red entre proponentes y gestores cuya amistad habría de necesitar en el futuro. Este nuevo comienzo probó ser decisivo para su carrera.[10]

Fábrica de ideas: la duplicación del trabajo

en un equipo de elevado rendimiento

Hacia 1869, cuando el consenso general afirmaba que los inventos de Edison constituían la producción impredecible de un "individuo genial", lo que en realidad ocurría era que estaba inmerso en la creación de un sistema que facilitara la reunión de un equipo formado por talentos, a partir del cual producir una serie de inventos exitosos desde su laboratorio de Newark, Nueva Jersey.[11] La frustración que había sufrido por las demoras en que había incurrido en su laboratorio unipersonal de Boston le habían enseñado que, además de un medio laboral sólidamente financiado, necesitaba un taller mecánico siempre a su disposición, donde pudiera construir, probar, y rediseñar rápidamente los prototipos necesarios para desarrollar sus ideas. Quería también que las conversaciones no estuvieran mediadas por la distancia, para lo cual instaló a los mecánicos cerca de quienes llevaban a cabo los experimentos, de modo que los prototipos se convirtieran en una práctica habitual.[12] Uno de los primeros frutos de esta reubicación fue que, cuando se presentaba algún problema nuevo o imprevisto, los mecánicos podían continuar con sus experimentos mientras él buscaba soluciones alternativas.[13] Cuando Edison, consumado creador de prototipos, se enfrentaba a un problema que no podía resolver, simplemente pasaba a otro proyecto, quizás para regresar al problema original en un momento posterior, cuando dispusiera de nueva información o puntos de vista.[14] Siempre optimista, Edison veía el fracaso como un aspecto útil del proceso: algo que proporcionaba lecciones que tal vez fueran aplicables a otro caso o que probaran la imposibilidad de ciertas cosas de modo definitivo. Después de experimentar y probar un producto sin éxito más de mil veces, en una ocasión un desilusionado asistente le oyó decir: "Hemos aprendido sin la más mínima duda que no era posible hacerlo de esa manera, y que debíamos probar otra".[15] Por cierto, esto también significaba que Edison, como líder o "mente directriz" del proceso, tenía que encontrar los mecánicos e ingenieros adecuados para integrarlos a él.

La cultura que Edison deseaba infundir era la de un taller de mecánica práctica antes que la de un laboratorio universitario preocupado por avanzar en las teorías científicas. Si bien respetaba la teoría, Edison se negaba a permitir que ésta limitara el alcance de su experimentación: sólo aceptaba las teorías luego de que sus propios experimentos u observación directa las confirmaran.[16] En su opinión, la teoría dogmática era peligrosa, puesto que podía hacer las veces de "anteojeras", obstaculizando la exploración de soluciones que la contradijeran.[17] En el laboratorio de Edison, todo se centraba en lo práctico y lo comercial. Resumiendo su método, escribió:

> *Primero ... averiguo si existe la necesidad de un producto determinado. Luego me lanzo sobre ella de todas las maneras que se me ocurren. Este ataque múltiple se va tranquilizando, hasta que obtengo lo que podría llamarse una idea "compuesta:" la combinación de todo lo que he pensado antes, o la única idea factible que descarta el resto. Una vez en la senda que creo correcta, mantengo el paso hasta haber alcanzado la meta.[18]*

A pesar de preferir la práctica a la teoría, Edison también estaba firmemente decidido a que sus laboratorios, o "fábricas de inventos", funcionaran al modo de "una red para captar ideas de las muchas corrientes de innovación técnica"...[19] Un plan de este tipo no podía menos que tener a la biblioteca como punto nodal, y Edison le dio un lugar preponderante en todos sus planes tendientes a la creación de un sistema innovador eficaz y eficiente.

Menlo Park y la modernización

de la capacidad del equipo

En 1874, Edison vendió los derechos de uno de sus inventos (el sistema telegráfico cuádruple, capaz de transmitir cuatro mensajes simultáneos a través del mismo cable) en la suma de 30,000 dólares, y utilizó el dinero para adquirir equipamiento [equipo] de laboratorio de última generación y saldar deudas. En términos monetarios, éste fue su mayor éxito hasta el momento. Sin embargo, luego de que un viaje a Inglaterra le demostrara cuán poco se sabía acerca de los requisitos necesarios para que la infraestructura eléctrica resultara segura y confiable, llegó a la conclusión de que le era imprescindible contar con un laboratorio más grande y completo. Debía poseer una biblioteca de primera donde se pudieran realizar intercambios entre expertos, un taller mecánico abierto dotado con el mejor equipo disponible, provisión suficiente de materias primas, y alojamiento cercano para sus numerosos asistentes.[20] Al año siguiente, trasladó su laboratorio de Newark a Menlo Park, una zona apartada, adentrándose 12 millas en el área rural de Nueva Jersey. Aquí —predijo Edison, y no se equivocaba— él y su equipo iban a crear "un invento menor cada diez días, y algo realmente importante cada seis meses, día más, día menos".[21] Aunque estas ideas eran compartidas por muchos de sus contemporáneos, la "fábrica de inventos" de Edison fue concebida a escala mucho mayor: con grandes recursos, podía trabajar en varias líneas de investigación simultáneamente, con "innumerables variaciones", logrando así derrotar a sus rivales.[22] "Mi única ambición es poder trabajar sin preocuparme por los costos" —explicaba. "Lo que quiero es el taller perfecto".[23]

Selección del equipo[24]

En los cinco años durante los cuales funcionó la "fábrica de inventos" en Menlo Park, hubo épocas en las que el equipo de Edison llegó a incluir más 200 personas. En principio, Edison estaba interesado en contratar personal que reforzara su propio intelecto pero, con el transcurso del tiempo, surgió un verdadero *virtuoso team*. Cuando se inauguraron las instalaciones, Edison ya había traído consigo, desde Newark, unos pocos asistentes favoritos, entre quienes se encontraban Charles Batchelor, James Adams, William Carman, John Kruesi, Charles Stilwell, y Charles Wells, pero también era consciente de que Menlo Park iba a necesitar de un equipo mucho mayor para desarrollar los proyectos que comenzaba a visualizar. Los hombres que habían venido con Edison le eran absolutamente leales (Batchelor se había mostrado dispuesto a trabajar 20 horas por día) y Edison compartía las regalías con varios de ellos: Batchelor recibía el 10% del total de las regalías y beneficios que dejaban sus inventos; James Adams, el 5% de las regalías provenientes de los inventos en los que él también había trabajado; y Francis Upton, el 5% de las regalías correspondientes a la luz eléctrica.[25] Lo que es más importante, Edison confiaba en la capacidad para resolver problemas y en la motivación de estos hombres para perseverar por cuenta propia, a menudo con escasas directivas; en cierto sentido, se trataba de un equipo dentro de otro mayor.[26]

Teniendo en mente las cualidades de estos hombres, Edison se dedicó a formar un equipo, atrayendo a grandes talentos de todo el mundo. Muchos habrían de convertirse en los grandes pioneros industriales de la revolución eléctrica.[27]

Edison estaba convencido de que el conjunto de habilidades que necesitaba se enseñaba en los talleres antes que en las escuelas. A sus ojos, contaba mucho más la experiencia en el mundo real que los títulos formales.[28] En busca de personas dinámicas que pudieran manejar desafíos creativos por sí mismos, Edison ideó una serie de tareas para ponerlos a prueba, entre las que se incluía el asignarles trabajos de poca categoría que llevaban horas de labor solitaria. Por ejemplo, Francis Jehl había estado empleado en la oficina del abogado de Edison y se sentía fascinado por el gran inventor. Durante las noches, Jehl había realizado estudios rigurosos de matemáticas y química.[29] Cuando sus ambiciones llegaron a oídos de Edison, el joven empleado, con el fervor de una criatura, se apresuró a aceptar la oportunidad de trabajar en Menlo Park. "Para mí, era como el País de las Maravillas" —escribió— "donde los objetos acerca de los cuales había estudiado y soñado cobraban vida".[30] Edison inmediatamente le asignó la tarea de limpiar y llenar las celdas de una primitiva pila Bunsen, un trabajo sucio que implicaba manipular ácido sulfúrico, residuos pestilentes, y la complicada reparación de innumerables conexiones alámbricas. Transcurridas muchas horas, Edison en persona inspeccionó el trabajo de Jehl, comentando: "Bueno, veo que sabes lo que haces". Y a partir de ese momento, Jehl queda contratado.[31]

Edison testeaba la capacidad de pensamiento de los aspirantes formulándoles preguntas que ora no estaban en condiciones de contestar, ora necesitaban tiempo para reflexionar. Por ejemplo, preguntaba: "¿Dónde crece el mejor algodón?", o "¿Cuál es la mayor profundidad oceánica jamás alcanzada?" Antes que la respuesta acertada, lo que Edison buscaba era observar el proceso de razonamiento del aspirante y su sentido de la curiosidad.[32] Edison no vacilaba en sabotear alguno de sus prototipos, permitiendo que un empleado en potencia dispusiera sólo de algunos minutos para descubrir lo que estaba mal; luego repetía el proceso *hasta diez veces* antes de contratarlo.[33] Si alguno se mostraba prometedor, se le ofrecía la oportunidad de comenzar como "limpiatubos", es decir, en el peldaño más bajo de la escala jerárquica del laboratorio.[34] En sus empleados, prefería la versatilidad antes que la especialización, a excepción de determinados casos que requerían de la habilidad de resolver complicados problemas matemáticos o técnicos. Se esperaba, por ejemplo, que los mecánicos fueran capaces de hacer todo lo que se les pedía, de manera inmediata y a menudo sin demasiadas explicaciones.[35] A pesar de todas las pruebas a las que sometía a quienes deseaban trabajar para él, Edison mantenía, literalmente, sus puertas abiertas al talento. En tanto se costearan sus propios materiales, prácticamente cualquiera tenía acceso al legendario laboratorio para ensayar uno u otro invento. En consecuencia, Menlo Park poseía una cultura de trabajo que "enfatizaba la habilidad de los trabajadores al tiempo que preservaba la dignidad e independencia de su labor".[36] Existía una tradición de "contratación interna" entre talleres de máquinas[37] que permitía la fluidez en el trabajo. Ello evocaba la idea del "mercado de talentos" que hemos visto en otras partes de este mismo libro. Esta cultura estaba tan pobremente organizada que Frederick Taylor, el padre de las "ciencias de la administración", se horrorizó al descubrir que los trabajadores se ocupaban o de la gerencia de muchos de los talleres mecánicos, y que, para algunos proyectos especiales, Edison negociaba con alguna de su propia gente, elevándola a la categoría de contratistas.[38]

El trabajo era arduo, las horas, largas: una semana típica demandaba seis días de diez horas. Una estadía promedio en Menlo Park duraba unos tres meses, lo cual sugiere que tales condiciones no eran apropiadas para cualquiera. Sin embargo, Francis Upton reclutó a Charles Clarke pronunciando estas palabras: "Es la oportunidad de tu vida".[39] Es innegable que la fama de Edison actuaba como un imán para el talento, y que los jóvenes brillantes del mundo entero acudían en tropel a Menlo Park para integrar su equipo.

El fonógrafo proporciona al equipo su primer triunfo

Junto al equipo original que lo acompañaba desde Newark, el proyecto de mayor envergadura que Edison concibió para Menlo Park consistió en introducir mejoras al teléfono de Alexander Graham Bell. Edison se concentró en hacer que el teléfono operara a través de distancias más largas que el invento original de Bell, y mejoró significativamente la calidad de audición. Luego, combinando la tecnología del teléfono con la del telégrafo, él y su equipo inventaron un prototipo para un fonógrafo que grabara y reprodujera el sonido … y que funcionó al primer intento.

Al día siguiente, Edison y Batchelor llevaron el prototipo en bruto a las oficinas de la revista *Scientific American,* donde dejaron atónitos a los directores y terminaron por generar una avalancha de cobertura periodística. El anuncio de importantes éxitos antes de siquiera haber entrevisto la solución llegó a convertirse en un patrón habitual. El elevar la apuesta en público presionaba al equipo, creaba un espíritu de cuerpo, despojaba a los competidores del capital de riesgo, y le ganó a Edison la reputación de un peso pesado como *tomador de riesgos.* Siempre dispuesto a satisfacer a la prensa con una sabiduría que se esforzaba por parecer "popular", accediendo a largas entrevistas con reporteros cuidadosamente seleccionados, Edison adquirió fama mundial como "el mago de Menlo Park" y "el inventor de la época".[40] En persona, realizó una demostración del funcionamiento del fonógrafo a Rutherford B. Hayes, entonces presidente de los Estados Unidos, después de lo cual llevó su aparato a Europa, ante el asombro de los científicos más reputados de París y Londres. Con estas victorias en el campo de las relaciones públicas, Edison volvió su atención a la bombilla eléctrica, así como a la totalidad de la infraestructura necesaria para el uso de la electricidad a gran escala. Mientras el desarrollo comercial del fonógrafo fue aplazado para alguna ocasión en el futuro lejano, Edison continuó elaborando mejoras para el teléfono así como otros proyectos.[41]

La intuición guía al equipo

El arco voltaico —una luz masiva, intensa e incandescente— se construyó por primera vez en Francia, en 1809. Aunque posibilitaba la iluminación de manzanas enteras, el consenso mayoritario afirmaba que era prácticamente imposible adaptarla al uso doméstico. El arco voltaico era demasiado grande, demasiado brillante, demasiado costoso; inclusive, quizás el reducir su escala iba contra las leyes de la física.[42] No obstante, después de estudiar el problema durante años, Edison llegó a idear un plan para la iluminación del hogar, consistente en la bombilla de alta resistencia. A pesar del escepticismo de los científicos expertos, en 1878 Edison comenzó a recaudar fondos para sus experimentos recurriendo a sus patrocinadores corporativos, entre los que se contaba el joven J. P. Morgan. En palabras de un crítico, "es una lástima que Edison desperdicie tiempo, energía y actividad mental en la luz incandescente, porque no existen dudas de que terminará en fracaso".[43] Parecía que para lograr el éxito, Edison tendría que realizar progresos simultáneos tanto en la teoría científica básica como en sus aplicaciones a la ingeniería. Una vez más, anunció prematuramente su "éxito" a la prensa, y luego se dedicó a encontrar la solución que le permitiera llevar la idea a la práctica. Con su reputación en riesgo, puso todos los recursos de su laboratorio al servicio del nuevo desafío. No sólo debían hallar los materiales apropiados para el filamento de la bombilla, sino que además era necesario crear todo un sistema que pudiera competir con la iluminación a gas.[44] Este equipo "sobrealimentado" encontraba esta particular investigación estimulante.

La búsqueda del material incandescente

A pesar del incontrolable optimismo de Edison y de la excitación que suscitaba la "cacería", el comienzo de la construcción de los prototipos demostró que la complejidad de la tarea era mucho mayor que lo imaginado. Un problema clave residía en encontrar un material que sirviera para el filamento: debía ser de larga vida, pero no costar demasiado. Comenzando por los metales y productos químicos que Edison y su equipo conocían por los experimentos realizados con el teléfono y el telégrafo, pronto empezaron a tener en cuenta tantos prototipos diferentes como pudieron encontrar, incorporando muchos materiales descartados por la literatura científica. Su método consistía en obtener muestras y probarlas, con la esperanza de que, modificando las condiciones, reaccionarían de manera diferente que en pruebas anteriores.

Los asistentes de Edison no sólo reunieron decenas de miles de diversas materias primas —desde platino hasta bambú japonés— traídas de todas partes del mundo para probarlas en los prototipos, sino que estos materiales también fueron sometidos a incontables experimentos; por ejemplo, se los recubrió con productos químicos a fin de alterar sus propiedades.[45] Jehl recordaba estas pruebas así: "El más interesante de todos los materiales ... era el pelo de las exuberantes barbas de algunos de los hombres del laboratorio. Existía una jugosa [apuesta], un 'derby' ... respecto de cuál resistiría mayor tiempo en una lámpara".[46] Durante un tiempo se decidieron por un filamento de platino, pero su elevado costo impulsó a Edison a revolver el mundo en busca de minas que, al incrementar la oferta, bajaran el costo. En este caso en particular, Edison se vio obligado a pensar en nuevos métodos para refinar los minerales, pero esto también resultó un fracaso.[47]

Cuando el equipo descubrió que el vacío alargaba enormemente la vida del filamento, Edison contrató a Ludwig Boehm, uno de los sopladores de vidrio más habilidosos del mundo, cuyo arrogante comportamiento lo convertía en blanco de muchas bromas. A pesar de lo mucho que lo importunaban, Boehm desarrolló, junto con el equipo, una tecnología del vacío que fue quizás la mejor del mundo en su momento.[48] Finalmente, Edison se decidió por filamentos recubiertos de carbono, por ser los más económicos, durables, y eficientes en términos de energía eléctrica. Después de ofrecer a sus inversores una breve demostración y montar una exhibición destinada al público y a los reporteros a fines de 1880, Edison cerró las puertas de su laboratorio a los extraños y comenzó a focalizarse en las cuestiones comerciales que sus inventos dejaban sin cubrir.[49]

Desarrollo de un sistema de iluminación comercial:

la construcción de la cultura de equipo,

una "comunidad de espíritus afines"

No era suficiente inventar una bombilla viable de luz incandescente; Edison también debía crear la totalidad de los apuntalamientos sistémicos de modo que el invento generara dinero: generadores, distribución, accesorios, metros: todo un nuevo sistema para que la iluminación llegara a destino. En consecuencia, ahora le cabía el papel de director de investigaciones, al tanto de todo lo que ocurría, respondiendo preguntas fundamentales, y controlando los avances de los diferentes proyectos interrelacionados entre sí. La tarea de construir y probar los prototipos quedó librada a otros.[50]

A principios de 1880, 60 empleados del más alto calibre trabajaban a las órdenes de Edison. Luego de haber tomado parte en el desarrollo de la bombilla eléctrica, se habían cohesionado en un equipo de jóvenes extraordinariamente motivados, aceptando a Edison —de ubicua presencia— como un par, pero sin dejar de reconocerlo como el líder cuya autoridad acataban. El pequeño grupo en la cima de la organización jerárquica del laboratorio era conocido por el nombre de "los cables pelados de Edison" y les eran asignados los trabajos más interesantes así como una participación en las ganancias. Los empleados de menor categoría ganaban bastante menos, puesto que se suponía que la base de su compromiso residía en su entusiasmo y esperanzas de progresar. Quienes trabajaban con Edison estaban siempre de servicio, y si bien algunas veces lo que se esperaba de ellos era de una exigencia casi imposible de cumplir, el ambiente que reinaba en el laboratorio era informal y libre. Se ha dicho que los laboratorios de Edison eran lugares ruidosos y atestados al punto de parecer que iban a estallar en medio de un escándalo. En cierta ocasión, le comentó a un empleado que los "limpiatubos" no trabajaban sujetos a normas o reglas porque su objetivo era alcanzar algún logro.[51] Charles L. Clarke relató lo siguiente:

> *Con Edison, la vida en el laboratorio era, para todos nosotros, extenuante pero llena de alegrías, ya sea en el aspecto físico, mental, o emocional. Trabajábamos hasta bien entrada la noche, a menudo más allá de los límites de la resistencia humana ... El ambiente psicológico tenía rasgos de inspiración ... una pequeña comunidad de espíritus afines ... entusiastas de su trabajo, con la expectativa de grandes resultados ... a menudo estrepitosamente explosivos de palabra, enfáticos en las bromas y vigorosos en la acción ... aislados en la monotonía de un distrito rural.*[52]

El cantar juntos era tan común como el trabajar durante la noche entera. Jehl declaró: "Nuestra comida de la medianoche era un momento de jolgorio; y cuando se hacían los preparativos para ella, sabíamos que Edison se proponía trabajar arduamente toda la noche sin respiro".[53] Sin embargo, si resultaba demasiado difícil trabajar con alguien, o a determinada persona se le hacía cuesta arriba la adaptación a la cultura del laboratorio, Edison bien podía despedirlo si las advertencias previas no modificaban la situación. Esto fue lo que ocurrió con Ludwig

Boehm, el soplador de vidrio, quien nunca se adaptó a la cultura de Menlo Park.[54]

La creación de un proceso en equipo

para impulsar un elevado rendimiento

Según Jehl, Edison planificó el desarrollo del sistema de iluminación comercial de modo similar al que Napoleón I utilizaba para desplegar una campaña militar. Antes de comenzar, visualizaba todos los elementos que debían conjugarse, y luego se dedicaba a cada uno de los pasos de manera metódica. Jehl escribió: "Al igual que Napoleón, Edison primero planificaba la estrategia de su campaña y luego libraba la batalla; nunca se apresuró hacia el frente sin saber lo que iba a hacer".[55] En términos de la práctica, y a diferencia de sus competidores —los otros inventores— Edison había pensado más allá de la lámpara en sí misma (en particular, respecto del material que utilizaría para el filamento) para abarcar el sistema completo y la infraestructura necesarios, considerando el abanico de condiciones (tanto industriales como domésticas) bajo las cuales podría ser operada. Decidió que tenía que lograr un desarrollo armonioso de los siguientes elementos:

1 un generador eléctrico eficiente;

2 un medidor eléctrico para "registrar la corriente;"

3 un modo de regulación del sistema;

4 un sistema de conducción subterráneo;

5 equipamiento auxiliar: tomacorrientes, llaves, fusibles, y aislación de los cables.[56]

En su calidad de director de investigaciones, Edison dividió diversas tareas entre los asistentes de laboratorio y delegó otras a los equipos de investigadores y mecánicos. Si bien solía aparecer súbitamente para interrogarlos, y llevaba detallados registros de cada aspecto de la operación a fin de medir los progresos que realizaban, por lo general dejaba a los equipos librados a sí mismos. Tenían plena libertad de entrar y salir siempre que el trabajo se llevara a cabo según lo planeado. En sus propias palabras:

> *Yo solía instruirlos acerca de la idea general de lo que quería que hicieran, y cuando me tropezaba con algún ayudante ingenioso en algún campo, a veces, para alentarlo, me negaba a ayudarlo con sus experimentos, diciéndole que tratara de resolver el problema por sus medios.*[57]

Aunque es verdad que la mayoría de las "intuiciones clave" provenían de Edison, el inventor no dejaba de escuchar a su equipo, y se mantenía abierto a todas las sugerencias. El ambiente del laboratorio era de una sinceridad total. En el torbellino de ideas que emergían durante la etapa de construcción de los prototipos, se hacía cada vez más difícil distinguir dónde se había originado la idea o quién había resuelto un problema determinado. A algunos de los "cables pelados" de Edison, en especial a Batchelor, se les permitió patentar los detalles y aplicaciones específicas que habían aportado, si bien Edison se reservaba para sí los derechos más amplios de las patentes a fin de minimizar las complicaciones que presentaba la co-autoría a quienes la detentaban en esa época.[58]

El cierre de Menlo Park

Los elementos del sistema eléctrico de Edison se desarrollaron en rápida sucesión y relativamente en fecha. Al igual que lo había hecho con las bombas de vacío mejoradas, el equipo de Edison presentó una deslumbrante colección de innovaciones tecnológicas, muchas de las cuales fueron patentadas. Según Jehl, Edison "desarrolló con éxito una dínamo de diseño revolucionario, con increíble potencia para generar corriente"...[59] También realizó experimentos con motores eléctricos para uso diurno, como los elevadores, máquinas de coser, e inclusive un tren eléctrico.[60]

En la primavera de 1881, cuando se habían completado los experimentos básicos de su sistema eléctrico, Edison volvió su atención a las cuestiones de fabricación. El laboratorio de Menlo Park se mantuvo abierto un tiempo más —la experimentación continuaba, pero ahora orientada a resolver problemas planteados por la fabricación en masa—, pero Edison trasladó su centro de operaciones a Manhattan, mejor ubicada para ocuparse de los asuntos comerciales tendientes a abrir una serie de empresas dedicadas a la producción industrial. A esta altura, muchos miembros de la elite (aquellos llamados "cables pelados de Edison") recibieron ofertas para asociarse en la fabricación de las tecnologías cuyas bases habían contribuido a sentar. Por ejemplo, John H. Vail fue contratado en 1880 para hacerse cargo de 11 dínamos al mismo tiempo. Cumplida la tarea, al año siguiente le fue encomendada la planta eléctrica de Edison en Manhattan, y luego se convirtió en uno de los principales difusores del sistema en otras regiones de los Estados Unidos.[61] Inclusive Batchelor, el colaborador más cercano de Edison, y aquél en quien más confiaba, partió hacia París para dirigir allí las operaciones de la compañía. Era el final de una época.[62] Después de Menlo Park, Edison continuó siendo una fuerza vital en la tecnología del mundo, pero nunca volvió a recobrar la "magia" de la fábrica de inventos de aquellos días.

Implicaciones para el liderazgo de los *virtuoso teams*: resumen y preguntas clave

Edison no sólo era incansable en su intensa interacción personal y diaria con los miembros de su equipo, sino que también comprendía la naturaleza fundamental de los sólidos vínculos que era necesario construir con fuentes externas clave que poseyeran reputación, fortuna, y *know-how*. Los líderes de los *virtuoso teams* deben manejar el afuera con igual intensidad con que manejan el adentro. La manera en que los actores externos perciben el sello personal de los líderes representa un papel crucial para la adquisición de talento y recursos financieros. No es menos esencial la habilidad para manejar y manipular la prensa u otras fuentes de información.

El de Edison fue un gran equipo no sólo por lo que en realidad *logró*; creció en magnitud por lo que *otros creyeron* que logró. En el caso de cualquier *virtuoso team*, el asegurarse el reconocimiento puede ser la llave que asegure una tubería por donde fluyan el gran talento, dinero a raudales, y una sólida reputación de marca, todos ellos bienes fundamentales a disposición de un *virtuoso team* que trata de encender la chispa del *gran cambio* en su organización.

Es posible que el mayor desafío al que se enfrenta un *virtuoso team* sea el obtener gran talento. La creación de una imagen de equipo que atraiga al talento como lo haría un poderoso imán resulta esencial para el éxito a largo plazo. Los "limpiatubos" de Edison, así como la mayoría de los *virtuoso teams* descriptos en este libro, tenían líderes que admitían que solo el mejor de los talentos es aceptable; que sólo el mejor de los talentos habrá de asegurar que los sueños se conviertan en realidades. Demasiados equipos en cuyas agendas figuran los *grandes cambios* sencillamente carecen del talento necesario para llevarlos a buen término o bien, aún teniendo el talento, éste se vea constreñido por cuestiones organizativas o de liderazgo. Podemos pasar una vida definiendo lo que entendemos por talento, pero lo que está claro es que se refiere a personas rebosantes de energía y habilidad para sobresalir en los roles que les son asignados dentro del equipo. Otros sellos distintivos del desempeño de los grandes *virtuoso teams* se encuentran en su elevado nivel de energía, poderoso empuje, profunda especialización, determinación, y gran confianza en sí mismos. Recordemos que Edison era implacable al poner a prueba el talento de su equipo, forzando a sus integrantes a demostrar su deseo, su ambición, y su capacidad, y que creó una organización y un ambiente de trabajo que les facilitó el hacerlo. Aunque tal vez ello no sea cien por ciento factible en todas las situaciones, creemos que aquí hay algo de utilidad para ser aprovechado por cualquier líder que intente *grandes cambios*.

A menudo, infundir una sólida cultura de orgullo, meritocracia, apertura, y logro constituye el nervio de cualquier *virtuoso team*. El tiempo que Edison pasó junto a su equipo, aquellas noches en que permanecían reunidos hasta tarde cantando y tocando el piano, o encargando alimentos para celebrar comidas, u organizando bromas pesadas; considerar a los "limpiatubos" parte del equipo —todo ello contribuyó a la consolidación de una cultura poderosa. La insistencia de Edison en que todos los miembros de su equipo se manifestaran con franqueza y que el logro constituyera la base para trabajar en los proyectos más importantes ayudaron a construir un ambiente abierto donde la conversación directa era la norma y se valoraba a los individuos con base en su talento antes que en el título que ostentaban o en su antigüedad. Cuando se trata de *virtuoso teams*, también es necesario tomarse el tiempo para crear una sólida cultura. Edison sabía que el talento, el flujo de ideas, y la cooperación eran elementos fundamentales, de modo que construyó una cultura para habilitarlos. En sus *virtuoso teams*, lector, el conocimiento de la fórmula del éxito y la construcción de una cultura que la refleje y la promueva son igualmente esenciales.

Edison asimismo comprendió que el rendimiento elevado no se circunscribía al trabajo en equipo, sino que requería un proceso dentro del equipo. La fabricación de prototipos sobresale ante nuestros ojos como un elemento crucial del equipo de Edison y de otros equipos que estudiamos. Ya se trate de prototipos físicos, dibujos, modelos, o juegos de roles destinados a ilustrar los elementos constitutivos del *gran cambio* en el que se está pensando, la importancia de los prototipos reside en que son una valiosa herramienta en el proceso de un *virtuoso team*. Los prototipos permiten que los equipos den a luz ideas audaces, provocativas, e interesantes; también suelen presentar una u otra falla, lo cual permite que el proceso de aprendizaje se acelere y la ideas se refinen. Los prototipos proporcionan un medio para disminuir los riesgos de modo que las soluciones y los métodos implícitos en el cambio puedan ser puestos a prueba en la etapa temprana a fin de asegurarse de que el camino no está errado. El fabricarlos constituye una habilidad valiosa desplegada por muchos *virtuoso teams*, y no se trata tanto del arte del prototipo cuanto de la actitud ante él. Su aceptación reconoce que el mejor aprendizaje reside en la experimentación, en la rapidez con que se adquieren los conocimientos, y en el ensayo y error y que, en ciertas ocasiones, los cambios audaces se sostienen mediante la creación de prototipos mientras se va andando.

El liderazgo de Edison y su equipo de la fábrica de electricidad destaca una serie de preguntas que todo ejecutivo debe hacerse cuando lanza su propio *virtuoso team*:

1   El liderazgo de su *virtuoso team*, ¿*realmente* concentra sus energías dentro y fuera del equipo, en el primer caso para construir la cultura e impulsar la acción, y en el segundo para construir la marca y la red personal indispensables para lograr el éxito?

2   ¿Cómo pasan su tiempo los líderes de su *virtuoso team*? ¿Cuál es la descripción de su agenda? ¿Pasan el tiempo —el más precioso de los recursos— con el equipo y con personas claves externas a él? Es bien fácil dejarse atrapar por el tiempo y devorar por la burocracia, siempre vuelta hacia adentro. No es posible ejercer el liderazgo de un *virtuoso team* que trabaja en el 4 piso si uno se halla en el piso 14.

3   Su *virtuoso team*, ¿cuenta con los mejores talentos? ¿Y qué hacen sus líderes para asegurarse de que este equipo en particular actúe a modo de imán para atraer talento, y que ese talento se ponga a prueba de modo de constatar que es exactamente lo que el equipo necesita?

4 Su *virtuoso team*, ¿fabrica todos los prototipos necesarios, una y otra vez? ¿Prueba las ideas recurriendo a la imaginación para obtener *feedback* e introducir nuevas ideas e intuiciones? Su actitud, ¿muestra que resolverán todo sin ayuda externa (si es así, ¡Peligro!) o utilizan prototipos para impulsar los cambios?

5 ¿Posee usted un sistema sólido y completo que su *virtuoso team* pueda utilizar para lograr el éxito y llevar a cabo los *grandes cambios*? Su sistema, ¿contempla el uso cuidadoso del espacio y el tiempo? ¿Mueve las ideas sin pausa de modo que sean probadas, refinadas, y mejoradas?

Notas

1. Citado en Israel, Paul: *Edison: A Life of Invention.* John Wiley & Sons, Inc., 1998, pág. 177.
2. Ibíd., pág. 12.
3. Ibíd., pág. 16.
4. Ibíd., págs. 16–20.
5. Johnson, Elridge Reeves: "The History of the Victor Talking Machine Company", Feb. 1913, citado en André Millard, *Edison and the Business of Innovation.* Baltimore: John Hopkins University Press, 1990, pág. 31.
6. Ibíd., pág. 21.
7. Ibíd., págs. 22–28.
8. Jehl, Francis: *Menlo Park Reminiscences.* Kesssinger Publishing Company, 1937, pág. 234.
9. Citado en Israel, op. cit., pág. 47.
10. Ibíd., págs. 42–49.
11. Ibíd., pág. 66.
12. Millard, Andre. *Edison and the Business of Innovation.* Baltimore: John Hopkins University Press, 1990, págs. 8 y 16.
13. Ibíd., págs. 49–52.
14. Ibíd., págs. 67–69.
15. Citado en McCormick, Blaine: *At Work with Thomas Edison: 10 Business Lessons from America's Greatest Inventor.* Entrepreneur Press, 2001, pág. 130.
16. Israel, op. cit., pág. 95.
17. McCormick, op. cit., pág. 79.
18. Citado en Ibíd., págs. 96–97.
19. Millard: *Edison and the Business of Innovation*, op. cit., pág. 9.
20. Israel, op. cit., pág. 85.
21. Citado en Ibíd., pág. 120.
22. Ibíd.
23. Citado en Jonnes, Jill: *Empires of Light: Edison, Tesla, Westinghouse, and the Race to Electrify America.* Random House, 2003, pág. 85.

24. Esta sección está basada en "Working in Menlo Park", según relato de Bernard S. Finn en William S. Pretzer (ed.), *Working at Inventing*, Baltimore: John Hopkins University Press, 2002.
25. Israel., op. cit., pág. 195.
26. Idea planteada originariamente por Robert Friedel durante una conversación privada en mayo de 2004.
27. McCormick, op. cit., págs. 82-83.
28. McCormick, op. cit., págs. 82-83.
29. Jehl, op. cit., pág. 16.
30. Jehl, op. cit., pág. 33.
31. Jehl, op. cit., págs. 20-22.
32. Citado en McCormick, op. cit., pág. 60.
33. Jehl, op. cit., pág. 278.
34. McCormick, op. cit., pág. 68.
35. Israel, op. cit., pág. 274.
36. Millard, Andre: "Machine Shop Culture and Menlo Park", en William S. Pretzer (ed.), *Working at Inventing*, Baltimore: John Hopkins University Press, 2002.
37. Ibíd., pág. 52.
38. Ibíd.
39. Finn, op. cit., pág. 44.
40. Israel, op. cit., págs. 142-147.
41. Ibíd., págs. 148-155.
42. Jonnes, op. cit., pág. 47. En términos técnicos, se creía que la electricidad que alimentaba a las luces era imposible de dividir en las unidades más pequeñas que se requerían para bombillas de luz de menor intensidad. A ello se sumaban otros problemas, como la falta de circuitos paralelos (si una luz se extinguía, también se apagarían todas las demás, de manera similar a lo que ocurre con las luces navideñas), y la escasa confiabilidad y elevados costos operativos de los generadores eléctricos. La solución de Edison se basaba en la ley de Ohm, una hipótesis poco conocida que gozaba de escaso reconocimiento entre la comunidad científica oficial. Para Edison, la solución consistía en crear una lámpara de alta resistencia, la cual a su vez le permitiría construir un circuito paralelo.
43. Citado en Jehl, op. cit., pág. 199.
44. Ibíd., págs. 233-234.
45. Ver Israel, op. cit., págs. 187-188.
46. Jehl, op. cit., pág. 338.
47. Israel, op. cit., pág. 184.
48. Jehl, op. cit., págs. 325-327.
49. Israel, op. cit., págs. 187-188.
50. Ibíd., pág. 191.
51. Milard, op. cit., pág. 56.
52. Escrito para Jehl, op. cit., págs. 857-858.
53. Ibíd., pág. 285.
54. Israel, op. cit., pág. 193.
55. Jehl, op. cit., pág. 244.
56. Ibíd., págs. 232 y 243.
57. Citado en Israel, op. cit., pág. 192.
58. Ibíd., págs. 191-200.
59. Jehl, op. cit., pág. 264.
60. Israel, op. cit., pág. 198.
61. Jehl, op. cit., págs. 547-548.
62. Israel, op. cit., págs. 199-202.

5

Yendo más rápido
con mayores conocimientos

El equipo de Roald Amundsen aprende
cómo llegar al éxito polar

*Si hemos de ganar, no debe faltar siquiera
un botón de los pantalones.*

Roald Amundsen

A comienzos del siglo XX, todos describen el Polo Sur como un lugar gélido, oscuro, e imponente. Entre los años 1910 y 1912, dos equipos entraron en abierta competencia por la recompensa de llegar primero a lo que posiblemente fuera la única región inexplorada del planeta. El equipo ganador, liderado por el brillante explorador noruego Roald Amundsen, se presta al estudio de extraordinarios méritos en cuestiones de gestión y liderazgo. Compitiendo contra un equipo inglés mucho mejor financiado, dirigido por el habilidoso Robert Falcon Scott, Amundsen se las compuso (arreglo) para reunir un *virtuoso team*.

En el presente capítulo aprenderemos claves importantes para muchos *virtuoso teams*. Veremos la manera en que Amundsen inventó y adaptó un vasto conjunto de tecnologías diferentes e imaginativas, creó una poderosa organización de aprendizaje, inspiró sentimientos de cooperación y colaboración entre los integrantes de un equipo compuesto por especialistas sumamente talentosos, seleccionó con todo cuidado a cada uno de quienes lo acompañarían, aprovechando al máximo sus talentos individuales, dirigió la planificación del proyecto de manera casi impecable, y exhibió considerable capacidad para la comunicación. Seremos testigos de cómo Amundsen emprendió la identificación y el reclutamiento de algunos de los mejores profesionales del mundo, escogidos de entre una serie de disciplinas; cómo los forjó hasta convertirlos en un equipo reducido y eficaz cuyas ventajas competitivas incluían la velocidad, la inteligencia, el *know-how*, la cooperación, y el liderazgo. Las enseñanzas aquí ilustradas sirven de preceptos a los ejecutivos de un extremo al otro del espectro que abarca la actividad organizada, a la vez que ofrecen intuiciones útiles para cualquier tiempo y lugar respecto de lo que significa echar mano al talento y desplegarlo con eficacia contra un adversario competitivo y mucho más fuerte. Esta constituye una de aquellas situaciones en las cuales un equipo fue capaz de alcanzar logros considerablemente más elevados de lo que los individuos que lo componían podían llegar a concebir. Lo que presta mayor interés a las circunstancias es que, claramente, Amundsen no podía liderar a través del ejemplo en muchas de las disciplinas necesarias.

El capítulo asimismo proporcionará ejemplos sobre características importantes que distinguen a muchos de los líderes de los *virtuoso teams* que hemos analizado. Los sellos personales que marcaron la vida profesional de Amundsen eran su compromiso con la excelencia, con el aprendizaje, y con la preparación que conducía al éxito. En actividades que iban desde estudiar las técnicas de supervivencia de los esquimales hasta crear estrategias nutricionales que previnieran el escorbuto, Amundsen había orientado su carrera preparándose para arribar al Polo Norte. Se encontraba obsesionado por la idea de liderar un equipo en una exploración polar sin precedentes y, a fin de llevar a cabo su misión, siempre buscó las enseñanzas que podían ofrecerle cada una de las experiencias de la vida. Poseía también las condiciones de un líder natural, comandando barcos sin que se presentaran conflictos, e inspirando a sus hombres a seguirlo en el peligro, adentrándose en lo desconocido. Los desafíos a los que Amundsen se enfrentó no les son ajenos al líder de nuestros tiempos, que puede verse en la situación de organizar equipos de profesionales cuyos conocimientos constituyan la elite dentro de las respectivas especialidades, y que deba vencer a competidores más fuertes en mercados sumamente inciertos y volátiles. ¿Qué puede usted, lector, aprender de la carrera de Amundsen y su equipo en busca del Polo Sur? ¿Cuál fue su estilo de liderazgo? ¿Cómo manejó este proyecto inédito? ¿De qué manera aplicó enseñanzas provenientes del pasado a su propio proyecto?

El audaz proyecto de Amundsen y su estilo de liderazgo al frente de su *virtuoso team* constituyen un texto ejemplificador de cómo luchar contra muchos de los desafíos que se oponen a su gestión en el presente.

Convirtiéndose en un profesional del Ártico a través del aprendizaje: el aprendizaje como aptitud personal

A la edad de 15 años, Roald Amundsen leyó el relato que escribiera Sir John Franklin acerca de su expedición al Ártico, e inmediatamente se propuso aprender todo lo posible en relación con la exploración polar. "Aunque parezca mentira" —escribió— "lo que más me atrajo fueron las adversidades que Sir John y sus hombres tuvieron que enfrentar ... ello me llevó a verme a mí mismo en el papel de cruzado en la historia de la exploración del Ártico".[1] Una vez ducho en la cultura nacional del esquí, Amundsen buscó consejo entre sus compatriotas, los noruegos.

Fue discípulo de Fridtjof Nansen, a quien puede considerarse el explorador del Ártico más famoso de la época. En lugar de los equipos constituidos por gran cantidad de hombres que se estilaban entonces, Nansen adelantó la concepción de un equipo más reducido y flexible para viajar por el Ártico. Esto creó una impresión perdurable en Amundsen, pero también recurrió a otros mentores, entre quienes se incluía Eivund Astrup. Este sostenía que los "primitivos" tenían mucho que enseñar a sus contemporáneos "civilizados" acerca de las técnicas y prácticas de supervivencia.

Convencido del valor del aprendizaje a través de la experiencia directa, Amundsen se colocó como "aprendiz" en expediciones al Ártico. En un principio, a bordo del *Bélgica*, bajo las órdenes de Adrian de Gerlach, tomó parte en una de las primeras prolongadas estadías en la Antártida. Para el invierno de 1898, las heladas habían convertido al barco en un banco de hielo flotante próximo a las costas continentales. Los hielos flotantes amenazaban con aplastarlo. Para colmo de males, la depresión consumía a la tripulación en una oscuridad que duraba las 24 horas de cada día. Fueron presa del escorbuto, la mortal enfermedad nutricional que pocos exploradores comprendían en aquel momento. Todos los miembros de la tripulación sufrían en su "pequeño infierno privado".[2] El desastre parecía inminente, pero Amundsen se mantuvo impertérrito. Pasó nueve meses aislado en el barco congelado, pero ello le valió numerosas lecciones. Era un hombre reservado, que evitaba el contacto con los demás, y había tomado abundantes notas acerca de todo lo que viera. Y sobrevivió —con anotaciones detalladas cuyo estudio le fue útil en la preparación de sus propios "asaltos" al Ártico.[3]

¿Qué es lo que Amundsen había aprendido? En primer lugar, analizó las técnicas de liderazgo del capitán Adrian de Gerlach. Amundsen lo despreciaba, considerándolo un ordenancista débil, y vilipendiando la débil cohesión de la tripulación bajo su mando. A partir de esta experiencia personal tan intensa, comenzó a considerar qué se necesitaba para manejar una tripulación en circunstancias difíciles. Durante los nueve meses de oscuridad polar, Amundsen inició una serie de experimentos tendientes a mejorar el equipamiento que se había utilizado en aquella ocasión. Junto con Frederick Cook, su camarada de a bordo, inventó una tienda de campaña "aerodinámica" que se adaptara mejor a los fuertes vientos de la zona. También probó diversos materiales que sirvieran para confeccionar vestimentas adecuadas a los climas árticos. En su diario personal, registró desapasionadamente la hinchazón de sus encías y los inquietantes cambios de humor provocados por el escorbuto. A bordo del *Bélgica*, Amundsen fue testigo de muertes que consideraba innecesarias. Así, llegó a la conclusión de que las expediciones al Ártico podían evitar riesgos inútiles y pérdida de vidas —si se las preparaba con toda minuciosidad. En suma, estaba realizando un aprendizaje sistemático con base en los errores y descuidos de otros exploradores.[4] Aún cuando tomó parte en éxitos históricos —por ejemplo, durante su participación en el primer viaje en trineo llevado a cabo en la Antártida—, las anotaciones que Amundsen asentaba en su diario se concentraban en aquello que aprendía: antes que regocijarse en sus propios logros, prefería analizar en detalle todo lo que iba observando.[5]

Primer puesto de mando y liderazgo: el *Gjoa*

Luego de los acontecimientos vividos en el *Bélgica*, Amundsen se lanzó a la búsqueda de experiencias cada vez más intensas a fin de construir su tesoro de conocimientos clave. Viajó a Tromso, en el norte de Noruega, para aprender de los "capitanes del Ártico". Estaba tan determinado a dedicarse a su objetivo que evitaba toda compañía que no fuera la de los más experimentados cazadores de focas y ballenas. No faltó quien se burlara de su interés en estos hombres taciturnos, de espíritu tribal, pero nada lo detuvo. Comentó que "no existe nadie tan estúpido que no pueda decir algo sensato".[6] Amundsen deseaba obtener el máximo pr-

ovecho de las oportunidades que se le presentaron en Tromso, de modo
que invirtió toda su herencia en el *Gjoa*, un pequeño navío foquero.
Contrató una tripulación experimentada y se hizo a la mar en abril de
1901. El viaje fue costeado mediante la caza de especímenes marinos
propios del Ártico. Durante cinco meses, Amundsen vivió la vida de los
capitanes del Ártico, alimentándose de bistecs de foca y de otros tipos
de pesca. En el aspecto financiero, este viaje de "entrenamiento" no le
deparó ganancias, pero tampoco pérdidas; sin embargo, en su condición
de comandante, Amundsen acumuló una cantidad de conocimientos
técnicos acerca de la navegación en el Ártico que le fueron facilitados
por los profesionales locales. Decidió que la información crucial residía
en el hecho de que "vivían de lo que encontraban". Además, comandar
una tripulación reducida y especializada reforzó su convicción de que
el "nuevo método" para la exploración del Ártico, debida a Nansen y
consistente en dejarse llevar a la deriva por los hielos polares, empren-
diendo luego una precipitada carrera en trineo hasta el polo para luego
regresar al barco en movimiento, constituía el modelo a seguir, debido
a la eficacia y velocidad que ofrecía.

Este enfoque bien coordinado se oponía en claro contraste a la sabiduría tradicional, que preconizaba la organización de enormes equipos,
respondiendo a normas cuasi militares, plagados de redundancias
múltiples que se traducían en muchas bocas que alimentar.[7] Tal como
lo describió un observador, el método de Nansen "limitaba el número
de participantes, seleccionando un pequeño grupo capaz de alcanzar el
grado más elevado de resistencia física; un grupo reducido y entrenado
que se mantiene en armonía cuando llega el momento de enfrentar las
duras pruebas que tienen por delante".[8]

La construcción de un equipo poderoso

Amundsen nunca cesó de trabajar en la adquisición de mejores habilidades de liderazgo. En 1903, durante una expedición cuyo objetivo era
encontrar un pasaje en el noroeste, se le presentó la oportunidad de su
primer mando importante. En ese preciso momento descubrió que, por
inclinación natural, poseía la capacidad de comandar un "navío feliz",
donde el equipo se unía para aprovechar el talento de todos. Amundsen
exigía absoluta lealtad, asegurada bajo un juramento solemne. No
obstante, antes que apoyarse en el rango y la jerarquía, se esforzó por
ganarse la confianza y el respeto de su tripulación. Desarrolló un sistema

de selección y planeamiento aplicado a los recursos humanos mediante el cual se eliminaban las reglas burocráticas y complicadas: sus hombres se desenvolvían con un sentido claro tanto de los objetivos inmediatos como de la misión global. Cada uno de los miembros del equipo sabía cuál era su deber, y Amundsen confiaba en que lo harían, de modo que rara vez necesitaba dar órdenes. El resultado fue algo semejante a una comunidad que funcionaba al estilo de una "pequeña república".[9]

Amundsen era consciente de que el éxito de la expedición —o su ruina— dependía de una combinación apropiada entre talento y personalidad. Individuo por individuo, eligió a su equipo con el máximo cuidado. Ponía a prueba sus talentos e iniciativa. Dado que buscaba un perfil de carácter que ni él mismo podía definir, tenía que tomar decisiones instantáneas e intuitivas al juzgar la idoneidad de los individuos. En un caso, Amundsen le pidió a un aspirante que embalara pescado en una bodega de almacenamiento ya atestada. Cuando el hombre le respondió que era imposible, puesto que no había espacio, Amundsen lo despidió sin más, diciéndole: "Tampoco hay espacio para usted en esta nave".[10] Tampoco aceptó en su pequeño grupo aventureros incompetentes, inadaptados, "escritorzuelos", ni ningún otro tipo de persona que pudiera ser causa de descontento. Prefería una tripulación del más elevado nivel profesional, y pagaba los jornales más altos de plaza.

Los esquimales: aprendiendo de los expertos

Amundsen pasó el invierno de 1903 en Groenlandia donde, al tiempo que trataba de descubrir un pasaje a través del noroeste, se sumó como aprendiz a los esquimales de la zona. Considerando que se trataba de una época de imperialismo colonial en la cual los esquimales eran vistos como gentes primitivas de la Edad de Piedra (y, por ende, inferiores) que necesitaban de influencias civilizadoras, Amundsen demostró una apertura mental y un interés extraordinarios. En lugar de descartarlos como seres carentes de rasgos interesantes, o de tomar sobre sí la responsabilidad de educarlos, estaba resuelto a aprender de ellos todo lo que pudiera, absorbiendo su tecnología, costumbres, y cultura. Al fin y al cabo, los esquimales vivían y prosperaban en zonas polares. A partir de su primer contacto con ellos, se dispuso a ganar su confianza y a dominar su idioma.

A cada paso del camino, Amundsen anotaba lo que iba observando para luego analizarlo con su meticulosidad característica. Estudió la psicología de los perros que acompañaban a los esquimales, y se convenció de que, a diferencia de los caballos —meras bestias de carga— los perros eran compañeros inteligentes que era necesario entrenar y cultivar en una relación de asociación íntima. Se percató de que la variedad groenlandesa de perro esquimal era superior a la siberiana, y ello lo decidió a utilizar sólo la primera en sus viajes por el Ártico. También examinó cuidadosamente las prendas que vestían los esquimales, confeccionadas con materiales naturales, en oposición a los materiales sintéticos disponibles en el ambiente industrial. Dedujo que las chaquetas y pantalones de piel permitían la circulación del aire, impidiendo así los sudores que disipaban el calor y que podían llegar a constituir un peligro en los momentos de gran esfuerzo físico que demandarían los traslados en el Ártico.

Amundsen se convirtió en un experto constructor de iglúes, los resistentes refugios esquimales que dependen por completo de materiales que se encuentran al alcance de la mano en la tundra ártica.[11] Finalmente, estudió con extremo cuidado cómo los esquimales conservaban su energía. Muchos observadores europeos los habían tildado de perezosos, inclusive de holgazanes por naturaleza. Amundsen se dio cuenta de que poseían la capacidad de controlar sus ritmos, rehusando avanzar más allá de una zona de confort que les permitía conservar amplias reservas de energía para utilizarla en casos de emergencia,[12] en un mundo donde el próximo problema bien podía encontrarse a la vuelta de la esquina. A pesar de estos valiosísimos descubrimientos, Amundsen no se proponía imitar ciegamente a los esquimales. Teniendo en mente el aumento de la eficiencia y de los márgenes de seguridad, creó una síntesis propia, sin interrumpir la realización de experimentos a fin de encontrar la mejor combinación de técnicas. Por ejemplo, estaba convencido de que los esquís, desconocidos por los esquimales, son el mejor medio de locomoción en el Ártico, y permitió que sus hombres se mantuvieran a la par de los esquiadores montando trineos arrastrados por perros. Al mismo tiempo, decidió que la dieta de los esquimales, consistente en carne fresca, constituía la mejor defensa contra el escorbuto. Esto contradecía de plano la opinión médica aceptada en la época. Para enriquecer la carne, Amundsen recurrió al *pemmican* (una torta de carne molida mezclada con grasa), y agregó chocolate a la dieta básica. Hizo preparar ambos alimentos de modo tal que no perdieran su valor nutritivo durante el procesamiento.

El fracaso y el éxito: todas las experiencias contribuyen

a crear habilidades funcionales al liderazgo

Amundsen no aprendió sólo de sus éxitos, sino también de sus fracasos. En la primavera de 1904, después de haber invernado en Groenlandia, partió en busca del Polo Norte magnético: aquí residía el propósito científico de su travesía. Debido a algún inexplicable error de cálculo, y luego de un viaje sumamente penoso, arribó a un lugar que distaba 30 millas del sitio correcto. A juzgar por los estándares de la época, no era una equivocación terrible, pero el fracaso pesó sobre su mente por el resto de sus días.[13] Sin embargo, valoró la experiencia, puesto que, una vez más, resultó fuente de nuevas ideas y conocimientos. A esta altura, Amundsen ya se hallaba en condiciones de preparar y conducir un equipo que pudiera viajar por el Ártico en casi cualquier circunstancia, ya tuvieran que atravesar lodazales mojados o enfrentar las más gélidas tormentas de hielo.[14] Luego de un segundo invierno en Groenlandia, el equipo de Amundsen fue el primero en descubrir un pasaje a través del noroeste. Si bien esto bastaba para asegurarle a Amundsen un lugar en la historia, por haber logrado algo que gigantes como Magallanes y Colón no pudieron concretar, su cabeza y su corazón se obstinaban en un objetivo diferente. No veía el pasaje como un acontecimiento histórico de envergadura, sino como el paso final de su "aprendizaje ártico". Aquí concluía la primera etapa de sus trabajos, y lo que venía a continuación era la conquista del Polo Norte. Contaba con algo más de 30 años de edad.

La flexibilidad en la creación de objetivos difíciles

de lograr: inversión de los polos

El 1º de septiembre de 1909, Amundsen abrió el periódico y quedó anonadado. Leyó en los titulares que Cook, su buen amigo desde los tiempos en que ambos habían formado parte de la expedición de Gerlach a la Antártida, había "descubierto" el Polo Norte. Para colmo de males, Robert Peary, otro estadounidense, pronto se jactó de lo mismo, anunciando que él había llegado antes que Cook. Esto dio origen a una controversia que dura hasta el presente. No obstante, la fascinación que despertaba el Polo Norte empezaba a perder brillo.

Las declaraciones acerca del descubrimiento forzaron la mano de Amundsen. Su sueño de ser el primero había sido arrasado. Tenía que decidir rápidamente qué curso tomar, dado que tenía planes bien arraigados, con la mira puesta en una expedición científica al casquete del Polo Norte (y al Polo mismo) para 1910. No llevó mucho tiempo revertirlos. Tomó la decisión inmediata —y secreta— de dirigirse al Polo Sur. Nadie debía enterarse. Su nuevo objetivo se haría público sólo *después* de la partida. Pero las sorpresas no habían concluido. Pasadas dos semanas de su secreto cambio de rumbo, Robert Falcon Scott, capitán de la Marina Británica, anunció formalmente que se proponía navegar hacia el Polo Sur en 1910 a bordo del *Terra Nova*, su famoso navío. Si había de aventajar tácticamente a Scott, el secreto de Amundsen debía permanecer muy bien guardado: ni Nansen, su poderoso mentor, ni quienes lo financiaban, ni persona alguna del gobierno noruego, supo que ahora Amundsen se dirigía al sur. En completo sigilo, se había iniciado una carrera.[15]

Planes y preparativos

No es sorprendente que el primer paso de Amundsen haya consistido en aprender todo lo posible de otros que habían visitado la Antártida. Llevó a cabo un análisis imparcial y exhaustivo de la reciente expedición encabezada por Ernest Shackleton, a quien se proclamaba como a un héroe intrépido. Pero a Amundsen no le interesaba el hombre, sino la expedición. La juzgó cercana al desastre, llegando a la conclusión de que se habían cometido graves errores. Los depósitos de provisiones habían sido demasiado escasos, pequeños, e identificados de manera poco conveniente, todo lo cual se traducía en una enorme reducción de los márgenes de seguridad. La pérdida de un solo depósito se habría convertido en cuestión de vida o muerte. El hecho de que fueran hombres los que transportaban los pertrechos había lentificado y agotado al equipo de Shackleton, y tal vez fuera ésa la razón principal de su fracaso en arribar al Polo Sur. Por último, aunque había llevado perros, nadie sabía cómo manejarlos adecuadamente, por lo que resultaron ser un costoso desperdicio. De todo ello, Amundsen aprendió que su propia combinación —un reducido equipo de elite con esquís y trineos tirados por perros— era la correcta. Pensaba que el heroísmo, el coqueteo con el peligro y la búsqueda de aventuras, reflejaban una planificación deficiente. Su equipo iba a avanzar sin prisa a un ritmo cuidadosamente predeterminado. No dejaría nada librado al azar durante el proceso de planeamiento. Si las metas eran razonables, habría tiempo de sobra para el descanso físico y mental.

Aunque la norma imponía una planificación cuidadosa, no se descartaron golpes de audacia que brindaran alguna ventaja. Basándose en el estudio detallado de expediciones anteriores y en la información disponible, Amundsen decidió tocar tierra en Ross Ice Shelf, una saliente que no había sido relevada por la cartografía. Si la saliente resultaba ser hielo movedizo, la expedición fracasaría. Pero si era tierra firme, el beneficio sería grande. Asumió un riesgo calculado, con la intención de reducir el viaje de ida y vuelta en 120 millas, el 9% del recorrido total. Scott, en cambio, optó por una ruta más conocida.[16] Pero son los pequeños detalles los que pueden arruinar las cosas. Amundsen no omitió ninguno. Habiendo desarrollado su plan en secreto, él en persona supervisó todos los aspectos de la implementación. Vigiló la adquisición y la fabricación del equipamiento y de las provisiones y prestó sobrada atención a las cuestiones clave relacionadas con los puntos particularmente riesgosos del proyecto. Por ejemplo, los alimentos eran caseros, envasados de manera especial, y combinaban el *pemmican* con carnes frescas que cazarían en el Ártico. No servían los alimentos comerciales, puesto que era necesario mantenerse físicamente fuertes, vigilantes, y sanos bajo las condiciones más duras.

Amundsen no quería más de 10 hombres en su equipo; si eran menos, mejor. Cada uno de ellos sería un especialista calificado; todos desempeñarían un papel netamente definido dentro del equipo. Eran psicológica y físicamente aptos; poseían habilidad comprobada para adaptarse y aprender con rapidez. Amundsen conocía el valor del gran talento y estaba dispuesto a pagar por lo mejor. Contrató a un experto conductor de perros y a dos marineros con gran experiencia en la navegación en hielo, aprovechando la redundancia para las habilidades críticas. Inclusive descubrió un cocinero que sabía preparar la carne de foca de muchas maneras diferentes y sabrosas: lo contrató también, previendo los meses de aislamiento que les esperaban. Juzgando que sería un compañero tan espléndido cuanto útil, se aseguró la presencia del campeón de esquí Olav Bjaaland, quien era también un carpintero experto y fabricaba violines en sus momentos de ocio.

La inclusión de Bjaaland en el equipo no respondía sólo a la necesidad de llenar un puesto que requería de una habilidad especial, sino que constituyó una jugada simbólica cuidadosamente pensada. Amundsen era consciente de que estaba pidiendo al equipo que alcanzara un objetivo sometido a verdadera presión. Sabía que su habilidad personal para el esquí —una competencia esencial— no era de primerísima categoría. A fin de remediar esta debilidad potencial del liderazgo, Amundsen contaba con Bjaaland. Reclutando al mejor esquiador, con una reputación basada en su formidable especialización antes que en un título o jerarquía, un hombre digno de emulación y que gozaba de la más alta estima entre sus compatriotas noruegos, el mensaje que Amundsen transmitía era: "si ustedes dudan de mi habilidad para conducirlos, seguramente no objetarán a seguir a Bjaaland en nuestro viaje al Polo".[17]

Hubo una única excepción a su regla de seleccionar en persona a su equipo: el caso de Hjalmar Johansen, un veterano de las expediciones de Nansen al Ártico. Este se consideraba mejor esquiador y explorador más experimentado que Amundsen, y las fricciones entre ambos se instalaron desde el comienzo. Amundsen se sintió obligado a invitarlo a integrar el equipo por el compromiso que había tomado con Nansen a cambio del uso del rompehielos *Fram*. En honor a la justicia, hay que decir que Amundsen realizó grandes esfuerzos para ganarse la voluntad de Johansen. Se daba cuenta de que éste había salvado la vida de Nansen, su patrocinador, con quien ya se sentía en deuda.[18]

Todo o nada: presión, presión, y más presión

Al embarcar en Noruega, el equipo de Amundsen ignoraba sus planes de dirigirse al Polo Sur. Creían que su destino era el norte —el Polo Norte. Amundsen se preguntaba si el equipo permanecería con él cuando descubriera la verdad. Con toda lógica, pensó que si sus patrocinadores se enteraban de su cambio de planes, lo harían regresar, por lo cual eligió cuidadosamente el momento para revelar su secreto, y decidió no hacerlo hasta alcanzar un punto de "no retorno". A pesar de la calidad y confiabilidad del equipo que había reunido, sólo había informado a su hermano y a los oficiales del *Fram* que en realidad se proponía conquistar el Polo Sur.

El grupo se hizo a la mar discretamente rumbo al sur en abril de 1910. En aquella época, la ruta al Polo Norte requería una primera orientación hacia el sur, rodeando el Cabo de Buena Esperanza en América del Sur, y luego poniendo proa a Alaska, donde comenzaba la deriva a través del Ártico a merced de los hielos polares. El equipo no se inquietaría al ver que navegaban hacia el sur por algún tiempo; más bien esperarían que así fuera, para luego abrirse paso en dirección norte. Sin embargo, cerca de las costas de Portugal, Amundsen decidió que había llegado la hora de revelar la verdad. De pie sobre la cubierta del *Fram*, con un mapa de la Antártida clavado al mástil, informó a la tripulación acerca de sus nuevos planes y de las razones que lo movían. Habló con palabras claras y sinceras; pasados algunos minutos, votaron de a uno por vez, y la resolución unánime fue apoyarlo, aunque ello implicaba pasar por lo menos un año más lejos de sus hogares.

Para ganarse la lealtad de sus hombres, Amundsen tuvo que explicar sin circunloquios por qué había optado por ocultarles la verdad hasta ese momento. Lo hizo en un discurso que los galvanizó. Les confió los riesgos personales que corría, y al mismo tiempo expresó su bien fundada convicción de que el equipo era capaz de lograr con éxito el nuevo objetivo. Anunció que había tomado medidas para que aquellos que desearan acompañarlo en su intento de llegar al Polo Sur recibieran remuneración extra, y también se había asegurado de que no perdieran sus puestos de trabajo en su país a causa del tiempo adicional que les tomaría la nueva expedición. Los miembros del equipo podían elegir entre permanecer con él o regresar a casa con el pasaje pago (pagado). El nuevo plan consistía en avanzar rápidamente y llegar al Polo antes que Scott. Si tenían éxito, Amundsen sentía que se les abrirían las oportunidades de conseguir recursos en el futuro para continuar con las exploraciones. También creía que le serían perdonados su ocultamiento y duplicidad en virtud del éxito. Pero si fracasaba, su reputación se vería destruida.

Ahora que Amundsen y su equipo se encontraban aislados del mundo y rumbo al sur, dejó de preocuparse por estas cuestiones. Había trabajo que hacer, y se concentró en él. El equipamiento de los hombres tenía que servir a todos los propósitos y contingencias. Por ejemplo, durante la travesía, el equipo no cesaba de realizar mejoras en los pertrechos a medida que iban surgiendo las necesidades. Un punto importante de las tareas consistía en adaptar todo el equipamiento para conservar la energía durante la carrera que se avecinaba. No se trataba sólo de conservar los alimentos y las materias primas, sino también la energía física y mental. A bordo del *Fram* no cabía tiempo para dedicar al esparcimiento. El proyecto se encontraba en plena marcha, y se tuvieron en cuenta todas las posibilidades, no una, sino varias veces. Todos realizaban trabajos pesados, y todo se centraba en las metas y los desafíos que les aguardaban.[19]

Rumbo al Polo: el logro de un objetivo a presión

Amundsen y Scott, su rival, arribaron a la Antártida en enero de 1911. Ambos se empeñaron en intensos preparativos antes de que comenzara el asalto al Polo Sur. Antes de la espera inactiva que vendría con la oscuridad total de los meses de invierno, los dos grupos tenían que instalar depósitos de almacenamiento. Las tensiones eran extremas. ¿Dónde se hallaban los competidores? ¿Qué sorpresas les depararía el Polo Sur? Al fin y al cabo, era territorio desconocido. Dos adversarios se movilizaban cabeza a cabeza, y la presión del tiempo aumentaba. Después de pasar el invierno en sus bases, ambos planeaban comenzar la carrera en la "primavera" del hemisferio sur, alrededor del mes de octubre. El equipo de Amundsen se apresuró a establecer su campamento y a cazar focas. Instalaron una casa prefabricada que habían traído de Noruega para experimentar la sensación del hogar durante el invierno. También hicieron buen uso de las lecciones que Amundsen había aprendido en toda una vida de experiencia recogida en la exploración del Ártico.

Detalle de la gestión que contribuyó
a construir este *virtuoso team*

El talento de Amundsen para el liderazgo se reflejaba en el ánimo optimista del campamento noruego. Todos continuaban ocupándose de introducir mejoras en el equipamiento. El equipo estaba unido y rebosante de determinación. Amundsen no cesaba de insistir en que cada mejora y, por extensión, el papel que desempeñaba cada individuo, era de importancia crucial. Pasado algún tiempo, Bjaaland llegó a reducir el peso de cada trineo en hasta 50 kilos, y también reforzó su estructura; las botas que usarían para los trechos en que habría que caminar fueron desarmadas y vueltas a coser cuatro veces; y las tiendas de campaña se tiñeron de negro con betún para hacerlas más visibles y aptas en retener el calor del sol. Asimismo, las cosieron armando una tienda única para que el calor que emanaban los cuerpos aumentara la temperatura interior.

Amundsen delegaba estas tareas y evitaba parecer que interfería en las actividades que realizaban sus hombres, pues prefería que cada integrante del grupo se sintiese valorado, digno de confianza, y autónomo. Esforzándose por mantener la moral alta, también preparaba pequeñas celebraciones que el grupo esperaba con ilusión; por ejemplo, ponches de coñac todos los sábados, o saunas semanales. También otorgaba premios por pronósticos meteorológicos acertados.[20]

Mediante algunos ensayos previos a los viajes que los conducirían a los depósitos de almacenamiento, Amundsen demostró a satisfacción de todos las bondades de combinar el transporte en trineos tirados por perros con el desplazamiento de hombres sobre esquís. Era un método sencillo y expeditivo, capaz de cubrir hasta 30 millas diarias. Los perros, alrededor de doscientos, se adaptaban bien al terreno, y eran de la mejor calidad. Su dieta era tan flexible que podían alimentarse de cualquier cosa, desde carne de foca hasta de sus propios congéneres, e inclusive de sus excrementos, si fuera necesario. Desde el punto de vista psicológico, también constituían excelentes compañeros para los hombres, proporcionándoles el afecto que los ayudaría a superar la soledad a la que se verían forzados hasta que terminaran los varios años que habría de durar la expedición.

En su carrera hacia el Polo, Amundsen se proponía viajar un promedio de 20 millas por día, lo cual establecía un objetivo concreto y factible; se destinaban entre cinco y seis horas por día al descanso, y era posible descontar un día de cada cuatro para el mismo propósito si las condiciones climáticas eran adversas al desplazamiento. Los lugares donde se encontraban los depósitos de almacenamiento estaban identificados sin lugar a confusión, y contenían más alimentos de los que la dieta requería. Considerándolo en conjunto, los márgenes de seguridad eran bien amplios.[21]

En el transcurso del invierno, el equipo de Amundsen se dedicó a trabajar. Se introdujeron mejoras a la casa noruega, agregándole tres habitaciones subterráneas, construidas en el hielo, y que servirían como lugares de almacenamiento, costura, lavandería, taller de carpintería, y WC. Las modificaciones realizadas a los trineos los hacían cada vez más livianos; además, se construyeron cuatro más. Al descubrir que las botas habían resultado demasiado pequeñas, fueron recosidas al tamaño correcto. Los cajones de embalaje fueron alivianados, y se almacenaron 40,000 galletas junto con contenedores de leche en polvo, acomodados de modo tal que se pudiera acceder a ellos sin deshacer los cajones, una innovación menor pero importante dada la época en que sucedió. Los planes se repasaron una y otra vez; esto frecuentemente originaba discusiones y nuevas sugerencias que se traducían en pequeñas innovaciones. En términos generales, el equipo se mantenía ocupado, seguía una rutina, y se concentraba en su objetivo.

No obstante, Amundsen se sentía atormentado por la incertidumbre. En primer término, los trineos a motor de Scott lo preocupaban enormemente: representaban el factor más impredecible e importante respecto del resultado de la carrera. Segundo, si bien el lugar que había elegido para asentar la base de su campamento le ahorraría 120 millas en la travesía hasta y desde el Polo Sur, el terreno jamás había sido explorado, a excepción de las líneas de aprovisionamiento que ellos mismos habían recorrido. En particular, Amundsen necesitaba encontrar un pasaje a través de las estribaciones montañosas, plagadas de grietas letales y senderos que no conducían a ninguna parte. Tercero, el conflicto con Johansen se hallaba a punto de estallar. El individuo ahora competía abiertamente por el liderazgo psicológico de la expedición, y sus modales abruptos irritaban a Amundsen. Casi todo el resto de los miembros del equipo comprendían que, si bien Amundsen confiaba en los métodos que había desarrollado, no era inmune a que se desafiara su autoridad. Habían aprendido que el modo más eficaz de cuestionar sus decisiones consistía en formularle preguntas. Esto lo hacía sentirse cómodo para discutirlas de manera franca y racional. Johansen hacía caso omiso de esto; iniciaba disputas en su peculiar estilo cáustico y, actuando así, dañaba la armonía del grupo. Estas preocupaciones llevaron a Amundsen a cometer su primer error importante.[22]

Crisis y recuperación del liderazgo

A medida que se aproximaba la primavera, el momento apropiado para iniciar la marcha hacia el Polo constituía una decisión crucial. Una partida rápida y sin inconvenientes daría una enorme ventaja a ambos equipos, pero si emprendían la marcha demasiado temprano, encontrándose con las tormentas de los últimos días del invierno, temperaturas intolerables, y la oscuridad de la noche polar, cometerían un error fatal que podría poner fin no sólo a sus esperanzas sino también a sus vidas. A pesar de los preparativos, era necesario tomar la decisión sin dilaciones, con base en el clima y en la intuición acerca de los movimientos del adversario. Preocupado porque Scott lo superaba en tecnología, e impulsado por sus sueños de ser el primero en llegar, Amundsen se precipitó en su intento de alcanzar la meta, y se vio obligado a retroceder ante el peligro de que hombres y perros perdieran la vida.

Esta partida prematura fue un grave error de juicio. Consciente de que arribar al Polo después que Scott equivalía a la ruina, dado que el gobierno noruego se había negado a prestarle apoyo cuando tuvo noticias del cambio de planes, Amundsen no había podido refrenar su ansiedad de partir lo antes posible. Decidió hacerlo a fines de agosto, cuando por donde se lo mirara, era demasiado pronto. El frío —40 grados bajo cero, a los que se agregaba un helado viento en contra— era en extremo peligroso para los perros; además, las noches todavía eran demasiado largas. Durante el humillante viaje de regreso, todo rastro de orden se desmoronó en la arremetida final, con los hombres corriendo en soledad hacia el calor del refugio. Desmoralizados, los que llegaron primero esperaban, temiendo enfrentarse a la derrota. Se dice que Johansen, quien había quedado rezagado y sin provisiones, salvó la vida de un compañero cuyos miembros se habían congelado, y que llegó al refugio poseído por una ira incontenible.[23] El juicio errado de Amundsen y la consiguiente retirada en estado de pánico sacaron a luz las tensiones ocultas que anidaban en el grupo. A esta altura, el liderazgo del equipo era objeto de cuestionamiento: potencialmente, Amundsen había perdido la confianza de su equipo. Había quienes podrían haber estado de acuerdo con Johansen respecto de la decisión de Amundsen cuando ordenó partir en el momento en que lo hizo. Aún así, todos se sintieron alelados ante la brutalidad con la que Johansen estalló, la cual quizás fue dictada en parte por la frustración que experimentaba en términos de su propio desarrollo profesional. Amundsen sabía que debía apresurarse a hacer algo; de lo contrario, sus hombres bien podrían rehusarse a seguirlo en una nueva ocasión.

Necesitaba que sus hombres lo siguieran por elección, basada en el respeto que se había ganado como líder de profesionales. Ello significaba que debían comprender las acciones de Amundsen y estar de acuerdo con las decisiones que tomaba. Aunque Johansen pareció arrepentido de su explosión, ésta marcó el final de la "unidad espléndida" que Amundsen se había esforzado tanto en construir. Los dos hombres ya no se dirigían la palabra. Amundsen también sospechaba que Johansen podría continuar sembrando el disenso cuando llegara la próxima oportunidad de intentar alcanzar el Polo, y consideraba que una actitud tal constituía una amenaza a la supervivencia del equipo.[24]

La crisis de liderazgo se había desatado. La expedición peligraba. El equipo se estaba desintegrando. Amundsen necesitaba decidir sin demora cómo continuar. Sin consultar, determinó inmediatamente que Johansen y otros dos hombres del equipo, que proclamaban abiertamente su disgusto por lo prematuro del primer intento, serían excluidos del segundo. En lugar de acompañar al resto, se dedicarían a explorar la cercana isla Eduardo VII, de cuyo interior no existían mapas. Johansen, enfurecido, exigió que se le diera la orden por escrito, a lo que Amundsen accedió de inmediato. Así, el equipo que se dirigía al Polo se redujo a cinco hombres. Amundsen entrevistó a cada de uno de ellos individualmente, pidiéndoles que renovaran su compromiso de lealtad para con él. Aquellos que habrían de acompañarlo "aceptaron [su] liderazgo sin reservas".[25] En efecto, Johansen y sus simpatizantes quedaron excluidos en forma permanente del círculo de los íntimos y de la travesía final hacia el Polo.

El logro del objetivo difícil de alcanzar

Amundsen volvió a embarcarse a fines de octubre de 1911. La moral de su grupo selecto se mantenía alta. Durante el receso invernal habían aprendido mucho acerca del equipamiento que llevaban, habían introducido mejoras en casi todos los rubros y, una vez más, habían cumplido con los planes del líder con la precisión de un reloj. Por el contrario, el equipo de Scott se encontraba dividido y no tan confiado como podría suponerse a juzgar por su ventaja técnica. Los trineos a motor habían demostrado ser poco confiables, y no iban a ser utilizados por falta de repuestos; los caballos desfallecían en el clima helado, y los perros quedaron en el campamento central con Cecil Meares, un experto que Scott había contratado. Entre otras tareas, se le había encomendado la adquisición de los caballos que traía Scott. Así las cosas, sólo quedaba la posibilidad de que los hombres se hicieran cargo de transportar los pertrechos, lo cual equivalía a desplazarse penosamente por la nieve durante ocho horas cada día para avanzar alrededor de 12 millas, o sea, menos de la mitad de lo que Amundsen podía lograr. Por otra parte, la ruta que Amundsen había elegido jamás había sido registrada por la cartografía y, en realidad, resultó ser el más arduo de todos los caminos que llevan al Polo Sur.[26]

La elección de Amundsen es sumamente reveladora del hombre y de su enfoque sobre el rol de liderazgo. Amundsen sabía que carecía de habilidad para conducir perros, de modo que decidió prescindir de ellos para su propio traslado. Además, como comandante de la expedición, necesitaba poder moverse de un extremo al otro de la columna, a veces delante de los perros, pero mayormente a la retaguardia, para poder tener una visión de conjunto. De muchas maneras diferentes, Amundsen pensaba que el rol del líder era muy modesto "Por mucho que te esfuerces, siempre se caerá algo del trineo". Entonces, la retaguardia era la posición de mayor responsabilidad. Amundsen sentía que el atractivo de encabezar la columna era menos importante que el poder asegurar que no se perdieran objetos necesarios en peligro de desaparecer.[27]

Su equipo pronto se habituó a una rutina que comprendía largos períodos de descanso y entretenimiento. En virtud de los trabajos previos que Amundsen había realizado con los esquimales, los hombres aprendieron a mantenerse renovados para cumplir con su parte, conservando abundantes reservas de energía. Por añadidura, la dieta balanceada impedía que sufrieran la falta de vitaminas. Amundsen se había dado una semana para encontrar un lugar de cruce, y así se dirigieron al sur en vez de buscar una ruta menos directa. En cierta ocasión, cuando Amundsen perdió un día entero por haber elegido el rumbo equivocado, el equipo se abstuvo de recriminárselo, en parte porque habían participado de la decisión. Tiempo después, y a pesar del afecto que sentían por los perros, mataron a muchos de ellos en la cima de una cordillera, tal como estaba planeado, conservando sólo a los más aptos para la caminata que culminaría en el Polo. A través de todas las adversidades, y a pesar de sus muchas preocupaciones, Amundsen se mantuvo sereno, y jamás empujó a sus hombres al filo del agotamiento para ahorrar días u horas, sino que se atuvo al ritmo que habían acordado. El 15 de diciembre, en medio de una excitación muy inferior a lo que era de esperarse, alcanzaron el Polo Sur.[28] Amundsen escribió entonces:

A fuer de sincero, debo decir que ningún ser humano ha estado jamás en una situación tan diametralmente opuesta a la meta de sus deseos ... el Polo Norte me había atraído desde mi infancia, y vengo a encontrarme en el Polo Sur. ¿Puede pensarse en algo más perverso?[29]

Amundsen insistió en que todo el equipo junto clavara la bandera, compartiendo por igual aquel momento histórico. Luego volvió su atención a organizar una retirada rápida y segura y a comunicar la noticia de su triunfo antes que Scott —quien se encontraba a 360 millas detrás de ellos y no habría de llegar al Polo hasta cinco semanas más tarde— comprometiera su triunfo. El equipo de Amundsen regresó al campamento sin incidentes.[30]

El 17 de junio de 1912 el equipo de Scott arribó al Polo Sur, y se encontró con que Amundsen les había ganado la partida. En el trayecto de regreso, Scott y sus hombres se afanaron denodadamente, comprendiendo lo pavoroso de su situación, puesto que se jugaban la vida, y dándose cuenta de que cada depósito de almacenamiento era un hito en la carrera contra la inanición y el congelamiento. Como los caballos habían retrasado la partida del grupo, la temperatura había bajado 10 grados desde que Amundsen había realizado el cruce, y el clima empeoraba rápidamente a medida que el verano antártico llegaba a su fin.[31] La primera baja que sufrió el grupo de Scott en el camino de retorno fue Lawrence Oates, un capitán de caballería cuyos pies gangrenados no le permitieron continuar a causa de los dolores que le producían. En silencio, se arrastró fuera de la tienda para morir, haciendo un comentario escueto: "Voy afuera, y puede que tarde algún tiempo en regresar". Los que quedaban avanzaron varios días más, en medio de enormes dificultades. Luego fueron vencidos por una ventisca. Hambrientos y exhaustos, víctimas del congelamiento y el escorbuto, lo que quedaba de la expedición de Scott se arrebujó en sus bolsas de dormir para esperar la muerte, que sobrevino alrededor de 9 días después.[32]

Implicaciones para el liderazgo de los *virtuoso teams*: resumen y preguntas clave

Tanto la ambición cuanto la visión de Amundsen constituían características genuinas de un *virtuoso team*. Si esperaba concretar su objetivo en algún momento, necesitaba de los profesionales más talentosos en todos los puestos. Lo que él comprendía —algo que parece escapárseles a muchos ejecutivos de nuestra época— es que para convertir su sueño en realidad, necesitaba talento óptimo, sólo el mejor que se pudiera conseguir. Carece de todo sentido tener una visión audaz tendiente al cambio, y luego hacer trabajar a la suerte en contra de uno mismo reuniendo un equipo de mediocres. Amundsen no se contentaba con nada que no fuese lo mejor. Aquellos ejecutivos que lideran o lanzan *virtuoso teams* tienen que hacer exactamente lo mismo. Su *virtuoso team*, lector, debe funcionar a modo de imán para atraer el mejor talento que le sea posible obtener, atrayendo a los mejores desde el principio.

Amundsen no sólo atrajo a los mejores, sino que también les proporcionó el espacio necesario para que pudieran elevarse como individuos, en un contexto grupal. Los unió bajo las banderas de una visión compartida y de una meta irresistible. Proporcionó al equipo toda la información que los llevaría a comprender la naturaleza del objetivo y el plan para alcanzarlo. Mediante las conversaciones que sostuvo con cada uno de ellos y la difusión de la información, Amundsen permitió que todos los integrantes del equipo conocieran el papel que les había sido asignado para lograr la visión del éxito. Esta fue una condición esencial para que cada individuo desplegara la totalidad de su potencial al tiempo que ayudaba a que el equipo alcanzara la meta común. Su *virtuoso team* sólo podrá elevarse si se guía por estos preceptos de excelencia que Amundsen delineó con tanta dedicación. Resulta esencial que, dentro de la organización de su *virtuoso team,* los líderes establezcan un objetivo y luego permitan que los expertos se hagan cargo de encontrar la mejor manera de concretar la visión. A diferencia de muchos otros equipos de su organización, ocupados en las actividades diarias que demanda el negocio, el *virtuoso team* se compone de profesionales cuya especialización es imbatible. En la mayoría de los casos, ellos saben de su respectivo campo de conocimientos más que el líder. Y sin embargo, una y otra vez, vemos que los líderes intentan instruir a expertos de semejante calibre acerca de cómo deben hacer su trabajo. No hay nada más contraproducente. Amundsen comprendió a la perfección que construir una visión, asegurarse de que los roles quedaran perfectamente claros, y luego salirse del camino de su gente una vez que la visión fue comprendida, era vital para obtener los mejores resultados de los profesionales que había contratado.

Todo ello se traduce en que el líder de un *virtuoso team* debe ser un comunicador consumado e incansable. Debe conocer el verdadero significado del talento, y medir comparativamente lo que hay afuera de la organización todo el tiempo para estar seguro de que tiene lo mejor. La experiencia de Amundsen demuestra que, junto con el gran talento, la diferencia entre el fracaso y el éxito estriba en las ideas y el *know-how.* En realidad, y por añadidura, la experiencia de Amundsen prueba que la diferencia clave proviene del conocimiento que se encuentra fuera del ámbito normal del equipo. Para cualquier líder, la concepción de una estrategia tendiente a la adquisición de una idea constituye un primer paso. Dicha estrategia debe incluir una clara comprensión del lugar donde es probable que se encuentren las grandes ideas, de qué redes personales es necesario construir para sacar provecho de tales ideas y experiencias, y de cuáles son los lugares, dentro y fuera de la organización, donde el líder debe pasar tiempo, dedicando su enfoque a aprender y adquirir las mejores intuiciones.

Finalmente, echemos una mirada al poder de los detalles y de la ejecución. Amundsen ilustra la importancia fundamental de no dejar nada librado al azar cuando se trata de comprender lo que ha de hacerse a fin de alcanzar la visión global. Además, lo que se hace respecto de los planes de mayor peso es tan importante como los detalles. Cada miembro del equipo conocía su rol y el de los demás, lo cual permitía a cada virtuoso juzgar mejor de qué manera su especialización debía contribuir a concretar la visión. Esta comprensión básica resulta crucial en caso de sea necesario improvisar cuando hay un cambio de planes. Es condición clave del líder preparar a su *virtuoso team* para lo imprevisto. La construcción de un campo intragrupal dotado de un conocimiento profundo respecto del rol de cada uno de los profesionales y de los detalles involucrados en la planificación general permite hacer frente a lo inesperado de manera mucho más efectiva.

El brillante éxito de Amundsen trae a luz una serie de enseñanzas aplicables a los *virtuoso teams*. Mientras usted, lector, se prepara para el próximo gran proyecto de su organización, vale la pena dedicar algún tiempo a preguntarse y responder algunas preguntas cuyo propósito es contribuir a que su esfuerzo dirigido a los cambios grandes tenga la posibilidad de triunfar.

1 ¿Ha seleccionado usted a los mejores profesionales para su *virtuoso team*? ¿Puesto por puesto?

2 En su calidad de líder, ¿proporciona a los más talentosos el espacio que necesitan para volar alto, el espacio que necesitan para construir su propia comunidad y cultura, libre y despejada de la influencia y control del líder?

3 Como líder, ¿proporciona usted a su *virtuoso team* la visión de lo que pretende lograr y luego se aparta? ¿O trata de indicarles cómo hacer su trabajo?

4 Como líder, ¿cuál es su compromiso con el aprendizaje? ¿Es usted un estudioso enérgico y eficiente de los conocimientos que necesita, aportando *know-how*, ideas, o experiencias provenientes del afuera? ¿Infunde en el equipo los factores positivos que recoge para ayudarlos a lograr grandes cosas?

5 Su planificación, ¿es minuciosa y tiene en cuenta todos los detalles del esfuerzo al que se encuentra abocado su equipo? ¿Comunica usted sus planes al equipo de manera clara, asegurándose de que cada individuo visualice el rol que le toca desempeñar dentro del esquema general de lo que hay que hacer, y el modo en el que cada cual ejerce su influencia para alcanzar la visión a la que todos apuntan?

Notas

El capítulo precedente se inspiró en *Scott and Amundsen: The Last Place on Earth,* obra de Roland Huntford. La mayor parte de la narración estuvo guiada por las investigaciones del Profesor Huntford, así como por varias conversaciones privadas que tuvimos el privilegio de sostener con él. Los autores también abrevaron en otras fuentes valiosas que les permitieron una mejor comprensión del equipo de Amundsen. Entre ellas, se encuentran las siguientes obras:

Amundsen, Roald: *The South Pole.* Edimburgo: Birlinn, 2002.
Fiennes, Sir Ralph: *Race to the Pole.* Nueva York: Hyperion, 2004.
Jones, Max: *The Last Great Quest.* Oxford: Oxford University Press, 2003.
Solomon, Susan: *The Coldest March.* New Haven: Yale University Press, 2001.

1. Citado en Huntford, Roland: *Scott and Amundsen: The Last Place on Earth.* Londres: Abacus, 2002, pág. 19.
2. Huntford, op. cit., pág. 61.
3. Huntford, op. cit., pág. 61.
4. Huntford, op. cit., pág. 68.
5. Huntford, op. cit., pág. 57.
6. Huntford, op. cit., pág. 72.
7. Huntford, op. cit., pág. 29.
8. Ludvig Schmelck, citado en Huntford, op. cit., pág. 24.
9. Huntford, op. cit., pág. 84.
10. Citado en Huntford, op. cit., págs. 85.
11. Huntford, op. cit., págs. 85–90.
12. Huntford, op. cit., pág. 98.
13. Huntford, op. cit., pág. 99.
14. Huntford, op. cit., pág. 100.
15. Huntford, op. cit., págs. 205–208.
16. Huntford, op. cit., págs. 242–245.
17. Conversación privada con Roland Huntford en septiembre de 2004, Lausana, Suiza.
18. Huntford, op. cit., págs. 248–251.
19. Huntford, op. cit., pág. 245.
20. Huntford, op. cit., págs. 366–373.
21. Huntford, op. cit., págs. 290–295.
22. Huntford, op. cit., págs. 374–376.
23. Huntford, op. cit., págs. 390–392.
24. Huntford, op. cit., pág. 393.
25. Huntford, op. cit., págs. 395–396.
26. Huntford, op. cit., pág. 431.
27. Conversación privada con Roland Huntford en septiembre de 2004, Lausana, Suiza.
28. Huntford, op. cit., págs. 466–469.
29. Citado en Huntford, op. cit., pág. 469.
30. Huntford, op. cit., pág. 470.
31. Huntford, op. cit., pág. 491.
32. Huntford, op. cit., págs. 523–539.

6

La entrega de grandes resultados, semana a semana

El equilibrio entre la libertad y la dirección bajo el liderazgo de Sid Caesar

El tenía el control total, pero nosotros gozábamos de toda la libertad.[1]

Larry Gelbart

A lo largo del presente volumen, hemos visto numerosos ejemplos de *virtuoso teams* gigantescos, caracterizados por una energía creativa casi incandescente que los diferencia de la mayor parte de los equipos proyectistas que encontramos en nuestro trabajo cotidiano. El legado de los *virtuoso teams* consiste en los cambios discontinuos que efectúan en sus respectivas "industrias:" a saber, nuevos enfoques del teatro popular (*West Side Story*), el nacimiento de la era atómica (Proyecto Manhattan), etc. Por otra parte, los integrantes de equipos como los mencionados quedan marcados para siempre, en calidad de miembros de un grupo que, durante un breve instante, se elevó por sobre los demás para cambiar el mundo. Entre ellos se cuenta un equipo conocido bajo el nombre de "Grupo de los Escritores:" es aquel que escribía para el comediante Sid Caesar. Este equipo, integrado por Mel Brooks, Woody Allen, Neil Simon, y Carl Reiner, entre otros, constituye una leyenda viva respecto de sus miembros y los logros que alcanzaron. Un comentarista llegó a llamarlo "la mayor habitación dedicada a la escritura desde que William Shakespeare escribiera en soledad".[2] En este capítulo, sin embargo, observaremos que, por lo que hace a la gestión, dicho grupo no fue sólo un conjunto de individuos brillantes, sino que cumplió con todos los requisitos de un equipo integrado y perfectamente conducido.

En los párrafos que siguen, es necesario prestar atención al equilibrio entre "libertad" y "dirección" característico del modo en que nuestro *virtuoso team* se desempeñaba, y buscar el sello personal del estilo de liderazgo ejercido por Sid Caesar. Aunque solía ser descripto como caótico, era cualquier cosa menos eso. Sin clasificarse dentro de formas anárquicas ni democráticas, este equipo se componía de egos fuertes que, no obstante, respondían a un líder centralizador igualmente poderoso. Una vez que éste había tomado una decisión, se convertía en regla, pero nadie se sentía apartado del proceso de "gobernabilidad". Por cierto, el ambiente físico donde trabajaban (básicamente, una habitación atestada), la transparencia en la comunicación y el diálogo directo fomentaban el éxito del equipo.

Tanto los *virtuoso teams* cuanto sus líderes conforman máquinas bien afinadas a los efectos de crear ideas. En el caso de los escritores de Caesar, todo —el proceso mediante el cual las ideas se generaban y eran aceptadas o rechazadas— contribuía a que los miembros, sin excepciones, se sintieran "involucrados" en cada una de las cosas que ocurrían dentro del equipo. También resulta clave para este caso tener en cuenta cuán bien ilustrado se encuentra el rol central del líder en la figura de Sid Caesar. Se trataba de un grupo ambicioso y talentoso conformado por ejecutantes virtuosos. El modo en el que Caesar los encaminaba en la dirección deseada para luego apartarse inmediatamente de su camino, regresando luego para construir los prototipos de las ideas que habían surgido, constituyó un rol de liderazgo cuya exigencia era extrema, pero no menor que su eficacia.

Finalmente, hablamos de un equipo donde la norma se basaba en la competencia entre ideas nuevas antes que entre las ideas y quiénes las habían pensado. En su calidad de líder, Caesar estableció un mercado de ideas, otro de los sellos distintivos de los *virtuoso teams*. En un mercado de este tipo, las ideas se crean, luego se eligen y sobreviven sólo si son funcionales a las metas del equipo, dejando de lado el poder o la posición del individuo a quien se le ocurrieron. Este *virtuoso team* también nos enseña acerca de un grupo que transformó la industria en la que trabajaba presionando premeditadamente a sus clientes, al darles un producto que "elevaba" su nivel en lugar de "rebajarlo", a través de un proceso donde el equipo ejercía presión sobre sí mismo. Poseían una visión clara y ennoblecedora: fue comprendida. Caesar deseaba modificar la definición de 'comedia' tal como la entendía el mercado, y fue exactamente eso lo que hicieron él y su equipo. Todos y cada uno de los integrantes sabían quiénes eran y qué se proponían lograr. Su líder los autorizó a crear *grandes cambios*, y confió en que así lo harían. Y, por descontado, a consecuencia de todo lo anterior, el equipo de Caesar obtuvo éxitos legendarios.

Rápida creación del producto: medio espectáculo de Broadway todas las semanas

Las grandes comedias no se basan en un grupo de personajes graciosos que actúan de forma extravagante. Muchos de los objetivos que este tipo de comedia persigue se asemejan notablemente a los de los visionarios del mundo de los negocios, de la ciencia, y de la moda; todos ellos pretenden lograr algo revolucionario —una reacomodación fundamental dentro de su campo— y quieren, además, cautivar a sus clientes, colegas, o público, sin olvidar que su meta consiste en progresar en sus respectivas carreras y, por extensión, ganar dinero. Es por ello que *Your Show of Shows*, una serie televisiva norteamericana perteneciente al rubro de la comedia en la década del 50, con Sid Caesar en el papel principal, ofrece enseñanzas fascinantes acerca de uno de los más exitosos *virtuoso teams* que hayamos estudiado. Quienes escribían para Caesar no sólo desafiaron las prácticas vigentes de una nueva industria en rápida expansión, sino que lo hicieron sin interrupción durante muchos años, cumpliendo cada semana con plazos de entrega que parecían imposibles.

¿Cómo lo hicieron? Para decirlo brevemente, Sid Caesar reunió un grupo de escritores de increíble talento en una habitación vacía y, antes que dirigirlos (o "microgestionarlos") les permitió ser ellos mismos al tiempo que deslizaba insinuaciones —a veces sutiles; otras, brutales— sobre el hecho de que debían trabajar juntos. Caesar se ocupó de nutrir un ambiente que engendrara creatividad. Este equipo, al que consideramos la quintaesencia del virtuosismo, estaba integrado, entre otros, por Mel Brooks, quien luego pasó a crear una serie de comedias pioneras en su género, y por Woody Allen, quien también tuvo su gran oportunidad al formar parte del equipo de Caesar, y luego, por derecho propio, se convirtió en guionista y cineasta con varios premios Oscar en su haber. Estaba también el celebrado productor, director, escritor, y comediante Carl Reiner (creador del *Dick Van Dyke Show*), así como Larry Gelbart, autor de la serie televisiva M*A*S*H y de la pieza *City of Angels*, montada en Broadway. Por último, antes de llegar a ser uno de los autores teatrales más exitosos de Broadway, Neil Simon comenzó su carrera autoral dentro del espectáculo de Caesar. A pesar de sus enormes egos y de sus excentricidades, ahora famosas, este grupo trabajó en equipo, ofreciendo en ocasiones actuaciones solistas, pero siempre con la mira puesta en un objetivo global de mayor alcance.

La visión: darle al cliente más, no menos

Una tecnología novedosa a menudo proporciona la oportunidad de realizar innovaciones revolucionarias. La búsqueda de contenidos que se adaptaran a la tecnología televisiva en su aspecto de *transmisión* comenzó utilizando formas tradicionales de entretenimiento, tratando de encontrar un producto con el que el público se sintiera a gusto. La comedia constituía una opción natural; casi con igual naturalidad, las primeras comedias escritas para televisión solían construirse sobre la técnica de las payasadas. Pero un comediante —Sid Caesar— se destacó entre sus contemporáneos no sólo porque se dedicó a estudiar el oficio, sino también por sus ideas respecto del arte y el mensaje de la comedia. En su autobiografía (*'Where Have I Been?'*) recuerda haberse preguntado:

> *"¿[P]or qué tanta comedia de la época se apoyaba en la degradación de otro ser humano? ¿Por qué lo que arrancaba las risas era arrojar una torta a la cara de alguien o lanzarle un chorro de agua de seltz? Seguramente, existían otros recursos".*[3]

A pesar de que la realidad de un mercado para tales groserías estaba demostrada, Caesar deseaba hacer algo diferente: estimular la inteligencia del creciente número de televidentes. Dicho con sus palabras, lanzar un reto, "satirizar la pintura moderna, la psiquiatría, la épica del cine, la publicidad comercial, y otros temas que no solían tratarse en la televisión".[4]

Caesar ejerció esta visión ennoblecedora del cliente junto a un espíritu afín: el productor y director Max Liebman, con quien compartía los puntos de vista mencionados. Además de su deseo de triunfar en la industria tremendamente competitiva de la televisión, quería también crear algo original en el ámbito de la música y la comedia: un espectáculo que no se limitara a repetir los chistes visuales del pasado, sino que fuera recordado por la posición que sentaba acerca de ciertos temas no menos que por las risas que provocaba. Liebman estaba convencido de que el público se encontraba preparado para ser transportado a un nivel de sátira más elevado:

Una de las cosas que damos por sentada en nuestro espectáculo es que la audiencia masiva a la que queremos llegar no es estúpida; está dotada de gran inteligencia, y no es necesario simplificarle la comprensión. Por eso tratamos de mantener un enfoque maduro. Nos esforzamos por proporcionar entretenimiento adulto, sin concesiones, y creemos que el público lo entenderá así.[5]

El concepto de Liebman acerca de la sofisticación incluía el hacer ingresar la ópera y la danza en el hogar estadounidense. Explicó:

No me refiero al tipo de sofisticación que excede la comprensión del público. Hablo de una sofisticación suavizada por el talento de organizar grandes espectáculos que le ofrezca al público algo que le puede resultar menos familiar que el vodevil, pero que sí está a su alcance; algo que pueda comprender y apreciar.[6]

Por supuesto, esta visión estaba firmemente arraigada en los escenarios de vodevil en los Estados Unidos, y de allí provino mucha de la inspiración inicial al momento de programar la comedia televisiva. Durante más de 20 años antes de que estos espectáculos fueran concebidos, Liebman se había estado preparando para el momento, comenzando en las montañas Pocono de Pennsylvania —un importante centro turístico a mediados del siglo XX— y luego moviéndose hacia los clubes nocturnos, el vodevil y, finalmente, Broadway. Liebman había estudiado las técnicas mediante las cuales llegar al público masivo; a lo largo de los años, se hizo de un buen número de contactos influyentes. Con el invento de la televisión, percibió que había llegado su oportunidad.[7] En su calidad de "experto", Liebman se encontraba en condiciones de producir y dirigir este nuevo estilo de espectáculo de variedades para la televisión.

El estilo de Liebman era silencioso, como el de un actor entre bambalinas. Así lo describe Neil Simon:

No era una persona divertida; era el productor, y era maravilloso. Creo que había sido educado en Viena, y poseía un maravilloso sentido del buen gusto que nos inculcó a todos nosotros, de modo que no nos pasáramos de la raya. Max era brillante pero ... [era] algo así como el hombre invisible. Creo que le gustaba serlo.[8]

A principios de la década del 50, el sueño de Caesar y Liebman era tan revolucionario como extremadamente riesgoso. La actitud que predominaba entre los ejecutivos de televisión desestimaban la inteligencia del público masivo, su disposición para el aprendizaje, y su capacidad para apreciar temas sofisticados. A fin de poder avanzar, Liebman tuvo que construir el apoyo político de los altos ejecutivos de la cadena televisiva (NBC) que habría de producir el espectáculo, y hacer lo propio con los primeros auspiciantes comerciales, entre quienes se contaba la fábrica de televisores Admiral. Pat Weaver, uno de los presidentes de la NBC, era uno de los firmes sostenedores del concepto, y su apoyo era de importancia fundamental para poner en práctica la innovación propuesta. Además de brindar su aprobación y cobertura política desde el principio, accedió a absorber los costos del prototipo sin patrocinio, algo insólito para la época. Al adoptar esta postura, Weaver, a pesar de que nunca se convirtió en un miembro formal del equipo, encarnó la audacia que caracterizaba al proyecto en su conjunto. Según Sid Caesar, "él estaba dispuesto a experimentar [junto] con uno".[9] Durante una reunión de los "Escritores de Caesar" llevada a cabo en 1996, Caesar recuerda a Weaver:

Y debo decir que Pat Weaver arriesgó su cabeza porque ... los primeros cuatro programas no tuvieron auspiciantes (anunciantes o patrocinadores). [Pero]Weaver manifestó que deseaba seguir adelante. Recuerdo el costo del programa —con todos los escritores, actores, músicos, bailarines, vestuario, escenografía— salía $19.000 por una hora semanal. Diecinueve mil dólares por semana, y ellos temblaban de aprensión, mientras repetían "¡Sigamos adelante".[10]

Primer acto: lograr la visión

Así nació la *Admiral Show Revue*. Era el primer programa de Caesar. Ante la sorpresa general, el éxito fue inmediato, y pronto se convirtió en uno de los programas más populares en la historia de la televisión.

Se decía que quienes no tenían televisor propio manejaban 50 millas para verlo en el aparato de otro. Las ideas radicales de Liebman recibían aliento a través de cartas que le enviaban sus *fans*, diciéndole "[...] cuánto habían disfrutado y apreciado las óperas y ballets que nunca habían visto antes. No les resultaban incomprensibles. El programa se llevaba a cabo de modo tal que no subestimaba a la audiencia".[11] Bajo una mirada retrospectiva, la *Revue* fue el primer paso en el camino que condujo a Liebman a convertirse en "una importante influencia sobre el gusto de los estadounidenses durante los años 50".[12]

Mediante sus innovaciones, la *Revue* también se anticipó a una serie de prácticas que habrían de convertirse en estándares de la industria televisiva: la contratación permanente de un elenco, de un equipo de escritores, escenógrafos, coreógrafos, y cuerpo de ballet; una escenografía construida, conservada, vuelta a pintar y a utilizar; el manejo de las luces para transmitir la atmósfera y el estilo en lugar de limitarse a la iluminación; el uso de una sala dedicada exclusivamente a la televisión (el Teatro Internacional ubicado en Columbus Circle, ciudad de Nueva York); actuación en vivo a teatro lleno en Broadway; y emisiones simultáneas transmitidas por las redes televisivas de mayor peso, permitiendo así que el programa fuese visto a través de la red East-West Dumont y de las estaciones de la NBC en 31 ciudades.[13]

Resulta paradójico que la comprobación definitiva del éxito alcanzado por la *Admiral Broadway Revue* haya estribado en su cancelación. Luego de una única temporada, Admiral le retiró su apoyo. Según lo manifestara la gerencia de la empresa, ello se debía a que la demanda del producto que fabricaba —es decir, aparatos de televisión— se había incrementado de manera tan espectacular durante la primera temporada del programa que la compañía ya no disponía de fondos a discreción para invertir en publicidad y patrocinio. A fin de cumplir con el aumento de la demanda de televisores, debían aportar todo el capital de que disponían a la línea de producción. Durante una reunión que Ross Siragusa, presidente de Admiral, mantuvo con Caesar, éste fue despedido en los siguientes términos:

> *Estoy seguro de que usted debe estar preguntándose por qué levantamos un programa tan popular... En el momento en el que nos hicimos cargo de él, vendíamos entre quinientos y ochocientos televisores por semana. Después de la tercera emisión del programa, recibimos órdenes de compra para cinco mil aparatos por semana, y la demanda sigue en aumento. Al día de hoy, tenemos pedidos de diez mil televisores*

por semana … Nos enfrentamos a una decisión difícil. Contábamos
con una cantidad determinada de dinero, y debíamos decidir entre
ponerla a trabajar como inversión de capital o utilizarla para sos-
tener el programa. Sinceramente, tuvimos que optar por lo primero,
y volver a fabricar para cumplir con los pedidos que recibimos.[14]

A pesar de este revés, Liebman y Caesar tenían un equipo formado
y estaban listos para su próxima empresa, *Your Show of Shows*.

Un equipo de ensueño

Con un nuevo programa en vista, Max Liebman y Sid Caesar reunieron
un equipo de comediógrafos de primera clase. Iban a estar sometidos a
una presión enorme: no sólo tendrían que cumplir con los estándares
más elevados en términos de sofisticación, calidad y originalidad, sino
que cada semana, Caesar y los demás miembros del elenco tendrían que
divertir a una audiencia en vivo durante una emisión a nivel nacional
cuya duración sería de 90 minutos. Caesar lo describe como la puesta
en escena de la mitad de un espectáculo de Broadway por semana; un
espectáculo distinto cada vez, realizado en tiempo real:

Cuando se actúa en vivo, la adrenalina fluye por todo el cuerpo:
hay que impresionar al público. No hay más de una oportunidad
para ofrecer una actuación sobresaliente. Hay que echar a andar el
ritmo junto con el público, y jugar con ambos factores.[15]

Sin contar el estrés, este desafío sumía al equipo en una excitación
contagiosa. En palabras de Max Liebman:

Cualquier actor de Broadway te dirá que está en el negocio del es-
pectáculo por la excitación y el desafío que representa. ¡Y es verdad!
Pero fíjate lo que tenemos en televisión. Mientras que montar una
revista de dos horas para Broadway lleva meses y meses, hacemos un
programa nuevo de una hora, con canto, danza, y comedia incluidos,
en una semana. Los fanáticos del teatro hablan de la emoción de la
noche de estreno. ¡Diablos, nosotros estrenamos todas las semanas![16]

Tanto los críticos cuanto los televidentes quedaron pasmados ante la
complejidad y la exigencia de la producción semanal. Con frecuencia,

le preguntaban a Liebman cómo era posible producir cada semana un programa de 90 minutos, original y creativo y, por si ello fuera poco, gozar del favor del público y ganar premios. A lo cuál él respondía:

> *No existe una fórmula, excepto que tenemos los mejores talentos disponibles en cada rubro. Lo que realmente importa es el buen gusto, el estilo, la experiencia y, por sobre todo, la capacidad de organizar grandes espectáculos.*[17]

En el conjunto de series televisivas denominadas "El imperio de Caesar", fueron los escritores quienes se enfrentaron al desafío mayor. Aclamado como "el mejor equipo de escritores en la historia de la televisión",[18] según Caesar, se trataba de "... un equipo de escritores de ensueño ... No hay palabras para explicarlo ... Es la reunión de grandes cerebros ... Te sientas en una habitación con los gigantes —me refiero a que estos escritores eran gigantes en lo suyo".[19] Larry Gelbart los compara a una banda de jazz:

> *Dejando de lado que todos éramos blancos y judíos, nos sentíamos como si fuésemos la banda de Duke Ellington. Entre todos lográbamos una sonoridad extraordinaria. Cada uno es valioso cuando se escribe así.*[20]

Aunque Caesar siempre se encontraba presente y prestaba estrecha colaboración mientras se desarrollaban los conceptos y el guión, en realidad nunca escribió nada; en otras palabras: si bien se involucraba en todos los detalles, sabía que no podía hacerlo todo. Su primer equipo incluyó a Lucille Kalen y Mel Tolkin, quien luego fuera uno de los escritores clave en la serie televisiva de los 70 *All in the Family*, que ejerció tanta influencia en el medio. Ambos habían trabajado muchos años con Liebman, y eran soberbios letristas y compositores, así como comediógrafos. Tony Webster, antiguo colaborador de los exitosos comediantes Bob y Ray Mel, también formó parte del grupo. Posteriormente, el equipo se enriqueció con la presencia de Mel Brooks, Carl Reiner, Neil Simon, y Woody Allen.

Todos los integrantes fueron cuidadosamente escogidos por Caesar y Liebman —los líderes— cuyo juicio trabajaba a la velocidad del relámpago. En reemplazo de un Departamento de Recursos Humanos, el íntimo compromiso de ambos líderes se traducía en elecciones basadas exclusivamente en lo personal y lo intuitivo. Como lo recuerda el escritor Howard Morris:

En 1949, yo buscaba empleo en Nueva York, cuando me encontré por casualidad con un viejo amigo. Me dijo: "Ve a ese edificio de enfrente, sube al último piso, y pregunta por Max Liebman. Está produciendo un programa televisivo para alguien llamado Sid Caesar". En el cuarto piso, escuché voces cantando en uno de los apartamentos, y entré. Había una ronda de cuatro individuos llevando a una dama en andas. En aquel momento no sabía de quién se trataba, pero resultó ser Imogene Coca. Pregunté por el señor Liebman. Alguien dijo: "Está en el vestuario de damas, escribiendo". Bajé hasta allí y golpeé a la puerta, y Liebman me presentó a un hombretón que se hallaba en un rincón del cuarto. Era Sid Caesar. Me hizo leer una escena junto con él, y cuando terminamos, me tomó de las solapas y me levantó en vilo. Sid miró a Max y le dijo: "A éste ... tómalo". Y así fue como me contrataron: porque Caesar podía alzarme.[21]

No es sorprendente que este gran talento haya venido acompañado de egos de similares dimensiones: había estrepitosos choques de personalidad, y no era raro que los miembros del equipo se encontraran al borde de perder los estribos. Por ejemplo, Mel Brooks solía irritar a Liebman. Según recuerda el primero,

La verdad es que a Max Liebman no le fascinaba tenerme cerca. Cuando me vio por primera vez, inmediatamente hizo una radiografía de mi carácter y personalidad; y estuvo cien por ciento acertado: vio a un pequeño imbécil, arrogante y desagradable, que creía saberlo todo y carecía de paciencia para nada que no fueran sus propias ideas. Pero a la larga, Sid lo convenció e impuso su punto de vista.[22]

Los escritores, además de saber que formaban parte de un equipo de elite, se sentían orgullosos de ello. Según Woody Allen, "Sid Caesar era el programa al que aspiraban todos los comediógrafos. Era el lugar donde uno quería estar".[23] Mel Brooks, quien escribió para toda la serie de los dos espectáculos principales de Caesar, lo expresó de este modo:

Debería haberme sentido impresionado, pero no fue así, porque era un mocoso engreído, con un orgullo desmesurado y este ego maravilloso. Y pensaba que yo era un regalo de Dios a literatura creativa ... y resultó ser verdad.[24]

Segundo acto: la aceleración de la creatividad

Apiñados en un reducido espacio íntimo, los integrantes del equipo de Caesar se enfrentaban a una serie de plazos de entrega sumamente rígidos. El ambiente de trabajo era franco y abierto, una especie de "caos creativo" en el cual los escritores tenían la libertad de poner en práctica aquello que hacían mejor. Según Larry Gelbart, "se parecía mucho a ir trabajar todos los días al interior de una película de los hermanos Marx".[25] Sin embargo, si bien a menudo se divertían, eran conscientes de que se encontraban allí para triunfar y ganar dinero.

Comenzando el lunes de cada semana, el grupo de escritores trabajaba para cumplir con un plazo que vencía el sábado al atardecer, momento en el que el programa se televisaba en vivo a una audiencia de hasta 20 millones de televidentes. Era costumbre que los escritores comenzaran el trabajo para la semana siguiente solos o de a dos, dependiendo de la tarea que se les había asignado. Luego se reunían en un pequeño "salón de escribir" y comparaban las ideas que se les habían ocurrido. Era habitual que se zarandearan de aquí para allá situaciones, líneas de diálogo, e ideas; mientras que la mayoría era rechazada, algunas creaciones selectas se aceptaban y desarrollaban. Aunque el ritmo era vertiginoso, nadie perdía la concentración: sabían que, en un medio tan volátil como la televisión, arriesgaban sus carreras todos los días; no había tiempo para ponerse de mal humor o persistir en el enojo. En su comedia *Laughter on the 23rd Floor*, basada en la historia de los escritores de Caesar, Neil Simon pone estas palabras en boca de uno de los personajes: "En esta habitación no me puedo permitir [estar molesto]. ¡La comicidad es dinero! ... En esa habitación nació la comedia en gran estilo".[26] Nanette Fabray (una primera actriz que trabajó con Caesar) describe la atmósfera reinante: "Todo el mundo hablaba a pleno pulmón. Había humo hasta el techo —todos fumaban— ¡y la comida! Las mesas estaban atiborradas de comida".[27]

Si bien no cabe duda de que los egos eran inmensos, los escritores de Caesar poseían la habilidad de lograr un equilibrio que les permitía trabajar juntos, en una zona incómoda que apenas separaba la colaboración de la competitividad. Este fragmento de una conversación entre Sid Caesar, Carl Reiner, y Larry Gelbart ilustra la cuestión:

CAESAR: ... era fenomenal ... sentarse ... y escuchar el alboroto
que iba y venía, y la electricidad del ambiente, y el odio.
REINER; Lo llamamos competitividad. Competitividad.
LARRY GELBART: Lo llamamos "colaboración".[28]

El espacio en el que trabajaban estaba imbuido de personalidad, y
esta característica alentaba la maduración de la identidad grupal a la
vez que, por la comodidad y familiaridad que despertaba, contribuía
a facilitarles el trabajo: los recuerdos quedaron grabados en el espacio,
junto con el aprendizaje constante que se realizaba. Allí podían ser ellos
mismos, casi como si se tratara de un segundo hogar. En la ya men-
cionada comedia *Laughter on the 23rd Floor*, Simon hace una vívida
descripción de este lugar:

*Este es el Salón de los Escritores. En realidad se trata de dos hab-
itaciones convertidas en una luego de derribar la pared que las
separaba. Todavía es posible ver la moldura interrumpida en el
lugar en que se encontraba la pared.*

*La habitación se divide en dos zonas. A la izquierda del escenario
se lleva a cabo la escritura propiamente dicha. Hay una máquina
de escribir sobre un escritorio de metal, y una silla giratoria en
la parte posterior. A la izquierda del escritorio, un gran sofá de
cuero. Frente al escritorio, una silla amplia y cómoda: es la de [Sid
Caesar]. Alrededor de este conjunto hay sillas de estilos varios, y
lugar suficiente para que se sienten ocho personas.*

*El lado opuesto, a la derecha del escenario, es más bien un área de
estar. Contra la pared hay una mesa con una máquina de hacer
café; en este momento, el café se está filtrando. Hay vasos de papel,
y unos pocos jarros, reservados para los escritores veteranos. Sobre
la mesa también se ve una variedad de bollos frescos, panecillos,
rodajas de bizcochuelo, y [pasteles]daneses.*

*En esta área se encuentra un pequeño escritorio con dos sillas a
cada lado, y un teléfono.*

*Hay también una plancha (pizarrón) de corcho sobre la pared. Sobre
ella se pinchan las fichas que indican qué sketches se están escribi-*

endo. Hay, además, diccionarios de todo tipo y revistas apilados por todas partes. Ambos extremos de la habitación tienen una puerta. Sobre los estantes pueden verse premios; Emmy y otros ...

Los dos agujeros que Sid hizo en la pared están ahora enmarcados en plata. [Los marcos y sus correspondientes placas fueron adquiridos en Tiffany's. Uno de los agujeros es producto de un puñetazo que Sid pegó en la pared cuando el senador Joseph McCarthy tildó al general George Marshall de "comunista", y el otro resultó de un segundo puñetazo debido a que la NBC le comunicó que iba a enviar "un observador" para que observara cómo se gestionaba el programa. En otro lugar de la pared, hay dos agujeros adicionales [a causa de la ejecución de Julius y Ethel Rosenberg, acusados de ser "espías" en asuntos atómicos]. Están rodeados por sencillos marcos negros, sin placas.[29]

Un liderazgo fuerte impulsa la acción

Del principio al fin de las sesiones de escritura, el punto focal era el explosivo Sid Caesar. Manejaba las sesiones con rapidez y perfección, en ocasiones ejerciendo el control con mano muy dura. Si bien los escritores gozaban de libertad para introducir ideas y críticas, no era una democracia, ni se basaba en el consenso. En palabras de Larry Gelbart:

Cuando aprobaba una línea de texto tal cual había sido redactada por alguno de nosotros, Caesar dirigía a Mike un leve gesto de asentimiento con la cabeza, de modo similar al que se utiliza en las subastas. A menudo alguna otra persona lo acentuaba en cuanto la línea cobraba vuelo, y Mike, obedeciendo la aprobación gestual, consignaba al papel la nueva línea mejorada.[30]

(Mike era Michael Stewart, un joven que hacía las veces de dactilógrafo, corrector, y amanuense, capturando la redacción incesante y ruidosa de chistes e ideas. Asistente invalorable, era también un brillante estudiante del arte de la comedia. En la época post-Caesar, fue quien escribió los guiones de éxitos de Broadway como *Bye Bye Birdie, Hello Dolly*, y *42nd Street*).

El método de Caesar consistía en exigir una serie de sketches a modo de prototipos, siempre presionando para que fueran mejores y más refinados. Según recuerda Danny Simon, "[...] Max lee un trozo que hemos escrito. Dice: 'Esto es bueno. Es uno de los mejores que he leído. Ahora escríbanlo de nuevo'.[31] En el torbellino de bromas y lluvia de ideas resultaba difícil identificar a quién pertenecían las ideas. Lejos de disuadir a los escritores de poner todo de sí, esta atmósfera creaba una sensación de respeto mutuo y unidad dentro del grupo; una sensación de pertenencia a algo que excedía el propio ser. Los integrantes del equipo confiaban en que cada uno de sus compañeros daban lo mejor de sí, que iban en pos de la excelencia. Así describe Max Liebman el proceso:

> *Una idea arrojada tentativamente al aire puede ser fatalmente destruida a mitad del vuelo por un gruñido de Caesar, o puede elevarse a las alturas en alas de su sonrisa complacida, y regresar a la tierra moldeada con forma de historia, habitada por personajes, y con el vestuario puesto. Si Miss Coco [la primera protagonista femenina del programa]sugiere una sátira acerca de una pareja en un ómnibus, esa misma tarde se está ensayando. Esta es la potencia con la que yo contaba desde el inicio, esta unidad de comprensión, y el intercambio natural de los valores de la comedia. En ningún lugar somos más ricos ni más veloces que en nuestro departamento de comedia.[32]*

Liebman continúa diciendo que el ensayo de los viernes por la mañana para el programa de la noche siguiente "solía transcurrir sin mayores incidentes ... A veces —no muy a menudo— podemos llegar a descubrir que un número que nos pareció irresistible toda esa semana no sólo no es irresistible, sino que es declaradamente malo. Esto ocasiona una crisis mayúscula, y se la deriva rápidamente a los escritores especializados en crisis".[33] A continuación viene la escritura y reescritura ininterrumpida a la velocidad de un huracán. Mel Brooks recuerda que "si estábamos atascados, escribíamos un sketch en 35 o 40 minutos. Conseguíamos una premisa, y tecleábamos como alma que se llevaba el diablo. Contábamos con individuos realmente talentosos".[34] Y se explaya:

> *Todos le lanzábamos líneas a Sid. Los chistes se modificaban 50 veces. Tomábamos un sketch de ocho minutos y lo reescribíamos en ocho minutos. Luego Sid y Coco y Reiner y Morris [los actores a cargo de presentar la parodia]volvían a aprenderlo desde el principio. El sábado por la noche se lo probaba por primera y última vez —ante 20 millones de personas.[35]*

Claro que, llegado el momento, no es que no hubiera sido probado, en tanto había pasado por innumerables reescrituras en diversos formatos.

La confianza en el equipo y la proximidad

física conforman el pegamento

El sentido de proximidad física y de confianza significaban que el grupo no experimentaba la necesidad de gastar energía en cortesías o armonía, en tanto creían, en virtud de un acuerdo tácito, que el esfuerzo que esta conducta demandaba entorpecía el flujo de las ideas. En la habitación compartida a un ritmo frenético, salía a relucir la cólera, y los nervios a menudo estaban a flor de piel, pero el ambiente continuaba siendo estimulante. Larry Gelbart recuerda que un día normal comenzaba con un "Buenos días", siendo ése el único momento puramente social del día.[36] Según el relato de Lucille Karen,

> *Para reclamar su atención, tenía que pararme sobre una mesa y agitar mi sweater rojo. Sid tronaba, Tolkin salmodiaba, Reiner barritaba, y Brooks, bueno, Mel imitaba sonidos que iban desde un seminarista rabínico a Moby Dick, la ballena blanca, golpeteando el piso con seis arpones clavados en el lomo. Digamos que nuestra vida laboral no se distinguía por el buen tono. A Max Liebman le gustaba citar este dicho: "Una reunión cortés resulta en una película cortés".[37]*

La confrontación no era inusual entre los integrantes del equipo; Mel Tolkin habla de algo que llama "enojo creativo positivo".[38] ¿Hasta qué punto? Mel Brooks responde la pregunta en una entrevista que le concedió a *Playboy*:

BRAD DARRACH: ¿Es verdad que en *Your Show of Shows* todo el mundo lo odiaba?
MEL BROOKS: Todos odiábamos a todos. Les robábamos a los ricos y nos quedábamos con todo.[39]

Aunque los escritores eran competitivos, les era difícil identificar sus propios chistes o líneas, o reclamar el crédito por su autoría. En 1996, durante una reunión realizada por el Grupo de Escritores, Bob Claster formuló una pregunta clave:

CLASTER: ¿Cuál era el nivel de competitividad en la habitación donde trabajaban?

BROOKS: ¡De ninguna manera! [Protesta general] No, nos teníamos mucho afecto.

BELKIN: Creo que habría que señalar que se trataba de escribir en pandilla, con 12 personas en un mismo cuarto ...

CLASTER: ¿Ustedes ponían mucho cuidado en monitorear cuánto del material que producían individualmente, si era así ... Quiero decir, ¿Jugaba el ego?

REINER: No, para nada. No.

NEIL SIMON: Yo me iba a casa a ver el programa, y me reía muchísimo, y mi mujer decía, "Ese chiste es tuyo, ¿verdad?" Y yo le contestaba: "No lo sé". Nunca lo sabíamos. Venían uno detrás del otro, tan rápido ...

GELBART: Pero no estaba libre de ego. No es posible hacer esto sin el ego.

REINER: La gente sólo se vanagloriaba de aquello por lo que había luchado con alma y vida. Luchaban con todo su ser, y otros hacían lo mismo, pero en contra, y si conseguían meter lo que querían y funcionaba, fantástico. Si no funcionaba, se sentían avergonzados.

GELBART: A los dos minutos te olvidabas de que eran los tuyos.

TOLKIN: Por ejemplo, a alguien se le puede ocurrir una idea, una noción ... Y de esa idea salen 10 chistes. Construyes la base del chiste, sabes, ... y luego se hacen las variaciones. Entonces, ¿quién es el autor del chiste?

GELBART: En última instancia, el milagro es que se haya podido conservar algún tipo de estructura, porque todos tirábamos líneas.

BROOKS: Éramos como un club de pelota del Campeonato Nacional de Béisbol. Todos éramos buenos bateadores, buenos campistas, buenos en todo. Y si ganábamos el campeonato, que Larry Gelbart se llevara el crédito por el jonrón. Habíamos ganado.[40]

El ambiente de franca intimidad también inspiraba el intercambio de conocimientos. Según Carl Reiner, "era como estar en la universidad. Todos aprendíamos de los demás. Era asombroso".[41] No obstante, si alguno de los escritores no tenía una personalidad agresivamente extrovertida, le era difícil transmitir sus ideas. Caesar lo describe del siguiente modo:

El griterío en que estaba envuelta la habitación de los escritores era de tal calibre que cualquiera que no hablara con voz de trueno no tenía la más mínima posibilidad de hacerse escuchar. Woody Allen y Neil Simon [Doc] resolvieron el problema de transmitir sus ideas pegándose a alguien que tuviera una voz estentórea. Por ejemplo, Carl Reiner era el vocero de Doc. Este siempre se sentaba junto a Carl, y cada vez que yo lo veía inclinarse y susurrarle algo al oído, me decía: "Ajá, a Doc se le ha ocurrido una idea" Entonces Carl se ponía de pie y vociferaba, por encima de las otras voces: "Doc tiene una idea". Sin dejar de vociferar, exponía la idea de Simon.[42]

Los virtuoso teams como crisoles
para el desarrollo del liderazgo

En el caso de prácticamente la totalidad de los involucrados, la pertenencia al grupo de los escritores representó un crisol; es decir, los preparó y apuntaló sus carreras futuras. Siendo escritores, sus opiniones se ven mejor expresadas en las palabras que ellos mismos utilizaron. Lucille Kallen escribió: "Era divertidísimo. ¿Puedes imaginar ser joven, soltero, y estar en la cima, escribiendo para estrellas invitadas de la talla de Rex Harrison?" A los ojos de Tony Webster, "era verdaderamente emocionante, para mí y, sin duda, para todos los demás. Todos tenían talento y era un ejemplo perfecto de aportes mancomunados. Era uno de esos casos en que las personas adecuadas se encuentran en el lugar adecuado al mismo tiempo. Todos brillantes y talentosos". Mel Tolkin agregó: "Éramos demasiado jóvenes para conocer el significado de la palabra 'imposible'... El milagro mayor residía en la combinación de personas. Era accidental, como cualquier otro milagro. Creo que si uno solo de los escritores hubiese sido diferente, no habría sido el mismo programa".[43] Carl Reiner comenta: "No sabíamos que era duro. Es como un pájaro. Si supiera que está volando, se caería".[44] "No sabíamos que no estábamos en condiciones de hacerlo", dice Mel Brooks, "por eso lo hacíamos".[45] Larry Gelbart dice: "Lo que nos ayudó mucho fue el hecho de ser jóvenes y estar muy poco familiarizados con las palabras 'no puedo'. Dábamos por sentado que, al principio de cada semana, nos reuniríamos para escribir una nueva comedia de una hora al estilo de un espectáculo de variedades, pero poniendo el acento en la comedia".[46] Y agrega: "Lo que quiero decir es que era un gozo para todos nosotros. Dudo que exista alguno de nosotros que haya vuelto a repetir esa experiencia".[47] Sin embargo, quizás sea Neil Simon quien lo resume con mayor acierto: "Pienso, además, que entre aquellos de nosotros que luego se dedicó a hacer otras cosas, ninguno podría haberlas logrado de no haber pasado por esta experiencia".[48]

Un líder virtuoso en el centro de la escena

En el corazón de estos programas se hallaba el talento multifacético de Sid Caesar. En palabras de Howard Rosenberg, crítico de televisión del *Los Angeles Times*, "Caesar sería incluido en cualquier terna de finalistas para elegir al cómico más creativo de la televisión de todos los tiempos".[49] Liebman había reconocido que Caesar prometía mucho antes de la realización de la *Admiral Broadway Revue*, y lo había reunido, junto con los otros talentos, para crear tanto dicho espectáculo cuanto *Your Show of Shows*. Pero también advirtió que el talento de Caesar exigía un estilo solista:

> *Quería hacer las cosas sólo del modo en que podía; éste es el impulso que gobierna a cualquier artista, a cualquier creador. El pintor quiere pintar sólo en su estilo, y es por eso que tantos son reconocidos por lo que pintan. Por esa razón, los músicos, compositores, y escritores que poseen alguna singularidad desean ser reconocidos por los rasgos personales que ponen en su obra, y que no comparten con ningún otro. Yo solía decir que Caesar, instintivamente, "cesarizaba" su material, que lo pasaba por un tamiz verdaderamente personal. No tenía importancia bajo que forma entraba: cuando salía, tenía la impronta de Caesar.*[50]

Caesar era también el líder del equipo; atraía a los demás para que trabajaran con él de manera personal antes que para la empresa y, al igual que Liebman, era un experto descubridor de talentos. Poseía la capacidad de encontrar y reclutar a la mejor gente. Años después, Brooks describió la lealtad que despertaba:

Yo no pertenecía al programa. No pertenecía a Max Liebman.
Pertenecía a Sid. Y Sid podía llamarme, fuese de día o de noche, y a
veces me despertaba a las 3.30 de la madrugada y me decía: "¿Mel?
Habla Sid. Necesito un chiste".[51]

Hablando a través de Lucas Brickman, uno de los personajes de
Laughter on the 23rd Floor, Neil Simon dice: "Me gusta [Sid] mucho.
Principalmente porque trataba a sus escritores con respeto".[52] Según
Larry Gelbart "… cuando se trataba de reunir un equipo de escritures
para su propio negocio, Sid Caesar hacía gala de puro método y nada de
locura*. Por eso Mel Tolkin. Por eso Mel Brooks".[53] Era él quien establecía
el tono de la libertad dentro del contexto de la disciplina grupal. Si bien
al observador externo —no menos que a los integrantes del grupo y a la
plana ejecutiva de la NBC— lo que hacían le podía parecer caótico, el
foco era nítido, con metas y límites claros, nada de lo cual se imponía
rígidamente desde un estamento superior, sino que partía de lo que el
grupo mismo acordaba. Gelbart lo recuerda así:

Para nosotros, sus escritores, era nuestro campeón en la categoría
peso pesado. Podía y hacía cualquier cosa que le pidiéramos.
Nuestros marcos de referencia se convirtieron en los suyos. No había
cosa que no comprendiera, siempre que nosotros la comprendiéramos
también. Todos los temas eran caza permitida. Nada era demasiado
"modernoso" para la habitación de los escritores. El ejercía el control
total, pero nosotros gozábamos de toda la libertad.[54]

Larry Gelbart describió a los escritores como a "… una manada de
lobeznos, trenzados en lucha por ganar los favores de Sid, el Papá Lobo".
Y Caesar recuerda:

Vaya que peleaban. Arrancaban trozos de mampostería de las
paredes; desgarraban las colgaduras hasta convertirlas en jirones.
Con frecuencia, los otros ahorcaban a Mel Brooks en efigie. Pero
esa habitación no cesaba de burbujear con inmensa creatividad y
humor fresco.[55]

Neil Simon, quien formó parte del equipo desde 1952 hasta 1954, y
luego entre 1956 y 1975, dice que "todos queríamos ser el preferido de

---

*Referencia a una frase de Hamlet: "Hay método en mi locura" [N. de la T.]

Sid. Sid pagaba mejor que cualquier otro. Trataba a los escritores mejor que todos los cómicos para quienes trabajé".[56]

La presencia de Caesar era estrecha y directa, pero también permitía que floreciera la individualidad. Ello significa que poseía la capacidad de escuchar a su equipo y aprender de sus miembros. Al igual que un gran director de orquesta, sabía apartarse y permitir que sus colegas ejercieran su habilidad como solistas. En otras palabras, contrataba a los grandes y luego les daba la oportunidad de mostrarse grandes. Gelbart relata:

> *Durante mis primeros tiempos con Sid, jamás me dirigió la palabra fuera de la habitación de los escritores. Y allí estaba siempre. (Una de las ventajas de esta omnipresencia era que, para el momento en que el programa salía al aire, conocía cada línea a la perfección). Yo comenzaba a preguntarme si le caía mal. Y luego, después del primer programa, en la fiesta de celebración ofrecida por la producción, me abrazó, me inclinó hacia atrás como si él fuera John Gilbert y yo Greta Garbo, y me besó en los labios. El gesto era su manera de decir: "Valoro lo que has hecho". Si yo le hubiera escrito el cumplido, él lo habría actuado impecablemente. Librado a sus propios recursos, transformó la escena entre nosotros en algo sacado de una película muda.*[57]

Final de temporada:

el desmantelamiento de un *virtuoso team*

Hacia fines de la temporada televisiva 1953–1954, comenzaron a correr rumores de que el *virtuoso team* que había creado *Your Show of Shows* iba a ser desmantelado. Según las fuentes de noticias,

> *Rumores recogidos e impresos por columnistas televisivos indican que ciertos funcionarios de la NBC se cuestionan por qué agotar tanto talento en una única serie. ¿Por qué no separarlos en tres, cuatro, hasta cinco series, lo cual multiplicaría las ganancias de la televisora?*[58]

No sólo el director y las estrellas (Max Liebman, Sid Caesar, e Imogene Coca) habrían de tener su propio programa, sino que también se disolvería el equipo de escritores. En palabras de Larry Gelbart: "La causa por la cual se desmanteló el programa estribó en su éxito, dado que la NBC esperaba obtener tres éxitos en lugar de uno al darles un programa diferente a Caesar, a su co-estrella femenina, la cómica Imogene Coca, y a Liebman como productor, en beneficio de la red".[59] Howard Morris lo vio como una decisión en pro de la extensión del producto: "La televisión —dijo— se asemeja a apostar a los caballos que corren en las carreras del día y, como dicen en el hipódromo, tres ganadores son mejores que uno".[60]

En aquel momento, Sid Caesar declaró:

Lo cierto es que Max, Coca, y yo tuvimos que separarnos simplemente porque ya no alcanzaba el tiempo para que los tres nos expresáramos juntos en un mismo programa. En otras palabras, hemos madurado; y si esperamos continuar creciendo, debemos llegar al público por nuestra cuenta. Durante los últimos cinco años hemos hecho todo lo que es posible hacer dentro de los límites de un único programa. Es hora de que tengamos la oportunidad de que cada uno de nosotros se exprese de manera diferente. Sé que Coca es capaz de hacer más, y lo mismo ocurre con Max. Se ha estado diciendo por ahí que Max, Coca, y yo nos separamos a causa de fricciones en nuestra relación. Eso no es verdad. Your Show of Shows ha sido una etapa feliz para todos nosotros.[61]

El nuevo programa de Caesar iba a titularse *Caesar's Hour*, y para ponerlo en marcha se llevó a una parte de los escritores nucleares del equipo consigo. No resulta sorprendente, entonces, que de los tres programas en que se desgajó *Your Show of Shows*, sólo uno —*Caesar's Hour*— gozara del éxito del espectáculo del que había surgido. Los otros dos fracasaron y fueron rápidamente retirados del aire. En parte, el éxito ininterrumpido de Caesar se debía al empeño que puso en recrear la "habitación de los escritores" para su nuevo programa. Dice:

La habitación de los escritores era más chiflada, si cabe, de lo que había sido cuando hacíamos Your Show of Shows … *Trabajar día tras día con tantos genios en una habitación atestada fue la experiencia más estimulante de mi vida. Y yo era el jefe absoluto. Siempre tenía la última palabra acerca de cada línea y aspecto comercial relacionado con el programa. Inclusive perdí el miedo que me producía el no tener a Max Liebman revoloteando alrededor, apoyándome y corrigiendo la escritura. Con el pasar del tiempo, aquello se transformó en un problema. Como he aprendido desde entonces, todo el mundo necesita de alguien que lo corrija ...*[62]

Una de las cosas que hizo Caesar fue persuadir a Larry Gelbart para que se apartara de Bob Hope. Cuando éste se enteró de que Caesar estaba interesado en Gelbart, le envió un telegrama con estas palabras: "Te cambio a Larry Gelbart por dos pozos de petróleo". Pasado un tiempo, Gelbart se unió a Caesar por decisión propia, alegando la siguiente razón: "Me gustaba la idea de que estaba dispuesto a poner a prueba cualquier sugerencia, sin importar cuán loca u original fuera".[63]

Finalmente, *Caesar's Hour* cayó, víctima de una serie de fuerzas que condujeron a su desaparición definitiva. En cualquier medio dedicado al entretenimiento, es difícil sostener el éxito ininterrumpido durante nueve años, y la televisión es notoria por la volubilidad de la audiencia, sumado a que nuevas tecnologías, como la videograbación, despojaron al oficio de gran parte de su espontaneidad.

Sin embargo, hubo un breve período en el cual un equipo de extraordinario talento tuvo la oportunidad de cambiar el mundo. Este grupo la aprovechó al máximo, una y otra vez, a lo largo de nueve años. El elemento medular de su éxito residió en una filosofía de gestión que implicaba brindar plena independencia al talento sin sacrificar el control total.

Implicaciones para el liderazgo de los *virtuoso teams*: resumen y preguntas clave

Ser escritor de Sid Caesar era equivalente a encontrarse en el pináculo de la profesión. Aquí había un equipo que hacía las delicias del público —un público que "pagaba"— a punto tal que los auspiciantes ya no podían permitirse conservarlo. Cuarenta años después, este mismo equipo había adquirido tanta influencia sobre el desarrollo de su oficio que se filmó un video de su reunión No. 40, y fue ávidamente recibido por sus colegas y por el público en general. ¿Qué hizo falta para obtener semejante éxito?

"Libertad" constituye el núcleo de todo lo que lograron los escritores de Caesar. Florecieron en un medio donde cada idea era aclamada con la esperanza de que fuera la mejor del mundo, para luego ser inmediatamente sometida a mejoras sin que el creador original se sintiera ofendido en lo más mínimo. Aquello que a algunos les puede parecer caótico era, en realidad, un espacio de trabajo que permitía el intercambio verbal rápido y frenético, mientras que, a su vez, daba lugar a que Sid Caesar —el líder del equipo— se encontrara en el centro de todo lo que ocurría. Es fundamental comprender que la atención cuidadosa del manejo del espacio y el tiempo desempeñaron un papel clave dentro del equipo. El espacio forzaba la proximidad física de los miembros, de modo que resultaba imposible evitar el diálogo directo y la conversación intensa. Resulta inimaginable que el equipo de Caesar trabajara con los integrantes aislados en cómodos cubículos, reuniéndose sólo un par de horas al día. Además de la estrechez del espacio físico, había que hacer frente a presiones de tiempo extremas; éstas contribuían a forzar el diálogo directo y el mercado de ideas. En nuestra experiencia, espacio y tiempo constituyen dos variables cuyo impacto sobre los equipos y su eficacia los ejecutivos tienden a ignorar con demasiada frecuencia.

Este equipo mostraba una increíble lealtad hacia su líder, no porque las superestrellas que lo componían tuvieran predisposición alguna para respetar la autoridad —más bien al contrario— sino porque Sid Caesar les ofrecía el mejor cumplido al que puede aspirar un profesional: los escuchaba, creía y confiaba en ellos, una y mil veces.

El equipo tomaba grandes riesgos. Rechazaba los estereotipos convencionales del cliente y le daba más, no menos. Presionaba al público con materiales considerados demasiado sofisticados, demasiado intelectuales, y al público le fascinaba. Personas influyentes, independientes del equipo, proporcionaban la cobertura política necesaria para que el grupo pudiera tomar determinados riesgos, y estas mismas personas contribuían a la visión que estimulaba la energía del grupo. En resumen, he aquí una valiosa ilustración de las posibilidades que se abren cuando se alienta la independencia de los individuos talentosos para que se lancen a buscar la grandeza.

Las enseñanzas que hemos descripto despiertan algunas preguntas que usted, lector, debe formularse antes de lanzar su próximo *virtuoso team*:

1 Su *virtuoso team*, ¿presiona realmente al cliente a través de su producto o experiencia? ¿Piensan acerca del cliente de manera ennoblecedora, y se esfuerzan luego por satisfacer sus expectativas, o acaso su opinión del cliente tiende a rebajarlo?

2 ¿Su equipo se presiona a sí mismo? El proceso laboral en el que se encuentra inmerso, ¿los presiona para que se comprometan sinceramente en la búsqueda de resultados que excedan ampliamente el promedio? La línea que divide a la cooperación de la competencia, ¿es lo bastante delgada de modo tal que existan verdadera libertad creativa y tensión dentro del grupo?

3 Usted, o el líder del equipo, ¿están centralmente comprometidos en lo personal respecto del desempeño del grupo? Para el líder, ¿es éste un rol de gestión verdaderamente cercano y práctico?

4 ¿Administra usted el tiempo y el espacio de modo tal que las ideas fluyan desde el grupo? De vez en cuando, ¿se percibe un toque frenético en la cadencia grupal, junto con una pasión maníaca característica del equipo? Y, además, ¿existe la disposición para lanzarse rápidamente sobre esas ideas a fin de identificar aquellas que merecen mayor inversión?

5 ¿Hay alguien que brinde a este grupo una "cobertura" de protección, para así mitigar o reducir los bien conocidos peligros burocráticos?

Notas

1. Gelbart, Larry, citado en una transcripción de "Caesar's House Revisited", seminario de la Asociación de Escritores Estadounidenses (oeste), emitido por PBS, 1996.
2. Claster, Bob, citado en "Caesar's House Revisited", *Written by*, Marzo de 1966. www.wga.org
3. Caesar, Sid. *Where Have I Been?* Nueva York: Crown, 1982, pág. 31.
4. Sennett, Ted. *Your Show of Shows*. Nueva York, Macmillan, 1977, pág. 12.
5. Liebman, Max, citado en una entrevista publicada por un periódico de Boston en 1950, en Sennett, op. cit., pág. 6.

6. Sennett, op. cit., pág. 10.

7. Sennett, op. cit., págs. 11–14.

8. Simon, Neil, citado en una entrevista acerca de *Laughter on the 23rd Floor, Entertainment Tonight*, Mayo 24 de 2001. *www.etonline.com/television/a3410.htm*

9. Caesar, Sid. "For the Record." Entrevista con Dan Pasternack, Marzo 14 de 1997. *www.emmys.com/foundation/archive/vault/win1999/page3.html*

10. Caesar, Sid, citado en "Caesar's Hour Revisited", op. cit.

11. Sennett, op. cit., pág. 10.

12. Cunard, David. Crítica de *Lady in the Dark*, Marzo 24 de 1997. *www.londontheater/castrecordings/ladyinthedark.htm*

13. Sennett, op. cit., pág. 13.

14. Siragusa, Ross, citado en Caesar, Sid. *Where Have I Been?* Nueva York: Crown, 1982, págs. 89–90.

15. Caesar, Sid. "Hail Caesar." Entrevista con David Rensin. *www.aarp.org/mmaturity/now_dec00/cameo.html*

16. Sennett, op. cit., pág. 16.

17. Sennett, op. cit., pág. 23. Liebman era un experto "cazador de talentos"; entre sus méritos se cuenta el modo en que alentó a Jerome Robbins (miembro del equipo que creó *West Side Story*) a idear la coreografía de algunas pequeñas revistas a fine de la década del 30. *www.androsdance.tripod.com/biographies/robbins_jerome.htm*

18. Tobias, Patricia Eliot. "Great Caesar's Scripts." Mayo de 2001. *www.wga.org*

19. Caesar, Sid. "For the Record", op. cit.

20. Gelbart, Larry, citado en una transcripción de "Caesar's House Revisited", op. cit.

21. Caesar, Sid. "Hail Caesar", op. cit.

22. Brooks, Mel, citado en "Caesar's Hour Revisited", op. cit.

23. Tobias, op. cit.

24. Ibíd.

25. Gelbart, Larry, citado en una transcripción de "Caesar's Hour Revisited", op. cit.

26. Simon, Neil. *Laughter on the 23rd Floor*. Nueva York: Random House, 1995, pág. 68.

27. Tobias, op. cit.

28. Caesar, Sid; Reiner, Carl, y Gelbart, Larry, citados en "Caesar's Hour Revisited", op. cit.

29. Simon, op. cit., págs. 3 y 63.

30. Gelbart, Larry, citado en una transcripción de "Caesar's House Revisited", op. cit.

31. Simon, Danny, citado en "Caesar's Hour Revisited", op. cit.

32. Liebman, Max, citado en Sennett, op. cit., pág. 25.

33. Sennett, op. cit., pág. 28.

34. Tobias, op. cit.

35. Sennett, op. cit., pág. 26.

36. *www.aarp.org/mmaturity/now_dec00/cameo.html*

37. Sennett, op. cit., pág. 25.

38. Tolkin, Mel, citado en Caesar, Sid. *Where Have I Been?* op. cit., pág. 145.

39. Entrevista publicada en *Playboy*, 1975. *www.uahc.org/rjmag/1101ak.html*

40. "Caesar's Hour Revisited", op. cit.

41. Ibíd.

42. Caesar, Sid. *Where Have I Been?* op. cit., pág. 146.

43. Sennett, op. cit., pág. 26.

44. Reiner, Carl, citado en *www.emmys.com/whatwedo/halloffame/reiner.htm*

45. Tobias, op. cit.

46. Gelbart, Larry, citado en una transcripción de "Caesar's House Revisited", op. cit.

47. Gelbart, Larry, citado en "Caesar's House Revisited", op. cit.

48. Simon, Neil, citado en "Caesar's House Revisited", op. cit.

49. Rosenberg, Howard, citado *www.freespce.virgin.net/steve.hulse/sidc.htm*

50. Sennett, op. cit., pág. 37.

51. Brooks, Mel, citado en "Caesar's House Revisited", op. cit.

52. Simon, op. cit., pág. 4.

53. Rensin, David, "Hail Caesar." *www.aarp.org/mmaturity/now_dec00/cameo.html*

54. Gelbart, Larry, citado en una transcripción de "Caesar's House Revisited", op. cit.

55. Caesar, Sid. *Where Have I Been?* op. cit., pág. 5.

56. Tobias, op. cit.

57. Gelbart, Larry, citado en una transcripción de "Caesar's House Revisited", op. cit.

58. Caesar, Sid. *Where Have I Been?* op. cit., pág. 138.

59. Gelbart, Larry, citado en una transcripción de "Caesar's House Revisited", op. cit.

60. Morris, Howard, citado en Caesar, Sid. *Where Have I Been?* op. cit., pág. 138

61. Caesar, Sid. citado por Marie Torre en *The New York Telegraph*, en Sennett, op. cit., pág. 172.

62. Caesar, Sid. *Where Have I Been?* op. cit., págs. 145–146.

63. Ibíd., pág. 144.

7

El liderazgo del talento
mediante la confianza

Miles Davis crea la innovación serial a través
de la escucha y la improvisación

*Jamás pensé que la música llamada "jazz" estuviera destinada
a llegar sólo a un pequeño grupo de personas, ni a convertirse
en un objeto de museo protegido por un cristal, como ocurre con
otros objetos muertos que alguna vez fueron considerados piezas
de arte.*[1]

Miles Davis

En los años 50, la música inundaba la Calle 52 de Manhattan, y los
clubes de jazz —Minton's y Birdland, por ejemplo— presentaban lo
mejor del jazz de la época. El ambiente era vigorizante, creativo, y competitivo; el alcohol y las drogas fluían libremente, y parte de la música
más excitante del siglo nacía en un ámbito donde las ideas y el talento se
movían con rapidez y sin obstáculos. La pregunta es, ¿qué importancia
puede tener la escena descripta para un ejecutivo del siglo XXI? Pues
mucha, dado que en el epicentro de este mundo se erguía la figura de
Miles Davis, trompetista de jazz, a menudo llamado "el príncipe de la
oscuridad:" un maestro inverosímil, podría decirse; sin embargo, su
historia —la de un innovador sin sosiego que luchaba por imponer
grandes cambios— es algo que todo aspirante al liderazgo debe estu-

diar. Miles Davis revolucionó la música al menos *en tres ocasiones* a lo largo de treinta años. No fue cuestión de suerte. Davis nunca cesó de redefinir la música popular de su tiempo, trabajando cada vez con un equipo diferente de superestrellas escogidas y lideradas personalmente por él. ¿Cómo lo hizo? ¿Cómo reunió e inspiró a sus equipos para que lograran grandes cosas? ¿Qué podemos aprender de la experiencia —y de la química— de estos grupos y del estilo con el que Miles Davis ejercía su talento de líder?

En el presente capítulo, aprenderemos cómo fue que Miles Davis se hizo acreedor a sus logros trabajando con tres *virtuoso teams* diferentes. Los ejecutivos de hoy deberían percibir las connotaciones de inmediato. Veremos hasta qué punto le preocupaba obtener el mejor talento de plaza, y cómo, luego de atraerlo, sacaba el mayor provecho de él. Aprenderemos que, como muchos líderes virtuosos, Miles era minimalista cuando se trataba de dirigir. Su estilo consistía en confiar plenamente en que los talentos soberbios que había reunido habrían de poner en práctica sus habilidades personales y su conocimiento profesional a la manera particular de cada uno a fin de alcanzar los objetivos establecidos por él. Aprenderemos que esta forma de gestión no es necesariamente fácil ni "natural". Veremos equipos que buscan que se los dirija más y no menos, por no estar acostumbrados a que se confíe en ellos; virtuosos que se sentían confundidos al tener mayor libertad de la que hubieran experimentado jamás. También veremos por qué integrar la banda de Miles Davis era tanto una experiencia incomparable de aprendizaje cuanto una situación increíblemente estresante. Veremos un ambiente de equipo con expectativas muy elevadas, donde la reacción era inmediata y directa, con el líder siempre ocupando el lugar central y asumiendo su compromiso, y donde el entrenamiento de la siguiente generación de líderes profesionales era constante.

Davis, uno de los más insignes trompetistas de todos los tiempos, fue un catalizador del desempeño máximo en el contexto de un equipo de superestrellas. Nunca satisfecho, siempre inquieto, incesante buscador del cambio, siempre quería sobrepasar los límites. Es posible que Ron Carter, el gran bajista, lo haya expresado del modo más acertado cuando reconoció que Miles Davis "… fue uno de los pocos que pudo dar vuelta el mundo de la música en la dirección que quiso".[2] Lo notable acerca de Davis y su historia es que *sí* eligió cambiar el mundo de la música, y que lo hizo tres veces. En este sentido, veremos un líder en constante experimentación con los miembros de su equipo, moldeando el talento que tenía en sus manos. Esencialmente, construía "prototipos", un concepto importante que hemos encontrado en los *virtuoso teams* descriptos en este libro. Sólo que, en el caso de Davis, modificaba al equipo en pro de mejorar su producción.

Finalmente, nos encontraremos con un líder que sabía escuchar. Es nuestra opinión que "escuchar" a cada uno de los integrantes es una capacidad básica para un líder de virtuosos. Al igual que otros grandes líderes de *virtuoso teams*, Davis comprendía que los conocimientos del equipo excedían los suyos propios, y los dirigía en función de ello. Dada la definición de virtuosismo, y la noción de que en estos equipos cada puesto está ocupado por un verdadero experto, la escucha es esencial. Resulta difícil creer que un líder en tal situación pueda pensar que sabe más que los miembros de su equipo. Es lamentable que, a menudo, no escuchen, sino que hablen. En tales casos, como quedará ilustrado por el ejemplo de Miles Davis, el líder que escucha no pasa su tiempo en vano.

Miles Davis: un innovador pujante

que se convirtió en un líder catalítico

Miles Davis era un consumado profesional en su campo. Criado en el jazz desde que comenzara a tomar lecciones de trompeta en su infancia, también estuvo expuesto, durante un breve período, al mundo más amplio de la música clásica, en la Julliard Academy de Nueva York. El compositor David Amram sugiere que Davis cambiaba constantemente de estilo y de intereses "porque sus intereses eran tan variados y él era un hombre dotado de una extraordinaria percepción".[3] Otro observador comentó que Davis se sentía fascinado por las diferencias: "Uno de los puntos fuertes de Miles consistía en su capacidad para transformar las diferencias en puentes de unión, una característica resumida en su música, su trabajo con músicos provenientes de muy distintas fuentes musicales, étnicas, raciales y culturales, y el atractivo que por él sentía un público de orígenes igualmente diversos".[4] Como tantos grandes líderes/ejecutivos, nunca estaba satisfecho con el status quo.

Davis era también un líder capaz: exigía cambios y lograba que se llevaran a cabo. El pianista Ahmad Jamal cree que, en parte, los grupos de Miles Davis tenían éxito porque era un líder de mano dura:

Todo depende del líder. Se puede contar con grandes músicos. Pero si la propia conducta, la propia imagen trasunta debilidad, el resultado

será un grupo débil. De modo que hay que ser fuerte, casi tiránico.
Y Miles poseía una personalidad fuerte.

Tuvo muchos grupos fantásticos ... Nunca un grupo débil ... Poseía
el raro don de elegir aquellas personas que lo complementaban al
máximo. Pero, repito, Mike era la razón del éxito de esos grupos.[5]

El primer equipo de superestrellas:

una combinación de talentos brillantes y grandes ideas

En 1949, luego de haber establecido sus propios méritos y haberse
granjeado la reputación de un gran músico, Davis reunió un grupo de
superestrellas —su conjunto de nueve ejecutantes— compuesto por
el número mencionado de jóvenes grandes músicos en busca de una
oportunidad para exhibir su talento. Todos ellos fueron cuidadosamente
seleccionados, y todos eran en extremo talentosos. La sola invitación a
tocar con el grupo implicaba el reconocimiento del éxito. El trombonista
Mike Zwerin lo expresó mejor al decir: "[E]ra divertido pertenecer a un
equipo de campeones".[6] Entre los grandes ejecutantes que componían el
equipo podemos citar los nombres de Davis en trompeta, Kai Winding y
J.J. Johnson en trombón, Lee Konitz en saxo alto, Gerry Mulligan en saxo
barítono, Al Haig y John Lewis en piano, Kenny Clarke y Max Roach en
batería, Gunther Schuller en trompa, y Gil Evans como arreglador en
jefe. Para los entusiastas del jazz, el mencionado grupo representa un
"salón de la fama". La música que crearon, el *Birth of the Cool*, apartó al
jazz del ritmo del bop, que predominaba en aquellos días, dirigiéndolo
hacia el *cool*, un ritmo totalmente novedoso.

Además de grandes músicos, eran individuos avispados: un grupo
de verdaderos profesionales que comprendían su arte y que, esto aparte,
estaban dedicados de lleno a las "ideas". Se reunían todas las noches
en un pequeño apartamento, propiedad del arreglador Gil Evans y
lindante con una lavandería china, y hablaban durante horas acerca de
nuevos y viejos tipo de música: clásica y jazz, bop y lo que le faltaba
al bop. Entraba y salía gente todo el tiempo; la puerta estaba siempre
abierta; se sentaban en el piso; era caótico. La conversación —incesante,
provocativa, y espontánea— inspiraba a los participantes a pensar en
el poder de las ideas y en lo que hacía falta para lanzar una revolución
musical que derrocara el reinado del bop.

Sin embargo, no menos importante que la música que de ahí surgía era el patrón que comenzó con este grupo, y que inauguró Miles Davis al rodearse, a lo largo de toda su carrera, de los mejores talentos. Nan Hentoff, el gran cronista del jazz, vio que así era Davis cuando escribió: "La esencia de Miles Davis puede ser determinada escuchando a los hombres de los que se rodeaba durante sus presentaciones profesionales/contractuales" Hentoff cita a Davis respecto del baterista Philly Joe Jones, por ejemplo: "No me importaba si subía a la tarima vestido en ropa interior y con un solo brazo, siempre que estuviera allí. Tiene el fuego que quiero. No hay nada más espantoso que tocar con un grupo cuyo ritmo es monótono. El jazz tiene que tener 'eso' que no se puede explicar".[7]

El surgimiento de una filosofía de liderazgo distintiva

El nacimiento del conjunto de nueve ejecutantes denominado *Birth of Cool Jazz* constituyó el primer intento de Davis como líder, y no se vio de inmediato que Miles fuera la persona indicada para desempeñar el rol. En 1948, mientras luchaban por instalar el grupo, los miembros estaban dispersos entre diferentes bandas donde tocaban en forma permanente para ganarse el sustento. Sin embargo, y a pesar de esta concesión a la realidad, el grupo se consideraba un equipo, y existía una preocupación genuina acerca del liderazgo que Miles ejercía sobre este grupo todavía en ciernes:

John Lewis se molestó mucho con Miles ... [cuando sintió que] éste rehusaba asumir el control. Miles pensaba que si uno tenía problemas, acabarían por resolverse solos. Sabes, en las bandas las cosas no se resuelven por sí solas. Alguien tiene que hacer que las cosas sucedan, y supongo que, como era la primera banda de Miles, él todavía no se había tenido que enfrentar a esto. Así que cuando la primera banda salió a tocar a los clubes ... comenzó a meterse en toda una nueva serie de problemas, relacionados con el fraseo, y con tocar al unísono, etc. ... alguien tiene que imponer las reglas ... si es necesario hacer una elección, alguien tiene que hacerse cargo de ello.

John Lewis trataba de decírselo todo el tiempo: "Miles, tú fuiste quien consiguió esta actuación. Esto ya dejó de ser un proyecto de

banda. Si quieres ser el líder, entonces tienes que actuar como tal".
Miles le contestaba: "Tonterías, viejo. Los problemas tienen que
resolverse solos".[8]

Aquellos primeros desafíos a su estilo de liderazgo se relacionan con
el núcleo de la filosofía que Davis había desarrollado acerca de cómo
dirigir a profesionales talentosos, maestros en su disciplina. Lo que algunos creían ver como una señal de la indecisión y falta de resolución
de Miles para "hacerse cargo" era más bien el resultado de su visión del
conjunto como un equipo de colaboradores, pues lo prefería así antes
que situarse a sí mismo como el alma de la banda. Creía que cada uno
de los integrantes era un experto en lo suyo por derecho propio; dirigirlos desde una posición central sólo lograría rebajar las habilidades y la
motivación de los miembros del equipo. Por lo tanto, fiel al espíritu de
colaboración plena, Davis sorprendió a los arregladores Gerry Mulligan,
Gil Evans y John Lewis compartiendo el cartel en ocasión del estreno
en el que el grupo se presentó públicamente. Era un gesto insólito, que
al mismo tiempo dejaba sentado el valor que concedía a los aportes
realizados por los talentos que había reunido.[9]

Si bien el talento del conjunto era indiscutible, la selección de los
músicos no carecía de riesgos. En particular, Davis fue muy criticado
por la comunidad afro-americana por escoger tantos ejecutantes blan-
cos. Davis, quien se caracterizó durante toda su carrera por su orgullo
racial, puso una y otra vez el talento por encima del color de la piel al
reunir sus conjuntos:

Así que les dije que si alguien podía igualar a Lee Konitz —ése era
el que más les enojaba, porque había un montón de ejecutantes de
saxo contralto dando vueltas por ahí— lo contrataría sin dudar
un segundo, y me importaba un bledo si el hombre era verde con
aliento rojo.[10]

La empresa no carecía de riesgos. La música que tocaban era diferente y demandaba nuevas exigencias por parte de ejecutantes y público.
Count Basie, cuya banda apareció al mismo tiempo que la de Davis, lo
expresó de manera más sucinta, pero llena de admiración: "A menudo
no me daba cuenta de lo que estaban haciendo, pero lo escuchaba, y
me gustaba".[11]

Sin discusión posible, el conjunto era un equipo de nueve superestrellas, pero, como tantos otros *virtuoso teams*, no estaba destinado a

una larga vida. Las oportunidades llovían sobre sus integrantes, y ellos partieron en busca de la gloria individual. Durante un corto número de semanas, este grupo había reunido a talentos extraordinarios, plantando la semilla para las futuras revoluciones que habrían de efectuarse en el jazz. El grupo fue también un "crisol" donde tuvo lugar el crecimiento de Davis como líder. Ahí experimentó desafíos en el campo del liderazgo para los cuales no estaba preparado. El simple acto de reunir a nueve virtuosos de la música para luego producir un corpus revolucionario de trabajos resultó ser todo excepto "simple". Sin embargo, el haber pasado por la experiencia de este conjunto instruyó a Davis en cuestiones críticas respecto de la función de liderazgo: exposición al riesgo, identificación del talento, comportamiento del líder y sus efectos sobre la motivación y la creatividad, y los cálculos sobre la receptividad del mercado en lo tocante a las innovaciones radicales.

El segundo equipo de superestrellas: prototipos de la configuración de talentos

Para 1956, Miles Davis había reunido un segundo equipo. En esta ocasión se trataba de un quinteto que incluía al saxofonista John Coltrane, al pianista Red Garland, al baterista Philly Joe Jones, y al bajista Paul Chambers. Esta se convirtió en una de las bandas más extraordinarias de la historia del jazz. También ilustra el modo en que Davis, desde su papel de líder, moldeó un equipo y supo manejar egos fuertes dotados de maravilloso talento. El cronista de jazz Ralph Gleason describió el trabajo de la banda con las siguientes palabras:

> *En mi opinión, la complejidad de la conexión entre las mentes de estos músicos jamás ha sido igualada por ningún otro grupo.*[12]

Este conjunto produjo seis álbumes que se distanciaron del "cool" e impusieron lo que se conoce como "hard bop". ¿Fue ésta una cuarta revolución? Es difícil decirlo, pero la música era grandiosa, y los músicos, fuera de serie. A pesar del éxito del grupo, sin embargo, Davis se volvía impaciente otra vez. No estaba satisfecho con el camino por donde lo conducía la música, ni por donde él conducía a la música.

En 1957, Davis ingresó a la compañía discográfica Columbia, la cual no sólo era el sello editor de música popular más importante en aquellos días, sino que también alentaba una cultura innovadora y experimental. Columbia era conocida por asumir riesgos y apoyar la experimentación musical imaginativa y seria a la vez. Constituía el auspiciante perfecto para lanzar otra revolución, y Davis abrigaba una idea conducente a una nueva visión del jazz. En 1958, se encontraba pensando en un tipo de música que fuera "... más libre, más modal, más africana u oriental y menos occidental".[13] Colaborando una vez más con el arreglador Gil Evans, el resultado del proyecto fue un estilo musical totalmente nuevo, llamado "modal".

Hacia fines de mayo de 1958, Davis había reunido el sexteto que habría de plasmar la música "modal". Iban a trabajar juntos durante siete meses, culminando con la grabación de *Kind of Blue*. Las raíces del grupo se encontraban en el gran quinteto que se había formado algunos años atrás, pero se habían producido ciertos cambios interesantes en su composición. Además de Miles Davis en trompeta, estaba constituido por John Coltrane (saxo tenor), Cannonball Adderley (saxo alto), Wynton Kelly o Bill Evans (piano), Jimmy Cobb (batería), y Paul Chambers (bajo).

Se trataba de una banda poco habitual, puesto que contaba con dos grandes saxofonistas, lo cual por cierto se apartaba de las normas establecidas, tanto respecto de la música como de los ejecutantes. El número de saxofonistas tenía su importancia: "El efecto musical era semejante al de subir la temperatura de una olla a presión: Coltrane tendría menos tiempo como solista en el escenario, y había una voz adicional, fluida y asertiva, además, con la cual debía interactuar, contraponerse a ella, e integrarla como factor dentro del sonido de conjunto de la banda".[14] A pesar de este experimento, la banda no tardó en amoldarse. La velocidad con la que el equipo se fundió en una unidad sorprendió al mismísimo Davis: "Mucho más rápido de lo que había imaginado, la música que tocábamos juntos era increíble. Era tan terrorífica que me daba escalofríos nocturnos".[15] [En este sentido, el término "terrorífica" debe entenderse como "admirable:" la música en cuestión era grandiosa.]

Al igual que ocurrió con todos los grupos formados por Davis, el talento era deslumbrante. Su reputación por identificar talentos jóvenes y atraerlos a la manera de un imán iba en aumento. En 1957, competía con el legendario trompetista Dizzy Gillespie por los servicios del saxofonista Cannonball Adderley, quien optó por unirse a Davis. Según dijo, "supuse que podría aprender más que con Dizzy. No es que Dizzy no sea buen maestro, pero su manera de tocar era más comercial que la de Miles. Agradezco al cielo haber tomado esa resolución".[16] Davis también reconoció el talento de John Coltrane mucho antes que otros. Aunque al principio éste le había causado algunos problemas de disciplina, el retorno de Coltrane a la banda de Davis fue lo que en verdad impulsó su carrera de superestrella. Davis comentó: "Coltrane, [con] licencia creativa antes que [con] una dirección explícita —el saxo tenor fue halagado y desafiado para tomar una dirección individual que engendró una escuela de jazz totalmente nueva".[17] Más adelante, Bill Evans describió la fe inconmovible que Miles había depositado en el nuevo miembro de su equipo:

> *No creo que nos hubiéramos beneficiado de la gran contribución aportada por Coltrane si Miles no hubiese estado convencido de su potencial. Porque al principio, la mayoría de la gente se preguntaba por qué Miles lo había incluido en el grupo: sobre la tarima, era una presencia más bien encerrada en sí misma; no podría afirmar que titubeara, sino que parecía encontrarse en una actitud exploratoria. Pero Miles realmente presentía, de alguna manera, el desarrollo que Coltrane presagiaba.[18]*

El mismo Evans resultaba una elección controvertida a los ojos de varios integrantes de la banda, pues deseaban un sonido más asertivo que el que éste traía y, para colmo, era blanco, pero Davis insistió en que lo necesitaba. Cuando el grupo tocaba en clubes de personas de color, "la gente se acercaba y nos preguntaba '¿qué hace este blanco acá?', les decíamos: Miles lo quiere —¡se espera que esté en su sitio"![19] Más tarde, Davis escribió que él "ya había planeado el álbum [*Kind of Blue*] alrededor del estilo pianístico de Bill Evans".

El prototipo de la configuración del talento virtuoso

Una vez que hubo atraído a las superestrellas a su equipo, Davis, en su calidad de líder, no temió retar su talento mediante sorpresas y vueltas y revueltas dentro de los roles que se esperaba que desempeñaran, en un intento de presionarlos hasta alcanzar un nivel de rendimiento más elevado. Durante la grabación de *Birth of the Cool*, Davis, intencionalmente o no, no se había tomado la molestia de informar a Wynton Kelly, su pianista en ese momento, acerca de su decisión de utilizar (y ni hablar de haber planeado la música sobre dicha base) a Bill Evans en piano. Kelly, quien acudió a la sesión de grabación convencido de que iba a tocar el piano, se encontró con una sorpresa mayúscula: Evans estaba instalado en la banqueta. Según el baterista Jimmy Cobb,

> *Cuando Wynton llegó al estudio para grabar Kind of Blue vio a Bill sentado al piano y quedó estupefacto. Dijo: '¡Maldición, corrí hasta aquí y me encuentro con otro sentado al piano!'*[20]

El primer tema que se grabó fue "Freddie Freeloader", con Kelly en piano. Quizás fue éste el que se grabó primero para mitigar la sensación desagradable que Kelly había experimentado, y minimizar el tiempo que habría tenido que esperar durante la grabación. Como quiera que fuese, luego todos los otros temas se grabaron con Bill Evans al piano, y algunos observadores sostienen que el único tema grabado por Kelly en este disco fue una de sus interpretaciones más extraordinarias. Poniendo deliberadamente a Kelly y a Evans en competencia directa e incómoda, Davis obtuvo lo mejor de ambos pianistas.

Miles Davis también realizó prototipos de otras combinaciones entre talentos que nunca se habían intentado antes. Sus experimentos con los dos pianistas y saxofonistas no se debieron al azar. Nat Adderley, hermano de Cannonball y excelente trompetista, declaró que "Miles fomentaba la competencia entre los músicos para obtener el tipo de música que deseaba". Al desafiar al equipo a que estableciera un nuevo tipo de intimidad emocional e intelectual, Davis aseguraba que habría crecimiento, desarrollo, e innovación:

> *Miles solía decirle a Cannonball: "Deberías escuchar lo que está haciendo Coltrane y cómo está poniendo en marcha toda una nueva filosofía del sonido". Después iba y le decía a Trane [John Coltrane]: "Deberías escuchar a Cannonball; su manejo de las notas es más utilitario".*[21]

La insistencia de Davis en "el mejor talento de plaza" antes que "el mejor talento disponible" puede observarse asimismo en lo que hizo durante *Sketches of Spain*, otra colaboración con Gil Evans, en la cual Davis insistió en que el maestro trombonista Frank Rehak formara parte del equipo:

> *Cuando Rehak le dijo a Gil [Evans] que no se encontraba disponible para tomar parte en* Sketches of Spain, *recibió un llamado telefónico a las 3.30 de la madrugada: "Oye, madre, ¿qué me estás haciendo?"*

Era Miles … y yo respondí: "Viejo, no hay modo en que yo pueda ajustarme a esas fechas" Y él dijo: "Oye, te pagaré doble, te daré cualquier cosa que necesites". Rehak le explicó que no era cuestión de dinero. Ya había adquirido compromisos para tocar en una serie de sesiones, y cancelarlos perjudicaría su carrera. "No paramos de discutir durante quince minutos, me insultó todo lo que quiso, pero no había nada que yo pudiera hacer". Disponía sólo de tres horas un día, de otras tres otro, y de unas pocas horas un tercero. A las siete de la mañana del día siguiente, [el productor] Ted Macero llamó a Rehak, preguntándole que tenía contra Miles, y le comunicó que éste se negaba a grabar el disco sin Rehak. Finalmente, se cambiaron los horarios de diecinueve músicos y de varios ingenieros de sonido para acomodarlos a la disponibilidad de Rehaz.[22]

La conducción a través de la confianza dentro del equipo

Los grupos de Davis también se destacaban por lo directo de sus intercambios verbales. No se perdía tiempo en cortesías innecesarias. La escasez de conversación se centraba principalmente en lograr un mejor rendimiento, sin excepción. En relación a *Kind of Blue*, se escucha el diálogo siguiente:

Mientras se graba "Blue in Green", Miles Davis: "Usa ambas manos, Jimmy". Jimmy Cobb: "¿Eh?" Miles Davis: "Sólo usa ambas manos y tócalo lo mejor que puedas, ya sabes. Va a salir bien".[23]

Al finalizar una toma de "Blue in Green", Miles se pone muy severo con Chambers por el modo en que éste manejó el final … Miles Davis: "Despierta, Paul".[24]

En el transcurso de la segunda grabación, en una de las tomas de *Sketches*, MD a Paul Chambers: "No te estás fijando en Bill [Evans]" Paul Chambers: "Ya sé. Lo siento".[25]

A lo largo de su carrera, Miles Davis demostró enorme confianza en las capacidades de las personas que había reunido, y no cesaba de buscar modos de proporcionarles el máximo de espacio donde pudieran ejercer la creación. Esto se aplica al sexteto de *Kind of Blue* como a todos sus otros grupos.

"Si Miles hubiera preparado instrucciones escritas para *Kind of Blue*, habrían sido unos cuantos leit motifs en papel pentagramado". (Según comenta el director de orquesta y productor de reimpresiones Bob Belden, "lo podría haber hecho en una servilleta, por lo simple de las formas"). Más tarde, Davis admitió: "No escribí la música para *Kind of Blue*, pero traje bosquejos de lo que cada uno tenía que tocar porque quería la máxima espontaneidad en la ejecución".[26] El baterista Jimmy Cobb recuerda que "lo más que decía era 'Tocar ajustado al tempo', o 'éste es un compás de tres', 'con sabor latino', o 'esto es lo que ustedes quieran'". Bill Evans recuerda que "Miles repasaba los gráficos un par de veces. Tú entiendes: 'Haz esto', 'Haz lo otro', y luego desplegaba una estructura, algo como 'Tu solo primero'. A menudo, durante una toma, ni siquiera eso ... Una vez que teníamos claro el gráfico, el resto era para quien quisiera tomarlo".[27]

Esta confianza en que el talento se ocuparía de que las cosas salieran bien era una herramienta que Miles Davis utilizaba eficazmente para obtener el máximo rendimiento de los talentos que había reunido. Encontramos una ilustración clarísima de ello en su relación con el gran saxofonista John Coltrane. En palabras de Davis:

> *Creo que la razón por la cual no nos llevábamos bien al principio era que, en ese entonces, a Trane le gustaba hacer todas esas preguntas de m*** acerca de lo que debía o no tocar. Viejo, al c*** con esa basura; para mí era un músico profesional, y siempre quise que quienquiera que tocara conmigo encontrara su propio lugar en la música. Así que probablemente mi silencio y mi mirada torva lo desalentaban.*[28]

En 1972, Cannonball Adderley evocaba que "cuando [Miles] se decidía a hablar, solía hacerlo en reacción a algo que encontraba fuera de lugar. Nunca le decía a nadie qué tocar, pero hacía comentarios del estilo de 'Viejo, ¡no necesitas hacer eso!' Miles en realidad le decía a todo el mundo lo que NO tenía que hacer. Yo lo escuchaba, y me gustaba".[29]

El resultado se traducía en grandes talentos tocando al máximo de su potencial. El saxofonista Wayne Shorter, quien luego integró el gran grupo de fusión de Davis, comentó acerca de la primera ocasión en que escuchó una banda de Miles Davis:

> *Entré a la sala con el público, me senté, y esperé la llegada de la banda ... Escuché la potencia del individualismo y de la subjetividad en cada uno de los ejecutantes: Cannonball, Coltrane, y quienquiera que estuviera al piano en ese momento, probablemente*

Wynton Kelly, con Paul Chambers en bajo. Abrieron el show con una canción llamada "All Blues", y lo que escuché y sentí me traspasó. Parecía que la música transportaba a la audiencia a alguna parte a la que no suelen ir en su vida cotidiana.[30]

Como lo señalara un observador: "Un jonrón cada vez que alguno de ellos tocaba un solo".[31] El punto al cual esta banda representaba una verdadera revolución dentro del jazz puede verse vívidamente en una conversación sostenida poco después de la aparición de *Kind of Blue* entre la vocalista Shirley Horn y el gran saxofonista Stan Getz:

Recuerdo que estábamos tocando en el bar de algún hotel en Nueva York y yo me encontraba en mi período de descanso y me acerqué ... a Stan Getz, que estaba ahí. Nos dimos un abrazo y luego nos quedamos de pie y escuchamos [Kind of Blue]. Yo dije: '¿Qué te parece?', y él respondió: 'No sé qué pensar' ... Le comenté que yo tampoco. Era hermoso y confuso a la vez.[32]

Bill Evans creía que era "la banda de jazz más extraordinaria que [él] hubiera escuchado jamás".[33]

Después de julio de 1959, en la cima del éxito, la banda se separó. Evans, Coltrane, Adderley, y Kelly se hallaban listos para conducir sus propios grupos. Todos ellos llegaron muy lejos en sus respectivas carreras; Evans y Coltrane cambiaron el futuro del jazz. Según Jimmy Cobb,

Kind of Blue se desintegró en diversos grupos de superestrellas porque, en primer lugar, la banda estaba compuesta por superestrellas, y la mayoría tenía características diferentes.[34]

El tercer grupo de superestrellas: la construcción de un equipo legendario a partir de grandes individuos con base en la libertad controlada

Para Mayo de 1963, Davis se encontraba nuevamente ansioso de cambios y desafíos. Una vez más, reunió a un nuevo quinteto, incluyendo al bajista Ron Carter, de 26 años, al pianista Herbie Hancock, de 23, y al baterista Tony Williams, de 17, junto con el saxofonista Wayne

Shorter: todos ellos destinados al superestrellato en el mundo del jazz. Esta banda fue conocida bajo el nombre de "segundo gran quinteto", para diferenciarla del "primer gran quinteto", compuesto por Coltrane, Red Garland (piano), Chambers y Philly Joe Jones (batería), y descripto por Amiri Baraka (Le Roi Jones) como "la clásica bomba de hidrógeno de todos los tiempos; una banda semejante a una navaja de resorte".[35]

Una vez más, nos encontramos frente a un equipo decidido a provocar una revolución y, como siempre, cuando el objetivo reside en la revolución, la línea que divide la brillantez del exceso es sumamente delgada. Davis transitó esta línea con frecuencia —no dejaba de asumir riesgos, de probar cosas nuevas, de construir prototipos, y sin embargo también necesitaba satisfacer las expectativas del mercado. Herbie Hancock lo expresó de la siguiente manera:

> *Por una parte [queríamos que nuestro público] … escuchara la vanguardia; por otra parte, … que escuchara la historia del jazz que había desembocado en ella —porque Miles era esa historia. El era la conexión. Podría decirse que estábamos caminando en la cuerda floja por el tipo de experimentación que llevábamos a cabo con la música. No era experimentación total, pero solíamos llamarla "libertad controlada".[36]*

Hancock recuerda que deseaban tocar "a contramano de las expectativas", y Shorter habla de "arriesgarse" y de "luchar con la música".[37]

Durante dos noches en las que tocaron en el Plugged Nickel, fueron cambiando los ritmos a medida que pasaban de serie, rotando los tempos, y forzando sus formas hasta el límite. Por momentos, el sonido era desordenado y caótico, pero igualmente sensacional. Todo ello se logró dentro de una comunión, confianza, y apertura al azar pocas veces vista en la música o en la vida.[38] No todos los equipos son capaces de semejante jugada. El bajista Ron Carter especulaba acerca del motivo por el cual Davis lo había contratado junto a Herbie Hancock y Tony Williams:

> *Mi impresión general es que escogió a tres individuos que, según pensaba, podían ayudarlo a crear música "nueva". Parecía poseer la habilidad de reunir el tipo de grupo que le facilitaría tocar la música que se proponía, ya se tratara de Paul [Chambers], Wynton [Kelly], y Jimmy Cobb, o de Paul [Chambers], Bill Evans, y Jimmy Cobb, o de Philly [Joe Jones], y Paul [Chambers], y Red [Garland].*

Parecía encontrar la combinación de ejecutantes que establecieran aquel ritmo que le permitiera encontrar más fácilmente lo que fuera que estaba buscando. En esos cinco años ninguno de nosotros lo vio como a alguien que reunía a determinadas tres personas para su música. Todo lo que sabíamos era que nos había contratado. Y creo que habrían pasado muchos años antes de que nos hubiéramos sentado a decir, 'Caramba, ésta es la razón por la que nos eligió'.[39]

En opinión de Wayne Porter, "Miles quería tocar con gente que supiera más música que él ... Eso no lo asustaba".[40]

A diferencia de los grupos con los que Davis había trabajado anteriormente, y también de la tradición de las bandas de jazz en general, éste componía la mayor parte de la música que ejecutaba y, por si ello no bastara, la música que componía sobrepasaba los cánones de lo corriente.[41] Además, quizás a causa de sus antecedentes, que incluían talentos múltiples, Davis organizó este grupo de modo tal que la sección que establecía el ritmo de fondo tuviera la misma importancia que los músicos que ocupaban la primera línea. Acá también se apartaban de la norma, mediante una modificación que procuraba mayor reconocimiento a todos los integrantes embarcados en plasmar su nueva música. Una vez más, vemos a Davis ejercitando un rol innovador desde su condición de líder a fin de crear más oportunidades para que los talentos que había reunido desarrollaran la promesa individual que había percibido en cada uno. Una entrevista con el pianista Ahmad Jamal revela lo que Davis buscaba dentro de su equipo, y a partir de éste:

Creo que veía a su equipo como a individuos ... Pienso que buscaba a esos individuos por su valor intrínseco.[42]

Y luego creaba un contexto que les permitiera arribar a la meta. Fue la potencia del individuo en un contexto grupal lo que marca la genialidad de Miles Davis. Su actitud no era típica en el mundo del jazz; sin embargo, constituyó el leit motif que atravesó la carrera de Davis, desde el movimiento hasta sus últimas bandas de fusión, y pasando por el bop, el cool, y el grupo que creó *Kind of the Blue*.

Para la mayoría de las bandas de jazz, la improvisación de un solo constituye el objetivo final, el nivel más elevado del logro. Tanto la composición original sobra la que improvisan cuanto el acompañamiento que sirve de marco al solista son secundarios. Por lo general, el líder es quien mejor improvisa o, al menos, es el improvisador esperado, y el resto del grupo se encuentra allí para realzar la maestría del solista. En el grupo de Davis [aquí el autor John Szwed habla de la banda Hancock — Williams — Carter, pero lo que dice es aplicable a cualquiera de las grandes bandas de Davis] la diferencia radica en su actitud hacia cada uno de los músicos y en la forma en que los hacía trabajar juntos. Tony Williams declaró que Davis contrataba buenos músicos, alentándolos a mejorar, a tomar riesgos, inclusive a ir más lejos que él si lo deseaban. "Quiere escuchar material que no pueda controlar", dijo Tony. "Quiere oír algo que a él no se habría ocurrido. Cuando sale de escena, no se va a leer un libro, sabes, o a hacer otra cosa. Quiere oír que la música se mantiene al mismo nivel en que la dejó o mejor todavía".[43]

Para Miles Davis, el desafío radicaba en construir un grupo de individuos superdotados, donde el equipo fuera mucho más que la mera suma de los individuos [y no *menos* que la suma de los integrantes, cosa que ocurre con harta frecuencia en situaciones de equipo] en términos de creatividad, innovación, y desempeño:

> *Nos dábamos cuenta de que Miles buscaba [una] improvisación colectiva a través de todas esas personas diferentes con sus distintos estilos. Miles buscaba la unidad en lo colectivo.*[44]

El reconocimiento de la potencia de un equipo también se evidenciaba en el respeto que Davis demostraba por lo que habían logrado juntos. En una ocasión alguien le preguntó si la época de *Britches Brew* había sido uno de sus períodos más creativos. "Fue el período creativo de *ellos*" —respondió. "De Joe Zawinul, y de sus músicos". Comentó que él sólo les había brindado la posibilidad de tocar juntos.[45]

A pesar de la convicción en la libertad individual, el puesto de líder gozaba de poder y de respeto. Chick Corea así lo reconoció: "Miles era un estupendo director de banda. Permitía que los músicos tocaran de acuerdo con su personalidad y que encararan la música a partir de sus propias elecciones y su propio juicio. En consecuencia, la música resultante rebosaba de fuerza".[46] El bajo Michael Henderson lo expresó con mayor vehemencia:

> *Miles me dio a mí mismo. Me dio algo que me pertenecía. Cuando vine a tocar con él, me convertí en "yo". Igual que todos los demás que lo acompañaban. Todos nos encontramos a nosotros mismos. Descubrimos exactamente quiénes éramos y qué deberíamos estar haciendo respecto de la industria de la música y de la vida misma.*[47]

Una de las maneras en las que Miles trataba de que su quinteto diera lo mejor de sí consistía en alentarlos a pensar en las cosas que podían hacer sin saberlo. A menudo daba instrucciones de manera tal de animar la interpretación individual. Les decía, por ejemplo: "No toquen lo que dice ahí. Toquen lo que no dice".[48] En ocasiones, se trataba de los resultados deseados, no de la manera de encarar el trabajo. Wayne Shorter relata que "una vez, Miles preguntó: '¿Vieron esa película en la que Humphrey Bogart habla con un gángster y hace ese bam-ba-bam-bam?' E imita a Bogart en El halcón maltés, cuando de un golpe le hace volar el cigarrillo de la boca a Peter Lorre. '¡Toquen eso!', o el modo de caminar de John Wayne en *The Searchers*".[49]

A pesar de su bien ganada reputación para el diálogo directo, tenía también total confianza en las habilidades de su equipo. A los ojos del bajista Dave Holland,

Me daba la sensación de que si Miles sentía que necesitaba dar demasiadas explicaciones a alguien, esta persona no era el músico adecuado para el proyecto.[50]

En un grupo de tales características, el liderazgo se encontraba íntimamente relacionado con la insistencia en el cambio, con encarnar el catalizador que provocara el cambio. En este su último grupo, Davis se apoyaba mucho en artistas invitados para introducir nuevas ideas en el grupo. En 1970, Miles contrató a Michael Henderson, bajista de Motown. Según éste,

Me contrató para tocar exactamente lo que yo tocaba; para que aportara algo nuevo a su música. Yo pensé que tal vez él querría que yo aprendiera parte de su material anterior, pero me dijo: "Si aprendes algo de esa basura vieja, te despido".[51]

Para Miles Davis, la música y todo lo que él hacía con ella estaba ligado a ideas nuevas: "Soy feliz si puedo tocar una idea nueva cada noche". En su autobiografía, menciona que "aprendía algo nuevo todas las noches, y que las canciones que [su/s banda/s] tocaban al comienzo del año solían ser irreconocibles cuando el año llegaba a su fin".[52]

En este período vemos también la medida alcanzada por la madurez personal de Davis, bajo su aspecto de transformador de la música; de alguien que todo el tiempo propone cosas nuevas. Paul Tingen, cronista de su "período electrónico", dice: "Miles ocupaba constantemente el centro de atención. Su presencia imponente e inmediata forzaba a los músicos, como siempre, a 'tocar por encima de lo que normalmente hacen".[53] Esta presión ejercida sobre su talento implicaba riesgos para todos los involucrados. Al respecto, vale la reflexión del baterista Jack DeJohnette:

A la gente solía preocuparle su contribución personal y su propio ego, pero Miles pensaba en ello en función del equipo.[54]

El mismo Davis, sin embargo, parecía perfectamente capaz de dominar su ego dentro del grupo. En palabras de Jo Gelbard, su último socio:

Cuando se trataba de música, Miles carecía de ego ... en contra-posición a "Acá está Miles Davis, y me importa un bledo quién viene luego". Nunca se trató de él y su trompeta. Siempre fue parte integrante del grupo que lo acompañaba.[55]

O como lo expresara Herbie Hancock:

Miles es increíble trabajando en equipo. Escucha lo que hacen to-dos, lo utiliza, y lo que toca influye para que lo que todos tocamos suene mejor.[56]

A todo ello se sumaba un amor innegable por el hecho mismo de hacer música, creando una fuente de inspiración para todos los miembros de su equipo. El eximio pianista Chick Corea lo describió así:

Miles daba el ejemplo a través de su amor a la música. Todo en él tenía que ver con hacer música. Su actitud inspiraba un ambiente al que todos se integraban, dado que todos queríamos obtener esa misma concentración para hacer música.[57]

La revolución en el jazz, producto de esta banda, modificó tanto la naturaleza de la música como de los instrumentos que nos parecen "naturales" cuando se compone en este estilo. Por añadidura, contribuyó a lanzar las carreras de toda una generación de maestros del jazz, como Herbie Hancock, Chick Corea, y Wayne Shorter.

Palabras finales acerca de Miles Davis,

un maestro que sabía escuchar

A través de los años, los medios de comunicación distorsionaron exageradamente la reputación de Miles Davis mediante una imagen que insistía en destacar sus flaquezas personales. Sus colegas, amigos, parientes, e inclusive su sello personal fueron víctimas de las tendencias destructivas del maestro. Pero detrás de todo ello latía un artista que tuvo el coraje, la creatividad, la resolución, y la humildad de llevar a cabo cambios profundos y eficaces en el mundo de la música al menos en tres ocasiones. Dos características de su estilo personal son dignas de mención: la primera es que Davis era un virtuoso en el arte de escuchar. Según el bajista Gary Peacock, "escuchaba tan alto que resultaba ensordecedor. No se le escapaba nada".[58] Peacock declaró que Davis "[era] por lejos el que mejor sabía escuchar entre las personas que conocí en mi trayectoria con grupos musicales", a lo que el tecladista Adam Holzman agrega: "Debe sonar raro dicho por un músico, pero Miles me enseñó a escuchar".[59] En verdad, la primera palabra de la autobiografía de Miles Davis es "Escuchen". En nuestra opinión, si no hubiera poseído la habilidad de escuchar, jamás habría sido un líder eficaz. La segunda característica notable reside en su calidad pedagógica. Joey DeFrancesco tenía 17 años cuando Miles Davis lo contrató como tecladista en 1988. Cuando le preguntaron qué había aprendido de esa experiencia, respondió:

Oh, toda clase de cosas. Aprendí a arriesgarme, a no tratar de ser tan cauteloso. Tú sabes, a ir por lo que quería. Si te decides por esta vía, vas a cometer algunos errores, pero está bien, porque, viejo, el instrumento es tu voz; es una extensión de lo que haces. También aprendí armonía, y a tomar una nota, viejo, y hacerla sonar como si todo lo que estaban haciendo los demás no significara nada. El era maestro en eso. Y aprendí lo hermoso que era tocar baladas y otras cosas, y lo grande que puede ser una balada, porque cuando eres más joven no quieres tocar eso, sabes. Aprendí un montón de cosas.[60]

En 1993, el saxofonista Sonny Sharrock le dijo a Ed Flynn, DJ en una radio:

Miles me dio un trozo de papel roto con una figura imposible de tocar —una dieciseisava— una música increíble, escrita de prisa en ese papel, y me dijo [susurro ronco]: 'Toca esto'. Así es como lo hacía, sabes. Y después yo lo echaba a perder, y él me decía: 'Noo, Sonny, así no'. Pero aprendí más tocando con ese tío de lo que aprendí en toda mi vida, viejo. Era un maestro increíble, de sólo estar cerca de él.[61]

No resulta sorprendente que, con el paso del tiempo, la experiencia de Miles Davis se volviera conocida entre los jóvenes músicos de jazz bajo el nombre de "la Universidad de Miles Davis".[62] No es un mal epitafio para alguien de quien se suele decir que fue un hombre turbulento y profundamente viciado.

Implicaciones para el liderazgo de los *virtuoso teams*: resumen y preguntas clave

Revolucionar un campo, sea el que fuere, no es algo que ocurra todos los días: hacerlo tres veces (quizás cuatro, si se considera el *hard bop*) es verdaderamente algo extraordinario. No es cuestión de suerte. Miles Davis lo logró reuniendo los mejores talentos del mercado para cada uno de los puestos, y creando luego un ambiente donde pudieran desempeñarse a su nivel individual de superestrellas, pero en el contexto de un equipo. El sólo hecho de trabajar en una banda dirigida por Miles Davis constituía una insignia de éxito; estos individuos formaban una elite, eran conscientes de ello, y se les permitía tocar en tal calidad. Creemos que hay aquí una enseñanza importante. La creación de equipos, cargo por cargo, para desplegar la potencia de los virtuosos es un requisito esencial en el logro de los *grandes cambios*. Sin embargo, abundan las situaciones en las que ocurre exactamente lo contrario. Se persiguen grandes objetivos utilizando equipos que fueron reunidos a partir del talento disponible, y seleccionados con base en la manera en que trabajaban juntos antes que en el potencial que representaban.

Habiendo reunido a grandes talentos, Davis luego los presionó hacia niveles de logro que excedían en mucho lo que ellos pensaban que les sería posible alcanzar. No dudaba en realizar reacomodaciones e innovaciones que afectaban a los miembros y a la configuración de su equipo de un modo que sugiere las formas con que se construye un prototipo. Lo hacía con la intención de ubicar a los individuos en lugares donde tuvieran que forzarse a abandonar las áreas en las que se encontraban cómodos, y los desafiaba a ser mejores de lo que ya eran. No era una política popular, pero Davis se concentraba en los resultados, no en los sentimientos. Repetimos: estamos convencidos de que esto es importante cuando se apunta a los *grandes cambios*. Con excesiva frecuencia, las prácticas contemporáneas de gestión se inclinan por la construcción de equipos cuyo sello distintivo es la convivencia antes que el rendimiento. Creemos que ahí se encuentra la antesala de la mediocridad; que el talento es demasiado escaso, demasiado precioso para desperdiciar tiempo esforzándose por comportarse con cordialidad. La cordialidad no es mala en sí misma, pero sí lo es desde el instante en que interfiere con las grandes ideas y con los *grandes cambios* necesarios para convertirlas en realidad. A menudo, el conflicto puede resultar más eficaz, en tanto trae a la superficie grandes ideas que se prestan a la consideración y llaman al reto. La lucha por la grandeza no es cómoda, ni siempre cortés. También pensamos que las conversaciones que alimentan la idea grupal deben ser directas e instructivas. Tocar en una banda dirigida por Miles Davis equivalía a ser blanco legítimo de críticas. No obstante, al mismo tiempo, existía la certeza de realizar un gran aprendizaje, sin importar cuán bueno fuera uno antes de integrar el equipo. Es nuestra opinión que usted debe crear normas en las que se establezca que, en su equipo, se valoran más las grandes ideas que un ambiente laboral armonioso. También estamos convencidos de que la cortesía tendiente a evitar conflictos suele ser una barrera que detiene el intercambio verbal rápido y efectivo. Junto con los desafíos y las sorpresas a las que se los sometía, las bandas de Davis se caracterizaban por el respeto y la confianza. Davis era un oyente consumado. Sabía lo que ocurría dentro de su equipo y fuera de él, todo el tiempo. Tal vez sus conocimientos eran inferiores a los de sus músicos, pero sabía formular las preguntas adecuadas.

En esto reside la clave para los líderes de los *virtuoso teams*. Debe darse por sentado que no saben tanto como los especialistas de su equipo, pero ello no absuelve al líder de involucrarse con todo lo que ocurre. Davis así lo hacía. Se plantaba en el centro del equipo, en el centro de la acción; y, por supuesto, escuchaba siempre, atento al talento, a las ideas, a la construcción de prototipos. La idea global se dirigía a los grandes resultados, y varias generaciones de músicos de jazz se educaron en la Universidad de Miles Davis. Por último, pensamos que usted, lector, debe esforzarse por construir, en el seno de sus equipos, un legado de enseñanzas propias, fiel al espíritu de aquella universidad. ¿Qué mejor tributo para un líder eficaz que incorporar la función docente a su sello personal?

De estas lecciones surgen algunas preguntas que sería conveniente formularse en el momento en que usted decida lanzar su próximo virtuoso team:

1 Cuando su objetivo es un gran cambio, ¿realmente insiste usted en hacer todo lo posible para reunir los mejores talentos que se pueden conseguir, sin que importe adónde se encuentran? ¿O usa a quienes están disponibles, aún sabiendo que no son los mejores?

2 Dentro de su organización, ¿es posible ofrecer la movilidad necesaria de modo que se pueda recurrir a los más talentosos, inclusive mudándolos de departamento o de función?

3 ¿Se esfuerza usted por preservar la excelencia individual en el contexto del equipo? ¿Permite que afloren los "yo", o lo obsesiona demasiado el "nosotros"?

4 ¿Contrata a individuos de gran talento y luego los nivela hacia abajo para que queden comprendidos en el grupo promedio para el cual usted establece normas de conducta dentro del equipo? ¿O permite que el conocimiento superior se exprese, aunque a veces ello signifique renunciar al consenso y a la democracia?

5 ¿Establece usted los parámetros generales que desea para su gente y luego la deja librada a sí misma para que encuentre la manera de cumplir con ellos? ¿O no sólo fija las metas, sino que también les dice a los demás cómo alcanzarlas, destruyendo la creatividad y el entusiasmo de su gente?

6 ¿Escucha —*realmente* escucha— a los miembros de su equipo?

7 Sus equipos ¿mueven ideas? ¿Cuál es la eficacia de las conversaciones entabladas por su equipo? Las conversaciones que usted sostiene ¿son directas? ¿Todos toman parte en ellas? Las mejores ideas ¿llegan a expresarse? Y si es así, ¿su equipo las acepta y las plasma en realidades?

Notas

1. Davis, Miles; citado en *www.photomatt.net/jazzquotes*.
2. Carter, Ron; citado en " 'Any Direction He Chose': Ron Carter durante una entrevista con Benjamin Cawthra", en Early, Gerald (ed.). *Miles Davis and American Culture*. St. Louis: Missouri Historical Society Press, 2001.
3. Amram, David; citado en Szwed, John: *So What: The Life of Miles Davis*. Nueva York: Simon & Schuster, 2002, pág. 131.
4. Tingen, Paul: *Miles Beyond*. Nueva York: BillBoard Books, 2001, pág. 29.
5. Jamal, Ahmad; citado en " 'Sensational Pulse', Ahmad Jamal entrevistado por Benjamin Cawthra", en Early, Gerald (ed.), *Miles Davis and American Culture*. St. Louis: Missouri Historical Society Press, 2001.
6. Zwerin, Mike. Folleto con referencias discográficas incluido en *Complete Birth of the Cool*. Capital Jazz, 1998.
7. Goldberg, Joe: *Jazz Masters of the 50s*. Nueva York: DeCapo Press, 1965, pág. 75.
8. Entrevistas para *The Miles Davis Radio Project*, 1990, producidas por Steve Roland, citado en Szwed, op. cit., págs. 74–75.
9. Chambers, Jack: *Milestones: The Music and Times of Miles Davis*. Nueva York: DeCapo, 1998, págs. 102–103.
10. Davis, Miles: *Miles, the Autobiography*. Citado en Szwed, op. cit., pág. 76.
11. Chambers, Jack: *Milestones: The Music and Times of Miles Davis*. Nueva York: DeCapo, 1998, pág. 106.
12. Kahn, Ashley: *Kind of the Blue: The Making of the Miles Davis Masterpiece*. Nueva York: DeCapo Press, 2001, pág. 57.
13. Kahn, Ibíd., págs. 98–99.
14. Kahn, Ibíd., pág. 66.
15. Kahn, Ibíd., pág. 50.
16. Kahn, Ibíd., pág. 64.
17. Kahn, Ibíd., pág. 49.
18. Kahn, Ibíd., pág. 49.
19. Kahn, Ibíd., págs. 83–85.
20. Kahn, Ibíd., pág. 95.
21. Adderley, Nat; citado en Szwed, John: *So What*. Op. cit., pág. 172.
22. Szwed, John, op. cit., pág. 211.
23. Kahn, op. cit., pág. 119.
24. Kahn, op. cit., pág. 121.
25. Kahn, pág. 140.
26. Kahn, op. cit., pág. 99.
27. Kahn, op. cit., pág. 99.
28. Kahn, op. cit., pág. 50.
29. Kahn, op. cit., pág. 106.
30. Shorter, Wayne; citado en Szwed, op. cit., pág. 252.
31. Costello, Del; citado en Kahn, op. cit., pág. 156.
32. Horn, Shirley; citada en Kahn, op. cit., pág. 160.
33. Kahn, op. cit., pág. 86.
34. Cobb, Jimmy; citado en Kahn, op. cit., pág. 161.
35. Baraka, Amiri; citado en Szwed, op. cit., pág. 252.
36. Hancock, Herbie; citado en Szwed, op. cit., pág. 255.
37. Szwed, op. cit., pág. 255.
38. Szwed, op. cit., págs. 255–256.
39. Carter, John; citado en "Any Direction He Chose: Ron Carter en una entrevista con

Benjamin Cawthra", en Early, Gerald, (ed.). *Miles Davis and American Culture*. St. Louis: Missouri Historical Society Press, 2001.

40. Shorter, Wayne; citado en Szwed, op. cit., pág. 256.
41. Tingen, op. cit., pág. 36.
42. Jamal, Ahmad; citado en "Sensational Pulse: Ahmad Jamal entrevistado por Benjamin Cawthra", en Early, Gerald (ed.), *Miles Davis and American Culture*. St. Louis: Missouri Historical Society Press, 2001.
43. Szwed, op. cit., pág. 263.
44. DeJohnette, Jack; citado en Szwed, John: *So What*. op. cit., pág. 295.
45. Szwed, op. cit., pág. 299.
46. Corea, Chick; citado en Tingen, op. cit., pág. 48.
47. Tingen, op. cit., pág. 17.
48. Tingen, op. cit., pág. 14.
49. Honigmann, David: "Shorter Route to Jazz Heaven", *Financial Times*, marzo 8, 2003.
50. Szwed, op. cit., pág. 293.
51. Tingen, op. cit., pág. 119.
52. Tingen, op. cit., pág. 24.
53. Tingen, op. cit., pág. 27.
54. Tingen, op. cit., pág. 17.
55. Tingen, op. cit., pág. 16.
56. Tingen, op. cit., pág. 17.
57. Tingen, op. cit., pág. 18.
58. Szwed, op. cit., pág. 256.
59. Todas las citas de este párrafo provienen de Tingen, op. cit., pág. 14.
60. De Francesco, Joey; citado en "Here's God Walking Around: Joey De Francesco entrevistado por Benjamin Cawthra", en Early, Gerald (ed.). *Miles Davis and American Culture*. St. Louis: Missouri Historical Society Press, 2001.
61. "The Jack Johnson Sessions", *The Wire*, octubre de 2003.
62. Tingen, op. cit., pág. 26.

8

Equipos ardorosos en un clima frío

Ante la adversidad, Norsk Hydro quebranta las reglas en pro de una rápida recuperación

La búsqueda del éxito heroico y de los *grandes cambios* es característica de muchos de los *virtuoso teams* que hemos examinado a lo largo de estos capítulos. Se trata de una aplicación natural, teniendo en cuenta que estos equipos poseen una habilidad e inclinación innata para romper con la normativa de su época y reconsiderar el negocio, el cliente, o la organización. Aún así, existen casos en los que una buena recuperación puede tener mayor importancia que una gran iniciativa. En determinadas coyunturas, el futuro de la empresa depende de su habilidad para moverse rápidamente después de que uno de los productos que ofrece en el mercado sufre un tropiezo rayano en el desastre. Norsk Hydro, la gran empresa noruega empeñada en utilizar su división comercial dedicada al petróleo y a la provisión de energía para erigirse en una presencia global, ofrece un ejemplo inusualmente vívido de cómo un grupo de verdaderos virtuosos puede servir para solucionar un problema antes que para lanzar una idea nueva.

En este capítulo veremos cómo un equipo que se está recuperando de una elección estratégica poco feliz puede alcanzar el mismo nivel de grandeza que otro equipo cualquiera, dedicado a crear un producto original o a ingresar en un mercado nuevo. El caso de Norsk Hydro nos muestra cómo, dentro de una organización vasta y compleja, los altos ejecutivos hacen a un lado las jerarquías, los títulos, y los roles laborales preasignados, para atravesar los límites tradicionales de la empresa y constituir una unidad móvil, compuesta por verdaderos talentos. De dicha unidad resulta un *virtuoso team* cuya misión consiste en resolver importantes cuestiones corporativas. Una vez lanzado el equipo, veremos la manera en la que el líder del equipo utiliza una combinación de apremios temporales nada razonables y de "desgaste creativo" (uniendo egos fuertes de a pares para generar energía dentro del grupo) a modo de catalizador que provoque un cambio profundo en las características del trabajo en equipo. Veremos asimismo que el involucramiento personal y central del líder, junto con su confianza en reuniones semanales cuidadosamente planificadas a la manera de una coreografía, pueden redundar eficazmente en el manejo de los grandes egos típicos de los *virtuoso teams*.

Norsk Hydro: una organización global diversificada

Norsk Hydro es una de las empresas noruegas más conocidas y de mayor envergadura. En el momento en que ocurrieron los hechos que pasaremos a relatar, ocupaba una posición importante en el negocio *offshore* de los productos agrícolas y de aluminio, sin olvidar que ocupaba también un lugar prominente en su condición de promotora de pozos petrolíferos. En 2003, era una compañía Fortune 500 con operaciones en 40 países. Cuando ocurrió el incidente referido en este capítulo, Norsk Hydro se componía de tres divisiones: Petróleo y Energía, Productos de Aluminio, y Agricultura. Daba empleo a 44,000 personas, y figuraba en los listados de varios mercados accionarios. Hydro fue fundada en 1905, e ingresó al negocio del petróleo y la energía a fines de los años 70. Durante la década del 90, en una tentativa por establecerse más allá de los pozos nacionales ubicados en el Mar de Noruega, Hydro visitó Angola, el Golfo de México, y otros lugares, con grandes expectativas de encontrar fuentes ricas en petróleo. Tras una rápida sucesión de descubrimientos, especialmente en locaciones similares a las de Noruega, se llegó a la decisión de que Angola era el país que mejor calificaba para las grandes compañías petroleras.

---

*Listado de las 500 compañías más importantes en el plano de los negocios [N. de la T.]

Exploración tradicional a cargo de los equipos

Hydro tenía por norma abordar la búsqueda de petróleo mediante el envío de un equipo de exploración al yacimiento, con el objetivo a largo plazo de "encontrar oportunidades", razón por la cual no se les imponía una lista inmediata de "entregas". Un típico equipo de exploración de Hydro abarcaba diversas disciplinas, e incluía geoquímicos, geofísicos, e ingenieros, quienes solían permanecer juntos entre tres y cinco años. No era usual que frecuentaran la compañía de los otros equipos, debido a la enorme cantidad de datos con los que trabajaban: debían examinar estos datos con tamiz en busca de indicios de la existencia de petróleo, realizar pruebas computarizadas por medio de simuladores, tratar de extraer señales de que existían potenciales reservas petrolíferas. Dichos equipos eran independientes y se manejaban con sus propios recursos, lo cual les permitía encarar sus proyectos de modo rápido y exhaustivo, aunque a veces ello implicaba el riesgo de que se superpusieran las tareas. La opinión general consideraba que las tareas realizadas por los equipos de exploración era de alta calidad científica, pero también impredecible.

En primer lugar, hace falta encontrar rocas que contengan la cantidad necesaria de restos orgánicos; luego, deben ser rocas cuya porosidad permita que los hidrocarburos las penetren y, finalmente, debe ser el tipo correcto de roca en cuanto a que su conformación impida que los hidrocarburos fluyan hacia el exterior. Con frecuencia se ha oído decir a los geólogos: "Sí, aquí hubo petróleo, pero llegamos varios millones de años tarde". Tampoco es simplemente cuestión de encontrar el tipo de roca apropiado: la producción de los hidrocarburos que contenga debe ser factible y redituable. Todos estos factores proporcionan interesantes desafíos a los geólogos y demás científicos e ingenieros que se ocupan de petróleo y gas.

El registro sísmico cartográfico (vital para el proceso de identificación y evaluación de potenciales reservas petrolíferas) consiste en enviar ondas sonoras al lecho marino para luego registrar las señales reflejadas por las formaciones geológicas. Dichas señales son procesadas por poderosas computadoras, y los resultados se trasladan a un mapa. Los geofísicos analizan la información a fin de evaluar la geología del área. No resulta sencillo interpretar los descubrimientos de gas y petróleo. Una vez realizado el descubrimiento, surgen nuevos interrogantes. ¿Qué dimensiones tiene? ¿Cuánto de lo que contiene es apto para la producción? ¿Cuál es su vida útil? Estas preguntas sólo pueden responderse adecuadamente si los datos sísmicos son de primerísima calidad, y si la interpretación tecnológica se combina con una profunda comprensión de la geología.

Preparándose para enfrentar tamaño reto, Norsk Hydro se apoyó en equipos de exploración, cada uno de los cuales contaba con su propio conjunto de expertos y gozaba de un alto grado de autonomía. Según Knut Aanstad, vicepresidente de Desarrollo Comercial de la División de Petróleo, "se los envía a evaluar información. Resulta difícil obtener resultados en el corto plazo, o establecer cronogramas". El beneficio de integrar un equipo ganador se traducía en mayor visibilidad dentro de la compañía y, por ende, en oportunidades de lograr un ascenso. Por otra parte, los riesgos inherentes a evaluaciones "inexactas" dependían de la naturaleza de los errores cometidos: en casos extremos, si los errores eran crasos, quienes los habían cometido se jugaban la carrera, pero ello no ocurría si se juzgaba que los errores entraban dentro de los márgenes aceptables marcados por las limitaciones de la interpretación de datos.

La experiencia del bloque 34:

una oportunidad para el crecimiento global a futuro

Durante la década del 90, las aguas vecinas a Angola, en el África occidental, se mostraban prometedoras respecto de nuevas reservas de petróleo. Muy cerca de un descubrimiento de petróleo *offshore*, en un área conocida localmente bajo el nombre de "Bloque 17", y multibillonario por lo que rendiría en barriles, el gobierno de Angola decidió convocar a compañías petroleras internacionales a una licitación tendiente a la exploración de grandes áreas cercanas, no estudiadas todavía por la cartografía. Por el coste de la producción y perforación exploratoria, estas compañías adquirirían el derecho a participar de los beneficios en los años venideros. A causa de sus propósitos de globalización, a Hydro le interesaba enormemente incluirse en las perspectivas que ofrecía Angola. Además, por representar a una nación pequeña pero independiente, la compañía noruega parecía gozar del favor de las autoridades angoleñas, que la consideraban un modelo a imitar para los países en vías de desarrollo.

Las compañías petroleras se interesaban particularmente por una cuenca *offshore* específica, que había recibido el nombre de "bloque 34". Situado en aguas algo más profundas dentro de la plataforma continental angoleña, y adyacente al bloque 17, el 34 era considerado una perspectiva especialmente atractiva. Anticipándose a la posibilidad de que saliera a licitación, Hydro envió un equipo de primerísima categoría, compuesto por cinco científicos provistos de tecnología de última generación para sondear el yacimiento. Bajo el liderazgo de Erling Vagues, pasaron cuatro años evaluándolo en secreto.

Dice Vagues: "Analizamos los datos y finalmente acordamos que, con casi plena seguridad, [bloque 34] contenía un gran reservorio de petróleo". Por añadidura, expertos de dos socios potenciales de Hydro arribaron a prácticamente la misma conclusión, lo cual convenció a los altos ejecutivos de presentar una oferta por los derechos de perforación.

Los datos sísmicos registrados en el mapa que el equipo había confeccionado parecían irrefutables: existía ahí un inmenso reservorio de petróleo. Los tres socios corporativos se unieron para presentar una oferta por valor de cientos de millones de dólares, agregada a la promesa de financiar la perforación de tres yacimientos y la perspectiva de décadas de rentabilidad, todo lo cual contribuyó a que obtuvieran los derechos de exploración.

En su calidad de vicepresidente de Desarrollo Comercial de la División de Petróleo, Knut Aanstad era el responsable directo de la supervisión del equipo de Vague. Aanstad explicó que "el bloque 34 era considerado la joya de la corona de Angola. Calculamos que las probabilidades de descubrir petróleo trepaban al 70%, cuando por lo general se espera que se encuentren en un rango aproximado del 15 al 20%. Estábamos ante un negocio de alto perfil, y lo presentamos como la piedra angular de nuestra expansión internacional". Desde varios ángulos, el bloque 34 fue tratado como uno de los factores positivos más valiosos en el marco de las actividades de Hydro.

El bloque 34: la realidad sorprende a todos

El 10 de abril de 2002, Aanstad recibió malas noticias. El bloque 34 resultó una cuenca seca. Esto fue un golpe descomunal: Hydro no sólo había invertido una importante cantidad de dinero, sino que había pregonado a los cuatro vientos que el bloque 34 representaba un paso gigantesco para su evolución como una exitosa empresa petrolera de alcance global. Las expectativas de los inversionistas se habían visto influenciadas por las predicciones respecto del bloque 34. Peor aún, éste constituía el mayor fracaso dentro de una serie de resultados insatisfactorios que Hydro había producido durante una exploración similar en otra región. La preocupación grave e inmediata de la compañía se centraba en el efecto que la noticia causaría en la comunidad bursátil, siempre atenta a los acontecimientos. ¿Cuál sería el impacto sobre el precio de las acciones de Hydro y su valuación de mercado? Los resultados negativos del bloque 34, ¿cómo iban a afectar la moral dentro de la empresa? Dentro de escasos meses, sería necesario informar a inversionistas y analistas de la industria con honestidad y franqueza, puesto que el bloque 34 les había sido pintado como un éxito casi seguro en una industria que, por lo general, era bien conocida por sus riesgos.

Pero, ¿qué decir? El problema residía en que, en vista de todos los indicadores científicos que habían persuadido a Hydro y a sus asociados de que el bloque 34 resultaría en un gran descubrimiento de petróleo, nadie conocía exactamente el motivo del fracaso. Además, los expertos de Hydro, trabajando al modo tradicional, solían tardar mucho en evaluar e interpretar la información disponible. De por sí, la demora que era de esperarse para investigar las razones de estos resultados se convertiría en un mensaje poderoso e inaceptable para la comunidad de inversionistas. Por último, el equipo que había realizado la exploración estaba tan profundamente involucrado con lo sucedido, y tan desmoralizado con los resultados recientes, que no parecían ser la opción más confiable para determinar con precisión qué había salido mal.

El bloque 34: la respuesta del *virtuoso team*

Enfrentados a una posible catástrofe, los altos ejecutivos de Norsk Hydro decidieron que no podían permitirse afrontar la situación de la manera acostumbrada. Había demasiado en juego; se necesitaba una respuesta distinta, y el tiempo era un factor esencial. Durante su vuelo de regreso desde Angola, tres de ellos —Knut Aanstad, su jefe Morton Ruud (responsable directo ante la Junta Directiva), y Eigil Rasmussen (asesor especial de Ruud en cuestiones científicas y comerciales)— resolvieron que era crucial ofrecer una respuesta audaz, rápida, y efectiva. Decidieron crear una fuerza de tareas de alta potencia, un verdadero *virtuoso team*, compuesto por lo mejor del personal de Hydro, elegido puesto por puesto, al que le sería otorgado un grado inédito de libertad para realizar su trabajo. Contarían con unas seis semanas para reinterpretar los datos, un tiempo que, en circunstancias normales, era irrazonablemente escaso. A fin de reunir el equipo, Ruud prometió conseguir el apoyo de los directores de la empresa, dándole a la reevaluación categoría de máxima prioridad, y permitiendo que Aanstad incluyera en el equipo a quien quisiera, para lo cual lo autorizaba a retirar personal de lo que fuese que estuviera haciendo en ese momento. Este salto por sobre las jerarquías y modos tradicionales de operar no tenía precedentes en Hydro, pero tampoco los tenía la urgencia de la situación. El flamante *virtuoso team* habría de encargarse de reinterpretar un torrente de datos de enorme magnitud, dado que había sido objeto de estudio, a tiempo completo, de algunos de los mejores profesionales de la empresa a lo largo de cuatro años.

La obtención de un mandato para dar potencia al equipo

Habiéndose asegurado el firme compromiso de la Junta Directiva, Aanstad se dedicó a confeccionar una lista de líderes y miembros potenciales del futuro equipo. Debía estar integrado por la mejor gente de la empresa, aquella dotada de la especialización técnica requerida para el caso. Podía convocar de inmediato a quienquiera que deseara, sin importar que estuvieran ocupados en otra tarea o a qué división pertenecían. En razón de que la mayoría de los expertos de Hydro trabajaban de manera casi exclusiva dentro de las secciones a las que habían sido asignados, esto equivalía a una gran cesión de autoridad. Dada la política interna de la organización, también era una cuestión delicada: Aanstad tenía que evitar tanto a los defensores cuanto a los opositores del plan de expansión global; de no hacerlo así, le preocupaba el riesgo de escuchar "asesoramiento contaminado", fruto de una posición dogmática, en lugar de una reinterpretación científicamente objetiva de los datos. En otras palabras, quienes formaran parte del equipo no debían tener intereses institucionales directos en juego respecto de lo que iban a investigar. Aunque circulaban rumores acerca del destino del bloque 34, el trabajo de este equipo sería un secreto bien guardado ante el resto de la empresa.

Elección del líder

Con sumo cuidado, la elección para liderar la fuerza de tareas recayó en Kjell Sunde. Poseía experiencia en proyectos similares; no era un gerente de línea al estilo tradicional, sino que formaba parte de lo que en Hydro se conocía como la "policía de riesgo", un grupo independiente al que se hacía intervenir con frecuencia para efectuar una doble verificación y evaluar las perspectivas que podían esperarse de una perforación casi sobre la hora y bajo la presión generada por la falta de tiempo. No resulta sorprendente que Sunde fuera, no un especialista, sino un generalista, acostumbrado a insertarse rápidamente en los proyectos sin prestar atención a la política, debido a lo cual no estaba obligado a sostener la posición de ninguna de las facciones de la compañía. Aunque había comenzado su carrera en Hydro como geofísico, ya no pasaba años evaluando los datos de un bloque petrolífero en particular. Respecto de su modo de liderazgo, Sunde se veía a sí mismo como un catalizador; es decir, creía que una vez que se habían encontrado los profesionales adecuados para una tarea, había que permitirles trabajar más o menos librados a sus propios recursos. El contribuía con alguno que otro aporte, pero la mayor parte de la labor se desarrollaba en forma autónoma. El argumento de Sunde era que, si se les demostraba confianza, los resultados de su trabajo serían mejores que si se sentían constantemente vigilados. Para decirlo brevemente, "la libertad se traduce en motivación".

Sunde fue autorizado a elegir a quien quisiera de entre los miembros potenciales que figuraban en la lista de Aanstad, así como a agregar personal adicional si lo consideraba necesario. Recordando a quienes había elegido, Sunde declaró que "fue una mezcla de brillantez técnica e instinto visceral acerca de quiénes trabajarían bien juntos". Sabía que algunos de los miembros del equipo eran conocidos como "personas difíciles". Se trataba de individuos con una confianza ciega en su propia capacidad, por lo cual siempre trataban de dominar a los equipos de los que formaban parte. También buscaban agresivamente convertirse en el centro de atención, intentando, al decir de algunos, "acaparar todo el mérito". Sunde sabía que, de alguna manera, tenía que lograr que este equipo de superestrellas trabajara unido. No sólo les complacía el reconocimiento, sino que también necesitaban sentir que realizaban una tarea sobresaliente, parte de la cual comprendía el dirigir (o dominar) a otros. Sunde arribó a la conclusión de que "necesitaba inspirarlos y permitir que la atención se centrara en ellos —conceder mérito allí donde era merecido— pero, al mismo tiempo, controlar cuánto y en qué momento".

El equipo en acción

Pronto Sunde se percató de que lo ajustado del cronograma podía convertirse en una ventaja: la presión activaría la energía del equipo, y los mantendría tan ocupados que no tendrían tiempo para pensar en otra cosa fuera de las tareas que les competían. El desafío al que el mismo Sunde se enfrentaba era comprimir todos los pasos necesarios para que se cumplieran dentro del ajustado plazo establecido. Organizó el trabajo alrededor de una serie de reuniones concernientes al estado de situación, donde los miembros de la fuerza de tareas recapitulaban sobre el estado de situación de su trabajo, y luego se abría un espacio para sugerencias y críticas sobre la metodología, identificando también brechas en la información que otros integrantes necesitaban. Al concluir cada reunión, Sunde y uno de sus colegas reunían toda la información recogida en una visión unificada y actualizada. Estas reuniones constituían foros irrestrictos para la contradicción, el apoyo, y el tratamiento de cuestiones clave mediante el intercambio verbal directo. Era condición esencial que ni los títulos, ni la política, ni la cortesía enfriaran la eficacia del flujo de las ideas.

En la reunión inicial, realizada el 17 de abril, Sunde subrayó que la misión del equipo no era buscar culpables, sino encontrar una explicación lógica y bien fundada para lo ocurrido. Declaró que era un modo de moverse hacia delante. Esta noción sustentaba el intento de instalar una actitud positiva y de señalarle al equipo dónde debía concentrar sus esfuerzos, mientras disipaba la angustia del equipo original que había trabajado en el terreno y al que se recurriría para que proporcionara los datos en bruto y explicara el motivo de sus conclusiones originales.

La moral del equipo de Sunde se mantenía alta, aún si se sentían un tanto inquietos ante la magnitud de la tarea que les aguardaba. Todos ellos sabían que el haber sido seleccionados para el proyecto era una clara señal de reconocimiento en cuanto a su pertenencia a la elite de la compañía (al "equipo A", como lo llamaban algunos). Era una muestra de confianza en sus habilidades para desempeñar tareas sobresalientes en un medio que se asemejaba a una olla a presión, y donde había que realizar un trabajo que parecía imposible. La mayoría de ellos ya se conocía de antes; ello eliminaba la necesidad de construir relaciones de cortesía, al tiempo que les permitía sumergirse en el trabajo y comenzar sin dilaciones. Aunque oficialmente no adoptaron un nombre, bromeaban diciendo que no eran una fuerza de tareas sino "forzados a hacer la tarea". Sunde insistió en que realizarían su trabajo con total autonomía del resto de la empresa. No habría microgestión ni escrutinio intrusivo por parte de los estamentos superiores, a pesar de lo cual, según lo señalara Ruud en un memo, gozaban de máxima prioridad y de acceso irrestricto todos los recursos que necesitaran; ninguna barrera se interpondría en el camino hacia la conclusión rápida y exitosa del proyecto. Finalmente, no escapaba a la comprensión del equipo que, a fin de satisfacer a los inversionistas y a los analistas de la industria, debían llegar a conclusiones definitivas que no dejaran lugar al debate o a críticas posteriores.

Cuerpo a cuerpo: danzando al son

Dado que la mitad del equipo provenía de fuera de la sede central, situada en Oslo, Sunde les preparó una habitación especial, con estaciones de trabajo para las computadoras y otros equipos imprescindibles para las actividades científicas y la comunicación. Si bien carecía de lujos, el lugar funcionaba como un espacio común de encuentro tanto para la resolución de problemas cuanto para la vida social, en los pocos momentos de ocio de que disponían. Los miembros del equipo iban a pasar mucho tiempo juntos —hasta 90 horas por semana— a menudo comiendo sobre sus mesas de trabajo y, de vez en cuando, saliendo a beber algo por las noches para relajarse. El ambiente que reinaba en la habitación era tranquilo e informal; esto alentaba discusiones francas, honestas, y apasionadas. Al reunir un numero considerable de grandes egos en un espacio reducido, se producían fricciones entre los miembros, e inclusive, al principio, hubo algunos choques, pero la presión del plazo era tal que el equipo se veía obligado a concentrarse en la tarea que tenía entre manos. En palabras de Aanstad, todos se hallaban "conscientes de que debían danzar al mismo son". Además, a causa del estilo noruego, que "equilibra las necesidades del individuo con las del grupo", se esforzaban por evitar las confrontaciones explosivas y los enojos personales. Según Sunde, los integrantes del equipo eran tan dedicados que él no sentía la necesidad de manipularlos ni de recurrir a trucos para inducirlos a trabajar más duro.

Provocar la interacción antes que dirigir los detalles

Sunde se puso a completa disposición del equipo para responder consultas y proporcionar puntos de vista pero, por lo demás, adoptó decididamente un perfil bajo. Luego de dividir al equipo según las disciplinas respectivas, permitió que se organizaran solos de acuerdo con sus puntos fuertes y débiles. Por ejemplo, al decir de Brad Krokan, jefe de investigación y tecnología de Hydro, "los geofísicos de primera línea fueron puestos en un mismo grupo. Sunde los ayudó, indicándoles cuáles eran los objetivos generales y formulándoles preguntas pero, en líneas generales, el alcanzar la meta dependía exclusivamente de ellos. Rápidamente descubrieron en qué aspecto descollaba cada uno, y se dividieron las tareas de la manera más conveniente [teniendo en cuenta] las diversas partes del problema".

Por su parte, Sunde estableció plazos y encuadró el problema: mayormente se trataba de examinar retrospectivamente los datos antes que explorar algún potencial del cual se carecía de pruebas. En cierto modo, esta forma operativa simplificaba las cosas —pero hasta ahí llegaba. Sunde explicó que "teníamos que cubrir desde la A hasta la Z, pero a mí no me importaba si se salteaban la B y seguían derecho a la K. Ellos sabían lo que hacían". Al formular las "preguntas correctas", Sunde interrogaba a su equipo acerca de una serie de cuestiones, desde las conclusiones a las que arribaban cuando tomaban atajos porque les faltaban datos, hasta el modo en el que organizaban su tiempo. Sin embargo —insistía— el propósito de las preguntas consistía en estimularlos a buscar sus propias soluciones antes que en inducirlos hacia un resultado predeterminado que él, como líder, ya tenía en mente.

A pesar de su estilo gerencial de no intervención, Sunde se esforzó por introducir ciertas estructuras en la rutina diaria. En primer término, y conforme a la especialización de cada uno de sus hombres, unida a su propia intuición de una combinatoria basada en la psicología, Sunde organizó a los miembros del equipo en "parejas" que trabajarían en "aspectos críticos", dedicándose a problemas separados que, en algún punto, poseían elementos comunes. Explicó que, de ese modo, "interactuaban permanentemente, arrojándose ideas los unos a los otros y, hasta cierto punto, compitiendo entre ellos o, al menos, observando lo que hacían los otros". Sunde creía que ésa era la mejor manera de promover la objetividad y de elevar la calidad del trabajo; no obstante, estos equipos no habían sido seleccionados para fomentar la confrontación personal: se esperaba que las fricciones entre ellos se redujeran al mínimo y que, cuando las hubiera, estuvieran dirigidas por completo a la pasión provocada por el enfoque de los problemas a resolver. En segundo término, si bien una parte del problema les "pertenecía", Sunde deseaba asegurarse de que todos identificaran su éxito personal con el éxito del grupo. En otras palabras, cada una de las partes debía integrar un conjunto lógico con las demás. Ello no sólo significaba que los integrantes del equipo debían conservar una visión de conjunto respecto de la totalidad del proceso, sino también que Sunde, en su función de líder, debía evitar que se desarrollara un sentido de "apropiación" de cada problema por separado, porque, en su opinión, ello se traduciría en puntos de vista rígidos, involucrando a egos inmensos, lo cual acabaría por interferir con la habilidad conjunta del equipo para cumplir exitosamente con los objetivos generales. Con todo, Sunde reconocía la necesidad de establecer un equilibrio sumamente delicado.

Las reuniones semanales

El primer paso para encaminar el trabajo del equipo consistió en recolectar, examinar, e interpretar la información disponible. Había que revisar los informes anteriores y entrevistar al equipo de Vague. Se trataba de una cuestión delicada, porque podía parecer que estas acciones se proponían juzgar los pronósticos optimistas emitidos inicialmente por el equipo original que había explorado el bloque 34. Un integrante de dicho equipo expresó que las entrevistas "los hicieron sentir como si los hubiera arrollado una aplanadora", porque tuvieron la impresión de que se los marginaba después de cuatro años de completa dedicación. A Vague le inquietaba y le preocupaba que el poderoso equipo de Sunde descubriera errores que su enfoque y el de sus colegas podrían haber pasado por alto. Pero también comprendió que una "mirada fresca" y la búsqueda de información a cargo de la fuerza de tareas era útil y necesaria. "Era angustiante" —relata Vagues— "pero percibí que el talento del grupo estaba montado para producir soluciones creativas, y nosotros estábamos dispuestos a brindar toda nuestra cooperación". Aunque se pidieron nuevos datos experimentales, tales como muestras de agua del pozo vacío, rápidamente se llegó a la conclusión de que no hacía falta mucha más información de la que ya existía.

Una vez reunidos los datos iniciales, la regla principal impuesta por Sunde a sus virtuosos consistió en los encuentros semanales. En su transcurso, se pedía a los miembros del equipo que resumieran lo que habían averiguado, sus recomendaciones, y necesidades para el momento, efectuando sus presentaciones formalmente mediante el uso del PowerPoint. A fin de aprovechar el tiempo con la máxima eficiencia, las discusiones disponían de 15 minutos exactos por cada presentación. Sunde esperaba que este estricto recorte del tiempo impulsara a sus hombres a obtener el máximo provecho del período acotado; pensaba, además, que esta medida impediría que los miembros más agresivos trataran de imponer su voluntad u opiniones sobre los demás. Más aún, en razón de que no anunciaba el horario de las reuniones hasta el día anterior, los miembros del equipo no tenían la oportunidad de planificar sus exposiciones con demasiada antelación. No existía un cronograma impreso ni ningún otro indicador material de la totalidad de las tareas individuales que debían llevarse a cabo.

No todas las reuniones tenían idénticas características. Sunde ejercía su influencia para crear un sistema muy bien pensado que impulsara al equipo hacia adelante. La estructura fija y predecible de las reuniones establecía un plazo inamovible que el equipo de Sunde estaba obligado a cumplir. Esta organización, centrada en las reuniones, funcionaba como el punto focal del proyecto y contribuía a la sensación de pertenencia mutua. En particular, al averiguar qué había sido pasado por alto por los especialistas, las reuniones revelaban omisiones en el proceso, y también ponían de manifiesto dónde era esencial que se estableciera la colaboración entre especialistas. Al ayudar a señalar cuándo y quién necesitaba determinada pieza de la información que componía el rompecabezas, las reuniones cumplían la función del repositorio central donde el equipo tenía la oportunidad de intercambiar activamente sus conocimientos. A modo de ejemplo, en vista de que cierto tipo de datos geofísicos tenían que ser transmitidos a los geoquímicos para que éstos pudieran proseguir con sus análisis, Sunde reorganizó los recursos y pidió aportes adicionales a expertos de la empresa a fin de cubrir estos huecos. Además, cuando el equipo necesitaba tomar atajos —es decir, al basarse en presunciones cuando, bajo circunstancias normales, se basarían en datos fidedignos y en análisis más exhaustivos— se les advertía a todos de los riesgos que ello implicaba, para que volvieran a calibrar y corregir los números. Sunde explicó que las reuniones también eran el vehículo mediante el cual guiaba al equipo cuando se presentaba la necesidad de hacerlo: cada miembro de la fuerza de tareas sabía qué tenía que entregar, y en qué fecha.

No obstante, los integrantes del equipo vivían estas reuniones como una carga extra que debían soportar, y a menudo se quejaban de ellas, mayormente en privado. Argumentaban que el ambiente ya era muy estresante, y lo que menos les hacía falta era agregar rituales innecesarios. A pesar de estas reservas, Sunde se daba perfecta cuenta de que la disciplina de las reuniones resultaba esencial, y las mantuvo hasta las últimas semanas, momento en el que los subgrupos debían finalizar su interpretación de los hechos. Durante las últimas dos semanas, el número de reuniones disminuyó, en parte debido a que, en esta fase, los miembros del equipo debían responder a un creciente número de preguntas técnicas que sólo incumbían a los expertos en cada tema en particular.

Resultados del equipo "A"

El equipo estaba tan atareado que había poca oportunidad —amén de hallarse muy lejos de las intenciones de los integrantes— de que la química entre ellos evolucionara o se modificara de manera significativa durante las seis semanas que duró el proyecto. En realidad, aparte de las demandas de contar con más espacio y de los requisitos impuestos por las reuniones, las relaciones entre estas personas no fueron muy diferentes de lo que habían sido al comienzo —el trato era de virtuoso a virtuoso; un trato entre individuos. Ello significa que la decisión inicial de Sunde respecto de quiénes habrían de componer el equipo tuvo vital importancia para el desarrollo del trabajo. Para cumplir con los plazos, sólo tenían que llevarse bien y trabajar juntos sin problemas desde el primer día.

Faltando una semana, los integrantes del equipo presentaron sus conclusiones finales a Sunde y luego entregaron sus diapositivas en PowerPoint, luego incorporadas por éste y un colega de su confianza al informe final. El proyecto había llegado a su fin, y el consenso, palabra más, palabra menos, era unánime. Las conclusiones a las que arribaron fueron las siguientes:

1 el equipo original no había cometido errores crasos, sino que había hecho exactamente lo que se esperaba que hiciera;

2 la razón de la evaluación errónea se debía a la existencia de un "residuo de gas" que había tomado la falsa apariencia de un reservorio de petróleo.

Estas fueron las conclusiones que se presentaron a los inversionistas y a los analistas de acciones en el "día de mercado de capital" de Norsk Hydro a fines de julio. Era mucho lo que se jugaba a partir de la reacción que esta información despertara. Si los inversionistas o los analistas no encontraban la explicación convincente, o presentían que Hydro ocultaba algo, probablemente perderían confianza en la empresa y depreciarían el valor de las acciones, tal vez a un extremo importante. Aunque sería exagerado afirmar que la supervivencia de la compañía estaba en peligro, de todas maneras el impacto podría afectarla fuertemente. Por otra parte, era necesario que los asociados de Hydro en Angola también quedaran satisfechos si es que había de mantenerse la posibilidad de colaboración para futuras exploraciones.

Prácticamente todos aquellos que, de un modo u otro, tuvieron que ver con el proyecto, quedaron impresionados ante la rapidez y precisión con que se había realizado la nueva evaluación. Ruud recuerda: "Me sorprendió enormemente que un problema interdisciplinario tan grande y complejo pudiera resolverse con tal presteza. Fácilmente podrían haber demorado un año sin siquiera obtener resultados tan buenos... En este caso, los costos no significaban un obstáculo, pero en verdad resultó mucho más barato hacerlo de este modo"; es decir, resultó más eficiente en términos del aprovechamiento del talento y de los recursos humanos. Krokan también se sintió profundamente impresionado. "Aprendí" —manifestó— "que es posible reunir a la mejor gente, darle autonomía, y llegar a la meta sin conflictos y sin agendas ocultas. Fue asombroso". Una de las preguntas que Ruud y otros ejecutivos comenzaron a formularse fue por qué no siempre podían obtener resultados iguales a los que había proporcionado la fuerza de tareas.

A pesar de lo exitoso del equipo, su naturaleza de elite preocupaba a algunos ejecutivos. En palabras de Ruud: "Me gustó el modo en que reestructuraron las cosas. Fue útil para la organización esa pequeña porción de inestabilidad que le inyectaron. Pero también representaba una amenaza para los empleados rasos. Yo no quería crear un equipo 'A' en la medida en que ello implicaba la existencia de un equipo 'B'. Eso sería malo para la moral". Krokan era de la misma opinión; sin embargo, pensaba que los empleados con menor antigüedad y elevado potencial podrían beneficiarse de su inclusión en equipos similares para fines determinados, quizás sirviéndose de tales circunstancias como campos de entrenamiento: "Podríamos insertarlos allí donde la curva de aprendizaje es más empinada" —explicó. "Inclusive podríamos desarrollar una nueva fuerza de tareas todos los años [en la cual] los empleados más experimentados compartieran su experiencia con sus colegas más jóvenes".

Implicaciones para el liderazgo de los *virtuoso teams*: resumen y preguntas clave

El modo en que Norsk Hydro utilizó un *virtuoso team* constituye un ejemplo excelente del momento en el que una empresa reconoce la importancia del desafío al que se enfrenta, comprende la necesidad de emprender acciones rápidas y efectivas, y resuelve hacer lo que sea para lograr recuperarse con éxito. Creemos que una vez que Knut Aanstad obtuvo la aprobación para seleccionar a los mejores talentos que pudiera conseguir, sin importar a qué división pertenecían o qué tarea se encontraban desempeñando en ese momento, el equipo "A" que Norsk Hydro envió al bloque 34 adquirió las características de un verdadero *virtuoso team*. Además, formado el equipo, la designación de Kjell Sunde como líder demostró, sin lugar a dudas, que el suyo no era un talento para desperdiciar, y Sunde respondió a las expectativas con un estilo de gestión que, sin dejar de concentrarse en el objetivo a cumplir, permitió que los talentos utilizaran sus propios recursos de modo tal que tuvieran la máxima oportunidad de realizar plenamente su potencial.

No es necesario que las reuniones sean tediosas ni que sólo sirvan a los "propósitos de la información". En realidad, pueden funcionar como palancas vitales en manos de los líderes para hacer avanzar a los *virtuoso teams*. La creatividad de Aanstad ilustra cómo el diálogo cara a cara durante la reunión semanal del equipo resulta útil para coordinar el trabajo, poner a prueba las hipótesis, formular preguntas clave, e intercambiar ideas y *know-how* entre actores de elevado rendimiento trabajando bajo presión.

En el tiempo que mediaba entre una reunión y la siguiente, el estilo de liderazgo de Sunde consistía en relajar las restricciones que afectaban al equipo, lo cual se traducía en un control poco estricto respecto del modo en que el *virtuoso team* hacía su trabajo. Una y otra vez vemos que los líderes virtuosos y eficaces combinan controles más y menos rigurosos. Los controles rigurosos tienen por objeto asegurarse de que los expertos intercambien puntos de vista y se coordinen adecuadamente para impulsar la totalidad del proyecto hacia delante. Los controles poco estrictos evitan la microgestión, un elemento completamente contraproducente cuando se dispone de gente talentosa. Sunde logró obtener un elevado nivel de rendimiento de sus virtuosos. Los altos ejecutivos asimismo proporcionaron una importante cobertura al equipo. Separándolo de la organización y de la cultura, costumbres, y reglas propias de ésta, Sunde pudo poner en juego su filosofía y sello de liderazgo personal, libre de la interferencia de los directivos.

Evocando muchos de los principios de los *virtuoso teams* que hemos analizado, el caso del bloque 34 plantea algunos interrogantes importantes a todos los ejecutivos interesados en aprovechar el talento de elite del que disponen en sus respectivas compañías:

1   Cuando se enfrenta con oportunidades de gran envergadura, o con desafíos graves, como en el caso del bloque 34, su compañía ¿posee la capacidad de liberarse del modo característico con el que lanza sus proyectos y crea sus equipos, haciéndolos a un lado para combinar rápidamente la plana ejecutiva y el talento y así configurar un *virtuoso team* compuesto por los profesionales más talentosos?

2   Sus líderes virtuosos, ¿comprenden la necesidad de inculcar que el trabajo en equipo se basa en la disciplina y la rutina, aún cuando ello genere resistencia, para lograr el intercambio de información crucial entre expertos? ¿Comprenden la noción de disciplina, tal como se muestra en las reuniones semanales de Hydro, asegurándose de que las opiniones de los expertos no permanezcan aisladas, y se las discuta cara a cara, con una frecuencia preestablecida, de modo tal que se intercambien puntos de vista de manera franca y directa a fin de mantener el proyecto total dentro de sus carriles?

3   Los líderes de su *virtuoso team*, ¿comprenden que, además de la disciplina, la libertad también constituye el sello personal de un *virtuoso team* de elevado rendimiento? Sus líderes, ¿conceden la libertad necesaria para liberar el talento, absteniéndose de interferir con el trabajo diario de los ejecutantes virtuosos?

4   Cada uno de los integrantes del *virtuoso team*, comprende claramente las metas, objetivos, y restricciones? ¿Saben todos ellos cómo su especialidad encaja dentro de dichas metas y objetivos?

9

Aumente la potencia de su equipo

Cómo conducir a su equipo hasta niveles
de elevado rendimiento

A lo largo de este libro, hemos visto que la creación y el liderazgo de un *virtuoso team* puede constituir un desafío intimidante. Tratar de lograr que los individuos más talentosos trabajen en equipo puede ser extraordinariamente difícil. En realidad, ya de por sí, la capacidad de identificar y atraer a los mejores talentos implica un lujo del que muchos ejecutivos se ven impedidos de disfrutar. En cambio, lo que sí ocurre, es que la mayoría de nosotros heredemos los equipos con los que hemos de trabajar o que, simplemente, no tengamos la posibilidad de incluir en ellos a la mejor gente que se puede conseguir en el mercado. Inclusive puede darse que un ambiente empresarial complejo y poco claro nos dificulte la identificación de los mejores. En situaciones como las que acabamos de describir, el sólo hecho de hablar de *virtuoso teams* ya es sinónimo de presión. Con mayor frecuencia de la que quisiéramos, nos vemos obligados a trabajar con "quienes se encuentran disponibles" antes que "con quienes pueden reclutarse en el mercado". Sin embargo, pensamos que, bajo las condiciones propicias, hasta los equipos corrientes pueden lograr resultados dignos de un *virtuoso team*.

Para comenzar, suscribimos la creencia de que la mayor parte de los equipos corrientes, si bien no cuentan con "superestrellas", se componen de profesionales capacitados, dedicados, talentosos, y enérgicos, a menudo ansiosos de que se les brinde la oportunidad de demostrar su talento. No obstante, tal como venimos insistiendo desde los primeros capítulos, el talento individual no basta para asegurar el elevado rendimiento de un equipo. El logro que se traduce en un rendimiento elevado no le es fácil al equipo corriente, ni tampoco a los ejecutantes virtuosos. La verdadera pregunta es: "¿Existe alguna manera de aumentar la potencia de casi cualquier equipo a fin de conseguir un rendimiento más elevado?" "¿Qué debe hacer un equipo para acercarse a un tipo de rendimiento que lo asemeje al de los *virtuoso teams*?". "¿Cuáles son las lecciones de gestión que podemos aprender de los *virtuoso teams* para aplicarlas a los equipos corrientes?"

Con base en nuestras investigaciones y experiencia dentro de empresas insertas en diferentes culturas y dedicadas a distintas industrias, hemos desarrollado un proceso sistemático que sirve como catalizador para alcanzar grados más altos de rendimiento en equipo. Nuestro método incluye muchas de las características que ya hemos observado en los *virtuoso teams* que conforman este libro, a saber:

- Velocidad
- Respeto por el talento individual
- Impulsar metas y objetivos claros
- Audacia y toma de riesgos
- Roles fuertes de liderazgo
- Diálogo directo e intenso intercambio verbal
- Construcción de prototipos y aprendizaje a partir de los fracasos, y
- Varios otros aspectos de los *virtuoso teams* que el lector irá reconociendo a medida que avancemos.

Es nuestra convicción que el proceso resulta efectivo para aquellos equipos que se enfrentan a una amplia variedad de oportunidades y desafíos, desde el diseño de nuevas estrategias y la reorganización empresaria hasta el desarrollo de nuevos valores o compromisos con los clientes. De hecho, una empresa en rápido proceso de desarrollo, dedicada a bienes de consumo, está aplicando nuestro sistema para potenciar a todos los equipos encargados de lanzar nuevos proyectos, con el propósito de apoyar una importante transformación que abarca la totalidad de una región. Otra, una operadora de redes de telecomunicación, ha utilizado el mismo enfoque para diseñar un sistema de desempeño en la gestión, dirigido a todos sus empleados.

DeepDive*

Hemos denominado a este proceso DeepDive. En el presente capítulo, encontrará una explicación de en qué consiste y por qué funciona. También aprenderá cómo aplicar DeepDive a su compañía, aplicándolo a sus propios equipos. Creemos que tanto este proceso como los elementos que lo integran puede ayudar a cualquier ejecutivo en todo tipo de empresa, inclusive si no espera crear un verdadero *virtuoso team*. La discusión del DeepDive también ha de ilustrar varias enseñanzas de importancia para los ejecutivos cuando se trata de lograr rendimientos equivalentes a los de un *virtuoso team*, establecer objetivos, construir prototipos, fomentar lluvia de ideas, inducir intercambios verbales eficaces, alentar el aprendizaje, seleccionar equipos, y obtener opiniones de los expertos. El proceso DeepDive maneja estos elementos de manera explícita, pero todos los ejecutivos pueden tenerlos presentes para su aplicación a cualquier equipo, utilicen o no el proceso propiamente dicho.

La importancia de gestionar equipos *positivamente*

Con tantos proyectos en vías de realización, y tantos equipos diferentes trabajando activamente, la conducción suele encontrar difícil saber qué sucede dentro de los equipos, así como asegurar un alto rendimiento de los mismos. ¿Cómo puede la conducción confiar en que los equipos están aprovechando su talento al máximo? ¿Que están claramente concentrados en sus metas y objetivos? ¿Que el liderazgo de dichos equipos es efectivo? Si la respuesta a estas preguntas deviene en nuevas preguntas, tal vez haya llegado la hora de repensar cómo se realiza el trabajo en **equipo en su organización. Resulta irónica que** ninguna de las compañías con las que hemos trabajado se permitiría tomar tan a la ligera la forma en que manejan su flujo de fondos, o de insumos, o de información al cliente, o el uso de sus marcas y logotipos. Entonces, ¿por qué existen tantas organizaciones que toman a la ligera el modo en que trabaja y es conducido su talento, estructurado como equipo, cuando éste suele constituir la columna vertebral de las iniciativas y proyectos claves de una empresa? Ofrecemos el DeepDive como la herramienta

---

* DeepDive es marca registrada de DeepDive Products™ 2005. Todos los derechos reservados. Para más información, ver www.deepdive-products.com

que usted puede utilizar para comprender mejor cómo "virtuosizar" sus equipos, no sólo en el caso de *un* proyecto en particular, sino en proyecto tras proyecto tras proyecto.

Todos sabemos que no hay que microgestionar, pero con excesiva frecuencia el líder queda librado a sus propios recursos; debe recurrir a sus propias habilidades, conocimientos, y experiencias para lograr que el equipo a su cargo avance. Aún si los líderes son individuos bien intencionados, no cabe duda de que, desde el punto de vista procedimental, los resultados variarán, en razón de métodos que, ocasionalmente y al azar, bordearán el verdadero trabajo en equipo y la gestión de proyectos. Esto no es aceptable, dada la importancia de obtener lo mejor que el talento de un equipo pueda brindar. Por mera casualidad, es posible que algunos equipos estén compuestos por un grupo de personas entre las que haya "buena química", mientras que otros, también por obra y gracia de la suerte, tengan "mala química". Cualquiera que sea la situación, la calidad del trabajo sufrirá variaciones importantes, lo cual, a su vez, se traducirá en iguales variaciones que afectarán la calidad de los proyectos o iniciativas. Las implicancias que la estrategia, el cambio, y el impulso del progreso representan para la compañía pueden ser significativas. Es posible que los ejecutivos no se percaten de lo que ocurre dentro de los equipos, o no se den cuenta de por qué algunos funcionan y otros no. No existe un modo sistemático de mejorar los equipos ni el trabajo que realizan. Al fin y al cabo, estos son casos donde no hay un proceso en marcha. Las consecuencias son serias. Las estrategias y los cambios previstos no satisfacen las expectativas. Los integrantes del equipo tal vez se sientan felices, pero los resultados son mediocres. Por lo tanto, queda claro que proporcionar vitalidad y eficacia a los equipos constituye un movimiento importante.

El primer paso para obtener el mejor provecho de su equipo consiste en conducirlo con el mismo cuidado que usted pone en otras actividades cruciales para la compañía. El DeepDive ayuda a que las organizaciones se muevan en esta dirección, y asimismo contribuye a que los ejecutivos comprendan y emulen algunos aspectos fundamentales que caracterizan a los grandes equipos.

El nacimiento del DeepDive como proceso

de trabajo en equipo bajo la conducción gerencial

Nuestro primer contacto con algunos de los elementos centrales del DeepDive provino de una fuente inesperada. Durante una excursión de Executive MBA a Silicon Valley, nos encontramos mirando un extraordinario video de ABC *Nightline Views* que ilustraba el modo en que una firma llamada IDEO, líder en productos, servicios, y diseños de experiencias, realizaba su trabajo en equipo. El video, que mostraba cómo la firma diseñaba un carrito de supermercado, era sólo el portal que abría un profundo arcón de tesoros de fascinantes conceptos gerenciales que descubrimos en IDEO. Esta firma resultó ser un invernáculo de individuos e ideas interesantes respecto de cómo lograr el máximo provecho de equipos integrados por personas talentosas. IDEO ofrecía abundantes revelaciones en virtud de un conjunto de razones: la filosofía gerencial sostenida por Dave Kelley, su fundador, dirigida a liberar el potencial de los profesionales del conocimiento; su proximidad a Silicon Valley con el consiguiente torbellino de ideas, tecnología, y conceptos de consumo propios del lugar; y el hecho de que IDEO se ocupa básicamente del negocio de mover rápidamente las ideas, desde las intuiciones y los conceptos de los consumidores hasta su materialización en el mercado.

Después de haberlo visto, combinamos los conceptos clave de IDEO con nuestras investigaciones y experiencia previa obtenida a partir de nuestra labor como asesores y profesores de desarrollo ejecutivo. Armonizando dos campos distintos de conocimiento, comenzamos a enseñar de manera diferente en los programas para ejecutivos que teníamos a nuestro cargo en IMD. Con el tiempo, la unión de diversas disciplinas y perspectivas dio origen a la primera formulación del proceso gerencial DeepDive, como instrumento para impulsar un rendimiento elevado, similar al del trabajo en equipo de los *virtuoso teams*, en casi cualquier situación.

El verdadero descubrimiento consistió en la comprensión de que los equipos que analizábamos en los típicos ambientes gerenciales *reflejaban idénticas cuestiones fundamentales* a las que se enfrentaban los equipos de diseño de producto de IDEO. Esencialmente, y en cada uno de los casos, se requería que sus equipos gerenciales y los nuestros *diseñaran la mejor solución posible, dentro de ciertas limitaciones; que lo hicieran rápidamente, y que sus soluciones fueran lo bastante novedosas como para superar problemas insolubles por otros medios.* Además, no sólo se esperaba que las soluciones halladas fuesen novedosas, sino también prácticas.

Lo que vimos en IDEO fue un proceso que verdaderamente aprovechaba al máximo el talento de los equipos; un proceso que rápidamente ponía en marcha muchas buenas ideas, y que permitía que los equipos tomaran riesgos sin ponerse en riesgo ellos mismos. Pensamos que el DeepDive equivale a dotar a un equipo con "tracción rápida" para manejar desafíos específicos, creando un intercambio verbal que no se salga de foco y que comprenda un intenso flujo de ideas.

En este capítulo nos proponemos describir el proceso y la lógica que lo sustenta, a fin de que usted y otros ejecutivos puedan utilizar el DeepDive para potenciar sus equipos en dirección a un rendimiento similar al de los virtuosos, enfrentando a una multitud de desafíos que se presentan a su función.

El poder de un DeepDive reside en su aptitud para:

- Concentrar la atención de un equipo gerencial en un reto empresarial específico
- Ejercer considerable presión sobre el equipo en términos de tiempo. El efecto de esta medida redunda en la eliminación de conductas innecesarias que frustran la innovación y la resolución de problemas.
- Crear explícitamente expectativas elevadas respecto de los resultados
- Animar la expresión de ideas fuera de la normativa
- Alentar la construcción basada en ideas aportadas por otros
- No esperar demasiado para utilizar prototipos: el fracaso temprano suele llevar a lograr el éxito más pronto
- Potenciar los intercambios verbales acerca de las cuestiones clave a las que se enfrenta el equipo
- Utilizar el tiempo de manera eficiente para obtener resultados rápidamente

Proyectos y trabajo en equipo:

su emergencia como capacidad estratégica

Retrocedamos un instante para comprender el papel que desempeñan los equipos en la mayoría de las organizaciones de nuestros tiempos. Los equipos constituyen un aspecto crucial del éxito comercial. Ya se trate de diseñar nuevos productos, de planificar el ingreso a un nuevo mercado, de responder a la competencia o, inclusive, de desarrollar el máximo potencial que posee un individuo, hoy en día la labor gerencial trepa a nuevos niveles de complejidad. Desafíos como los mencionados sólo pueden ser enfrentados influenciando el intelecto, la energía, y la creatividad de muchas personas cuyos puntos de vista no son iguales: en otras palabras, se trata de utilizar equipos. Muchas compañías descansan en ellos para romper el aislamiento que inhibe el flujo de ideas, la colaboración, la innovación, y el cambio. Las empresas tradicionales, impregnadas de los sistemas jerárquicos, pueden ser eficientes, coherentes, predecibles, y confiables, pero no es frecuente que se muestren innovadoras, adaptativas, flexibles, sensibles al mercado o tecnológicamente inventivas. Los equipos constituyen una herramienta vital utilizada por los ejecutivos para enriquecer los métodos tradicionales y agregar capacidades importantes a las organizaciones. Cortocircuitan las "separaciones" que atormentan a tantas empresas tradicionales; en realidad, por las razones antedichas, los equipos son, cada vez en mayor medida, el motor primordial de rendimiento en tantas de las organizaciones más respetadas de nuestra época.[1]

Desafortunadamente, no todos los equipos han sido creado iguales, ni todos son efectivos. A veces ocasionan la pérdida de oportunidades, y hasta un grave impacto en algún punto fundamental. La frustración ante el desempeño de sus equipos a llevado a muchas compañías a elegir soluciones alternativas que sólo sirven como "parches:" acuden a asesores, entrenan personal en actividades de facilitación y gestión de reuniones, realizan mejoras en las instalaciones y en la tecnología. Si bien estos "parches" no dejan de tener mérito, atacan los síntomas antes que las patologías; se ocupan de factores "higiénicos" antes que de aquellos que realmente consiguen un gran trabajo de equipo. Que un equipo reciba tecnología computarizada de última generación, una agenda, un facilitador, alguien que administre su tiempo, un líder, y el sentido del respeto mutuo, no garantiza que vaya a producir resultados.

La mayor parte de estas técnicas y productos pueden contribuir a que el equipo "despegue", y quizás podría transformar un mal trabajo en equipo en algo mejor —pero, ¿qué hay de expandir estos resultados —de convertirlos en algo *grande*?

Lo que nos asombra es que, a pesar de la envergadura de los reintegros potenciales en juego (puesto que los equipos de elevado rendimiento producen mucho mejores resultados que aquellos de calidad promedio), sea tan poco frecuente encontrar equipos con rendimiento verdaderamente elevado.[2] Y es aún más infrecuente descubrir una organización que haya establecido algún sistema o proceso para mejorar el trabajo en equipo; para tomar el desempeño del equipo con verdadera seriedad. Pensemos el posible rédito corporativo sobre el total de la inversión realizada en equipos. En la mayoría de las organizaciones que conocemos bien, existe una distribución de resultados asociada al trabajo en equipo: unos pocos son grandiosos, muchos son razonablemente buenos, ¡y otros son desastrosos! Esto significa dos cosas: primero, que cualquier cosa que pueda correr el desempeño de *todos* los equipos hacia la derecha (rendimiento más elevado) es valioso; segundo, el mejor modo de incrementar espectacularmente el rédito de cualquier empresa producto de su inversión en equipos consiste en encontrar la manera de que más de sus equipo ingresen a las categorías *superiores*. Por definición, los *virtuoso teams* bien liderados rinden muy cerca del límite, hacia el extremo derecho, de la distribución; pero hablamos de equipos que, en verdad, sólo se adecuan a iniciativas verdaderamente estratégicas. Una organización posee muchos más equipos que realizan tareas rutinarias, por lo cual el encontrar modos de correr la distribución hacia la derecha tiene un valor extraordinario.

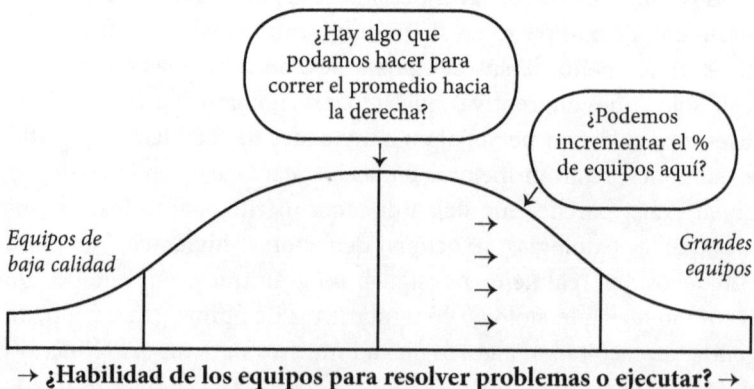

→ **¿Habilidad de los equipos para resolver problemas o ejecutar?** →

El DeepDive es a la vez un proceso y una disciplina que acelera radicalmente la habilidad ejecutora de los equipos. Los estimula a rendimientos más elevados, dirigiendo de inmediato todas las energías del equipo a que produzcan resultados ... rápido. Comparémoslo con el conocido ciclo de "formación, tribulación, reglamentación, y rendimiento", de acuerdo con el cual pueden transcurrir días o semanas antes de que se genere una sola idea nueva.

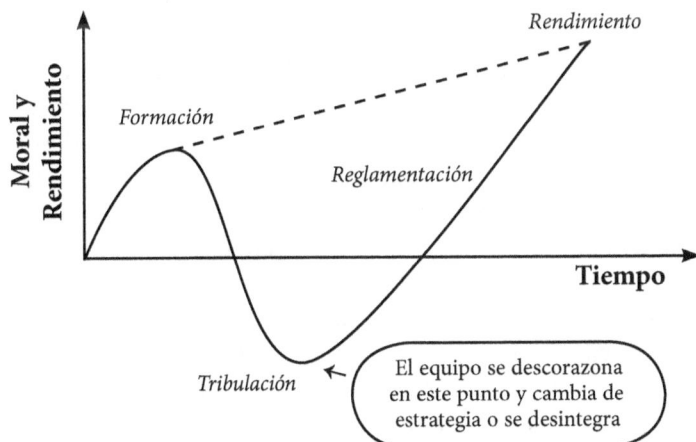

Fuente: www.businessballs.com/tuckmanformingstormingnormingperforming.htm— este modelo pertenece a Bruce Tuckman, quien en 1965 inventó las fases de "formación, tribulación, reglamentación, y ejecución", en este orden [ver también *www.infed.org/thinkers/tuckman.htm*]. Luego agregó una quinta fase conocida como "disolución". Katzenbach y Smith utilizan una versión de este modelo en Katzenbach, Jon R. y Smith, Douglas.K.: *The Wisdom of Teams*. Londres: McGraw Hill, 1993; p. 84.

Por supuesto, no basta un solo equipo para obtener resultados. El DeepDive, en tanto proceso y disciplina, le permite mejorar el mejoramiento de equipos en toda su empresa. Al fin y al cabo, *las industrias basadas en el conocimiento se encuentran en las etapas iniciales de una revolución que mejorará radicalmente el rédito del trabajo basado en el trabajo en equipo, del mismo modo en que la ingeniería industrial y la producción en masa (ambas basadas en procesos) provocaron un considerable aumento en las industrias manufactureras.* Lo que necesitan ahora son procesos que se ajusten al trabajo basado en el conocimiento.

Esta opinión no es sólo nuestra; es, más bien, algo que hemos aprendido de los ejecutivos con quienes trabajamos. Aplicamos el DeepDive, con magníficos resultados, a negocios que se ocupan desde las telecomunicaciones a los servicios de ingeniería, desde la fabricación de productos a la ayuda internacional, para que resuelvan problemas tales como el planeamiento estratégico, el inicio de nuevas organizaciones, el impulso de resultados comerciales, y el perfeccionamiento de la comunicación y la coordinación dentro de la empresa.

Visión general del proceso

¿En qué consiste, exactamente, un DeepDive? En un enfoque focalizado para que un equipo desarrolle soluciones aplicadas a retos específicos. Su objetivo consiste en aprovechar las ideas/potencia de todos los integrantes de un equipo de modo dirigido, creativo, y vigorizante. Un DeepDive es una combinación de curvas que comprenden lluvia de ideas, construcción de prototipos, y reacción, con limitaciones de tiempo, todo ello fusionado en un método al alcance de cualquier ejecutivo.

Un DeepDive puede realizarse en medio día, o puede prolongarse por un período más largo a fin de lograr resultados extendidos en el tiempo. Veamos a continuación un esbozo de los pasos típicos de este proceso.

Primero, formule un desafío de diseño estratégico claro y bien articulado. ¿Cuál es el problema que desea resolver? Pues ése debe ser el objetivo de su DeepDive. Trate de expresarlo en una oración. Todo desafío de diseño estratégico incluye limitaciones —éstas son las características que la solución debe satisfacer si ha de ser exitosa. Por ejemplo, la limitación puede consistir en que haya que arribar a resultados válidos y mensurables dentro de un margen de tiempo especificado. Otra limitación podría estribar en los costos. Mediante un desafío bien formulado, que incluya limitaciones claras, usted logrará la unión entre la creatividad y el realismo —soluciones innovadoras que funcionen en la práctica.

Segundo, forme el equipo. La selección de los integrantes es un factor determinante del éxito. Busque una mezcla de habilidades y experiencia. Normalmente, debería conseguir tres o cuatro equipos con entre cuatro y ocho miembros cada uno.

Tercero, acondicione la habitación. Asegúrese de crear un ambiente que se preste a la creatividad. Ayuda contar con pósters, bocadillos, juguetes, y espacios abiertos.

Una vez que tenga listo el desafío, el equipo, y el espacio, ha llegado el momento de preparar el escenario. El equipo necesita algún entrenamiento básico en el método del DeepDive; idealmente, observarlo en acción. Para ello, el video de IDEO resulta de gran utilidad.[3]

Después del lanzamiento, el primer paso que el equipo debe dar consiste en recolectar ideas e identificar las cuestiones clave por medio de una inmersión inmediata en el tópico. Hacen esto interactuando con expertos que, según la situación, pueden ser otros miembros del equipo o externos a él. La meta consiste en que todo el grupo comprenda y comparta todas las cuestiones clave, para así tener un buen punto de partida que les permita desarrollar soluciones.

Luego, aplicar el DeepDive a fondo: una serie de ciclos de lluvia de ideas y construcción de prototipos a ritmo frenético que generan soluciones progresivamente superiores. Comience con el estilo DeepDive de lluvia de ideas para generar y captar muchísimas ideas y soluciones destinadas a las cuestiones identificadas. Las "reglas" para una lluvia de ideas eficaz, incluidas en el proceso, son fundamentales para que éste funcione. Las reglas son las siguientes:

► Posponer el juicio crítico

► Alentar las ideas descabelladas

► Construir a partir de ideas proporcionadas por los demás

► Mantener la concentración en el problema

► Una conversación a la vez

► Ser visual

► Buscar cantidad

Fuente: IDEO

Cuantas más ideas se generen, mejor: en esta tapa, la cantidad es preferible a la calidad. Luego cada equipo selecciona unas cuantas ideas promisorias para ponerlas a prueba, y rápidamente construye un prototipo. Aquí hay que poner el énfasis en "rápidamente". Queremos establecer una cadencia de trabajo rápido y de ensayo de ideas rápido. Todos los equipos van a poner a prueba sus prototipos a un ritmo frenético marcado por el tiempo real; cada equipo lucirá sus ideas y recibirá los comentarios [reacción] de los otros equipos y de los expertos. Esta veloz puesta a prueba de las ideas proporciona una fuerte dosis de realidad en una etapa temprana del período de formulación de ideas, impidiendo que un equipo desperdicie tiempo en ideas sin futuro. Después de haber experimentado las reacciones que despertó su prototipo, cada equipo inicia un nuevo ciclo de lluvia de ideas y construcción de prototipos a ritmo frenético. Dichos ciclos pueden repetirse con tanta frecuencia como sea necesario o según el tiempo lo permita.

Un prototipo puede adoptar casi cualquier formato: un objeto físico, un póster, un marco, un dibujo, una descripción, un manuscrito, una lista, inclusive un *sketch* o juego de roles. La idea consiste en representar la solución deseada con el mayor realismo posible. Esto hace *explícito* lo *implícito*. Concéntrese en los elementos clave del desafío de diseño estratégico antes que en tratar de trasladar la solución completa al prototipo. La rapidez y el nivel de energía son cruciales para el éxito; a esta altura, menos puede ser más, puesto que disponer de demasiado tiempo puede hacer que el equipo se atasque por tratar de atender a detalles innecesarios.

Una vez construido el prototipo, el equipo necesita recibir comentarios constructivos y sinceros. Si bien los prototipos deben ser tan concretos como sea posible, no son la respuesta correcta, ni siquiera cuando se trata del prototipo final. He aquí el punto, precisamente: los prototipos se crean con la idea de que "el fracaso conduce al aprendizaje".

Los prototipos representan un instrumento de aprendizaje rápido, y ello significa que cuando se exhiben para ser comentados, no corresponde defenderlos ni explicar cómo fue diseñado por el equipo. En esta etapa, lo importante es recibir la mayor cantidad posible de comentarios, lo cual equivale a escuchar, no a explicar, ni a defender, ni a debatir. Recuerde que, en la medida en que los prototipos nunca estarán "bien" ni "terminados", constituyen un permiso para equivocarse. Aproveche este permiso y apunte a prototipos más audaces. Las inevitables concesiones llegarán después, y no se gana nada haciendo concesiones tras concesiones.

Cuando el equipo haya escuchado todos los comentarios, será el momento de avanzar hacia el próximo ciclo de la construcción de prototipos. Ello requiere de una disciplina inusual, dado que la respuesta humana y natural sería explicar por qué los comentarios han sido errados o injustos. El equipo debe olvidar esto, y extraer enseñanzas del ritmo frenético, y luego rápidamente construir un nuevo prototipo que incorpore lo mejor del anterior *y* de los comentarios que ha recibido. La presión del tiempo —en ocasiones salvaje y poco realista— es el catalizador que logra que esto suceda así. El DeepDive se efectúa alrededor de ciclos de lluvia de ideas (generación de ideas), rápida construcción de prototipos (construcción de soluciones), y ritmos frenéticos (comentarios y reacción) que pueden ser instrumentados para lograr su máximo efecto. (Ver ejemplos de agendas y desafíos de diseño estratégico en el Apéndice II).

En esta fase, la presencia de un facilitador puede desempeñar un papel vital. Naturalmente, cada equipo querrá refinar su idea hasta donde sea posible, y se mostrará renuente a salir en busca de nuevos comentarios antes de que el próximo prototipo haya sido "perfeccionado". Esto es un error: ¡se aprende más durante el ciclo de los comentarios que durante cualquier otra fase del proceso! La labor del facilitador consiste en alentar la audacia de los equipos, animándolos a presentar ideas atrevidas, buscar tanta reacción y comentarios como puedan, y aceptarlos sin dar explicaciones o ponerse a la defensiva.

Después de unos cuantos ciclos completos, los equipos habrán generado una gran cantidad de soluciones "prototípicas". En el frenesí final, es buena idea introducir alguna autoridad externa —puede ser el facilitador del equipo, o un ejecutivo de la empresa— que aporte algo con el fin de ayudar a los equipos a decidir cuáles de los prototipos, o aspectos de los mismos, lucen más prometedores. El propósito no es realizar una doble verificación de los equipos, sino proporcionar una perspectiva exterior a ellos.

Con este aporte, y otra visita a los expertos si lo desean, los equipos construyen un prototipo final que contiene los mejores elementos de todos los ensayos anteriores y de los comentarios que han escuchado. Este prototipo final se comparte con la audiencia a la que está dirigido y se convierte en la base de la solución al desafío que provocó el DeepDive.

El último paso consiste en repasar el DeepDive, a fin de empaparse de todas las ideas y revelaciones acerca del funcionamiento del proceso, y qué les gustaría modificar la próxima vez. Este Análisis Posterior A La Acción[4] debe incluir a todos los participantes: miembros del equipo y audiencia.

El Apéndice I muestra una descripción más exhaustiva del proceso. Verá que los pasos 1–4 se refieren a una cantidad de cuestiones que usted deberá tener en cuenta al planificar un DeepDive, que los pasos 4–11 tratan de cómo conducir el proceso, y que el paso 12 trata del análisis. Le recomendamos que lea todos los pasos sin interrupción, y que vuelva sobre las secciones correspondientes mientras planifica u organiza su DeepDive.

Al seguir nuestro compendio de cada paso, hemos ido "a fondo", destacando varios pasos del proceso que resultan esenciales para potenciar a sus equipos.

Elementos clave del proceso: consideraciones esenciales para alentar la realización de DeepDives en su organización

El DeepDive es un proceso que intenta que un grupo cualquiera alcance niveles de rendimiento semejantes a los de un *virtuoso team*, sobre una base confiable. Según lo ilustra nuestra investigación de grandes *virtuoso teams*, como los Limpiatubos de Edison, o el equipo que creó *West Side Story*, o el equipo de Amundsen, que descubrió el Polo Sur, el sello de su éxito se leía en la atención prestada al trabajo conjunto del equipo. Ya fuese por el modo en que seleccionaban los talentos, produjesen una visión, compartiesen ideas y especialidades, combinasen talentos diversos para lograr una colaboración eficaz, o utilizaran el espacio del modo más provechoso, todos los *virtuoso teams* que analizamos pusieron atención a estos detalles para alcanzar rendimientos elevados. El DeepDive es un proceso que permite que un líder y un equipo adquieran muchas de esas características, pero una enseñanza importante dentro de este libro es que tales detalles revisten una importancia fundamental y no pueden quedar librados al azar.

Para ayudar a que los profesionales o ejecutivos de su organización implementen el proceso, pasamos a proporcionarle sugerencias detalladas respecto de los cuatro pasos particularmente críticos en cualquier DeepDive eficaz. Aunque todos los componentes del proceso son importantes, según nuestra experiencia, estos cuatro pasos se destacan como aquellos que marcan el éxito de los DeepDives, y además subrayan lecciones claves acerca del trabajo en equipo eficaz. Los pasos en cuestión son los siguientes:

1   definición del desafío de diseño estratégico;

2   formación del equipo;

3   rápida construcción de prototipos; y

4   conducción del ritmo frenético de aprendizaje.

Creemos que no hace falta hacer hincapié en que, dado que se trata de una actividad grupal, la selección del talento que va a participar se halla en la base de cualquier desempeño extraordinario logrado por un equipo, y que también es necesario asegurarse de que toda su energía y fuerza intelectual se concentren en una visión, metas, u objetivos claros. En el DeepDive, ello se consigue mediante las etapas del proceso denominadas definición del desafío de diseño estratégico y formación del equipo. Otras dos características que distinguen a los equipos más eficaces son su inclinación a la acción y el asegurarse un intenso aprendizaje ininterrumpido mientras operan y ponen a prueba sus conclusiones. Estos dos elementos son inculcados por el DeepDive mediante el ritmo frenético de las fases de construcción de prototipos y aprendizaje. Teniendo presente lo dicho, pasemos a profundizar en los cuatro elementos esenciales de un gran DeepDive.

1. Defina el desafío de diseño estratégico: haga que el equipo se concentre y que todos estén mirando la misma página

El DeepDive somete a su equipo no menos que a usted a una presión considerable respecto del tiempo. En realidad, esta presión del tiempo es deseable, dado que marcará un ritmo de trabajo, elevará los niveles de energía del grupo así como sus expectativas de desempeño, promoverá un buen trabajo en equipo (contra el enemigo común: el reloj), y alentará la sinceridad, puesto que no se dispondrá de tiempo para que los participantes consideren las implicancias personales o políticas de las recomendaciones que vayan a proponer. Sin embargo, todos estos factores positivos se harán realidad sólo si usted le presenta al equipo

un desafío claro como el agua para que trabaje en él. Si la premisa con la
que lo expresa no es clara, descubrirá que los equipos pasarán gran parte
del tiempo tratando de descifrar lo que se espera que hagan, creando
sus propias interpretaciones, y probablemente sintiéndose frustrados
antes de decidirse a pedir ayuda.

Entonces, usted tiene que idear un desafío de diseño estratégico *claro,
simple, y conciso*, de ser posible, expresado en una sola oración. Debe
ocupar un lugar destacado en la introducción que les dirija, y ser amu-
rado a las paredes en la sesión plenaria y en las áreas donde trabajen los
subgrupos. El desafío debe ser lo suficientemente específico como para
que las personas involucradas puedan reconocer que ha sido resuelto
por algún prototipo si se diera el caso y, como cualquier buen objetivo,
debe describir el resultado esperado y el tiempo requerido.

Veamos un ejemplo. Digamos que su compañía está intentando buscar
el modo de impulsar las ventas de una nueva línea crítica de productos
que, a pesar de verse promisoria, no ha levantado las ventas tan rápidamente como usted desearía. El desafío de diseño estratégico podría ser el
siguiente: *"Crear un plan de ventas que impulse las ventas de nuestro
nuevo producto Delta, buscando como objetivo nuevas ventas de por
lo menos 40 millones en próximos 12 meses"*. He aquí un buen desafío
de diseño estratégico: es conciso, claro, y lo bastante preciso para dar a
los equipos un objetivo comprensible sin demasiadas limitaciones.

¿Cuáles serían algunos ejemplos de desafíos de diseño estratégico
menos eficaces? Bien, consideremos las siguientes modificaciones dirigidas al mismo desafío:

"Rápidamente, incrementar las ventas del producto Delta". La
idea básica se encuentra presente, pero ni es específica ni está
asociada a un margen de tiempo, de modo que tal vez los equipos
no la vean con claridad suficiente, lo que podría llevarlos a pasar
mucho tiempo discutiendo cual podría o debería ser el objetivo
en lugar de ponerse a trabajar en soluciones.

*"Rediseñar el sistema de comisión sobre las ventas para alentar a
la gente a vender más productos Delta"*. Aquí el problema reside
en que esta oración, más que una premisa de desafío, suena a
parte de una solución potencial. Además, también carece de un
objetivo específico relacionado con ventas o márgenes de tiempo,
de modo que resultaría difícil decidir si alguna de las soluciones
propuestas ha cumplido el objetivo.

"Convertir a Delta en nuestro producto más vendido para fines del corriente año fiscal, y agrandar la imagen de marca Delta en el mercado de modo que sobrepasemos las ventas del producto Gama de la Compañía X dentro del mismo período de tiempo". Si bien este desafío no se presta a dudas, tal vez es demasiado abarcativo. En realidad, ¿el resultado puede ser controlado por el equipo? Los equipos abocados a resolver este desafío van a necesitar mucho tiempo recabando y estudiando información que no poseen ni es sencillo conseguir: la que corresponde a las ventas de su propia línea en comparación con la línea de la empresa competidora. Esto podría inducirlos a disgregarse antes que a trabajar juntos.

Además, si bien este desafío ofrece oportunidad de proponer soluciones innovadoras, limita demasiado los posibles prototipos. Por ejemplo, ¿y si el producto Delta se estuviera vendiendo a través de un distribuidor a quien el reconocimiento de la marca le es indiferente?

Una clave para establecer un buen desafío de diseño estratégico consiste en pensar cuáles serían las limitaciones adecuadas. Esto delinea ciertos límites alrededor de posibles soluciones y contribuye a asegurar que las que emergen sean prácticas y útiles.

Una limitación típica consistiría en solicitar "resultados válidos y mensurables dentro del período de un año o menos". Sea específico respecto del tiempo, y asegúrese de que la solución sea entregada prontamente (es decir, un año podría ser demasiado tiempo). "Válidos y mensurables" significa que los resultados son aplicables a gran escala dentro del horizonte demarcado por las limitaciones del tiempo. También es probablemente buena idea imponer una limitación del tipo de "dentro de la realidad financiera vigente en la organización". Una vez más, usted busca creatividad, pero del tipo que pueda plasmarse en la realidad. Por otra parte, es posible que usted no desee una limitación referida a "a las realidades políticas o empresariales vigentes" porque, precisamente, puede tratarse de aquello que usted desea modificar para que se produzca una modificación significativa.

En nuestro ejemplo, **"Crear un plan de ventas que impulse las ventas de nuestro nuevo producto Delta, buscando como objetivo nuevas ventas de por lo menos 40 millones en próximos 12 meses"**, las limitaciones consisten en que es necesario trabajar con el producto existente, existe un margen de tiempo de 12 meses, y un objetivo de ventas. Dichas limitaciones aseguran eficazmente que usted sabrá cuándo se ha encontrado una solución factible.

Es probable que usted se encuentre bajo la impresión de que la formulación correcta del desafío de diseño estratégico es una de las cosas más importantes que puede hacer para obtener buenos resultados de su DeepDive. ¡Pues está usted en lo cierto! Dedique algún tiempo a ello, pruebe diferentes definiciones y redacciones, y pídales a sus colegas que le den su opinión acerca de la claridad, especificidad, y concisión del desafío que se propone plantear antes de implementar su DeepDive. De este modo, sus equipos entrarán de lleno en el campo de las soluciones sin demoras, en lugar de devanarse los sesos frente al significado del objetivo.

Nota final. Dado que usted trabajará con una cantidad de subgrupos, le corresponde decidir si desea que todos trabajen sobre el mismo desafío, o puede hacer que cada subgrupo trabaje sobre un desafío diferente. En el caso de un primer DeepDive, es más fácil que todos los equipos se ocupen del mismo objetivo, porque luego, al momento de evaluar los prototipos de los demás, todos estarán bien empapados del asunto. Sin embargo, si usted se propone examinar diversas dimensiones por medio del DeepDive, puede asignar un objetivo diferente a cada equipo. Por ejemplo, en el Apéndice 2 encontrará tres ejemplos de DeepDive dirigidos a lograr una mejor comprensión de los procesos clave de la compañía. A cada equipo le fue asignada la investigación de un proceso diferente que luego tendría que explicar a los demás. El tópico era compartido, no así el desafío. En cada agenda de un DeepDive, ponga especial atención a los tiempos permitidos, al desafío del diseño estratégico, y a las limitaciones. El DeepDive está pensado para ejercer presión sobre los equipos de modo tal que alcancen las cuestiones mayores con gran rapidez y concentración.

¿Quiénes son los mejores expertos? Eso depende del desafío específico que usted quiera resolver, pero no son necesariamente aquellos que ocupan los puestos más altos o que se encuentran más interiorizados.

2. Forme el equipo: coloque el talento

adecuado en el lugar correspondiente

Para organizar un DeepDive exitoso, necesita *involucrar a los individuos adecuados*, y asegurarse de que *la suficiente cantidad de su tiempo* se dedicará a la actividad que les propone. Por fortuna, ello no resulta tan difícil como suena, puesto que el DeepDive es rápido, flexible, y entretenido.

Para formar el equipo, necesita saber qué les está pidiendo. Un DeepDive puede realizarse en un tiempo muy corto, de entre 4 y 5 horas, y ciertamente debería ser posible hacerlo en un solo día para la mayoría de los desafíos a plantear. Lo ideal consiste en reservar un bloque temporal durante el cual los participantes no sean molestados y puedan dedicar toda su atención al DeepDive. Sin embargo, también es posible llevar a cabo DeepDive en bloques de entre 60 y 90 minutos extendidos a lo largo de una semana. Una elección de este tipo, por ejemplo, se presta para un evento realizado fuera de la compañía, como en el caso de un curso de entrenamiento o un retiro gerencial donde también se discutirán otros asuntos. Es más conveniente hacerlo en tiempo corrido, pero divídalo en partes si lo considera necesario para disponer de las personas adecuadas. No cabe duda de que es mejor contar con la gente adecuada dentro de un margen de tiempo más complicado que implementar un DeepDive al que le falta un elemento esencial.

Un buen DeepDive necesita tanta creatividad como disciplina. Para obtener la creatividad, usted debe comprometer personas cuya diversidad sea la más amplia posible, y en número suficiente, para así poder dividirlas en por lo menos dos grupos (aunque lo ideal son tres o más).

Aún más importante que la continuidad cronológica o el número de participantes es la especialización y las habilidades de los miembros de su equipo. El DeepDive se apoya en el principio "1 + 1 = 3" de los equipos de elevado rendimiento: la combinación de habilidades en una habitación puede generar ideas originales que no se le ocurrirían a un individuo en soledad. La diversidad en el grupo es positiva porque genera ideas más creativas e ingeniosas y, a diferencia de procesos más tradicionales, el DeepDive crea un medio poderoso donde es posible hacer a un lado las tradicionales barreras organizacionales y jerárquicas. Ello significa que usted debe sentirse libre para mezclar culturas, niveles dentro de la organización, y personalidades. En realidad, cuanto más de estas dimensiones logre combinar, más poderoso será el equipo resultante. Ayuda contar con una buena variedad de personas de "ideas" sumamente creativas junto con otras cuyas habilidades se centran en la reflexión y el compendio de los conceptos.

También necesitará incluir algunos expertos con sólidos conocimientos acerca del tópico específico (o desafío del diseño estratégico) que se propone abordar. Según de quién se trate, y del número del que disponga, puede desparramar a sus expertos más sólidos en el tema entre los distintos grupos, o mantenerlos aparte, en calidad de "asesores", durante la etapa inicial del proceso.

¿Quiénes son los mejores expertos? Eso depende del desafío que usted quiera resolver, pero no necesariamente son aquellos que ocupan los puestos más altos, ni quienes están más interiorizados del funcionamiento de su compañía. Por ejemplo, si usted se propone reorientar su empresa para que preste mayor atención a las necesidades del cliente en lugar de concentrarse tanto en la estructura interna, es probable que, en este caso, los expertos sean la línea de vanguardia; es decir, la gente que se halla en contacto permanente con el cliente, como los representantes de ventas y el personal de soporte. Mejor aún: ¿puede usted invitar a algunos de sus clientes? Si se trata de mejorar la capacidad ejecutora, los expertos serán los que realmente comprenden qué significa la ejecución; si desea trabajar sobre la estrategia de producto, va a necesitar una combinación de gurús del departamento de marketing y de la sección de tecnología. Aquí la clave reside en que la especialización tiene que ser "específica" respecto del desafío, y lo suficientemente detallada y práctica para mantener la actividad anclada en la realidad.

Dicho esto, no debe permitir que la necesidad de la especialización correspondiente limite la diversidad del equipo. Por ejemplo, en el ejemplo referido a la orientación al cliente, no debe usted invitar sólo a los equipos de ventas y sus soportes (particularmente porque es posible que también desee modificar conductas en otras áreas de la empresa). Tampoco quiere terminar realizando la experiencia con un grupo que, de uno u otro modo, ya se ha visto involucrado en algún aspecto del desafío que usted plantea: necesita personas libres de intereses creados, que puedan aportar ideas frescas a la cuestión. Invite, entonces, a una combinación de personal de ventas, de marketing, de operaciones, de ingeniería, etc.: cualquier combinación es buena en tanto haya suficientes expertos como para asegurar soluciones realistas, y suficiente diversidad para generar ideas que no puedan tildarse de obvias.

Es probable que usted se pregunte por el número de personas que puede o debe hacer participar de la experiencia. Equipos formados por entre cuatro y seis personas seguramente serán capaces de generar un amplio abanico de ideas sin tropezarse los unos con los otros. Asimismo, cuando llegue la etapa del ritmo frenético, durante la cual los equipos realizan sus comentarios y expresan sus reacciones acerca de los prototipos creados por los otros, un mínimo de tres equipos fomenta un intercambio positivo. Si se dispone de una mayor cantidad de personas, cuantos más, mejor. El DeepDive funciona bien en equipos de hasta ocho personas y, suponiendo que usted cuente con el espacio y las personas, un solo facilitador debería poder manejar un máximo de cuatro o cinco equipos a la vez.

Si usted desea introducir el DeepDive en un grupo mayor, puede hacerse —pero entonces necesitará más de un facilitador para asegurarse un "ancho de banda" suficiente para entrenar a todos los equipos y mantenerlos encarrilados. Hemos tenido buenas experiencias con reuniones de hasta 80 participantes, con 10 o 12 equipos inmersos en el DeepDive al mismo tiempo, pero es aconsejable comenzar con números más reducidos la primera vez que lo intente. En realidad, una firma líder en tecnología está planeando realizar un DeepDive dirigido a más de 300 participantes divididos en equipos de 20 durante un período de un día y medio a fin de asegurarse de que los concurrentes intercambien ideas y aprovechen el pleno valor de los oradores expertos. En suma, el DeepDive es un método flexible de encarar la efectividad del trabajo en equipo y transmitirla a los profesionales, sean pocos o muchos.

DEEPDIVE: MODELO DE CRONOGRAMA

Paso 1 Introducción: introduzca el proceso DeepDive y el desafío de diseño estratégico (60 minutos)

Paso 2 Visitas a los expertos en busca de ideas: casos, lecturas, juego de roles, artículos, videos, además de las experiencias traídas por usted. (Completadas: nosotros proporcionamos este material preparatorio, puesto que no se le había asignado tiempo con anterioridad al workshop (15 minutos).

Paso 3 Primera construcción del prototipo (incluye lluvia de ideas preliminar) (60 minutos).

Paso 4 Primera presentación del prototipo a ritmo frenético (presentación, reacción y comentarios, registro ¡sin debate!) (45 minutos).

Paso 5 Segunda construcción del prototipo (incluye lluvia de ideas) (45 minutos).

Paso 6 Segunda presentación del prototipo a ritmo frenético (30 minutos).

Paso 7 Tercer prototipo (incluye lluvia de ideas) (45 minutos).

Paso 8 Tercera presentación del prototipo a ritmo frenético (30 minutos).

Paso 9 Desarrollo del diseño final y presentación (60 minutos).

Paso 10 Discusión del proceso DeepDive, resultados de la construcción de los prototipos, y análisis y discusión final (60 minutos).

Nota: Bio descanso en algún momento: 10–15 minutos. Almuerzo, si somos afortunados.

3. Rápida creación de prototipos: asegúrese de que sus mejores ideas sean realistas y sustantivas

Todo DeepDive y, a nuestro entender, todo *virtuoso team* en prácticamente cualquier ambiente, necesita poner en juego sus ideas y probarlas con la mayor frecuencia posible antes de entregar los resultados finales. El DeepDive fuerza a los equipos a poner a prueba sus mejores ideas, al convertirlas en prototipos de soluciones específicas expresadas mediante un diseño. Por supuesto, independientemente de la complejidad del problema, es probable que una solución completa demande muchísimo trabajo —quizás días, y hasta semanas. El propósito de la fase que requiere de la rápida construcción de prototipos reside en poner rápidamente a prueba los elementos clave de la solución ofrecida por un determinado diseño; de alguna manera, para darle "tracción rápida" al problema. Significa centrarse sólo en los elementos clave, no en la totalidad de la solución, envuelta para regalo y con moño. Cuando tenga un prototipo, úselo para preguntar y responder las pocas preguntas cruciales y específicas que usted necesita responder. Cualquier DeepDive ofrece varios prototipos, de modo que a usted no le faltan oportunidades de formular diferentes preguntas y de obtener respuestas a los distintos problemas a medida que se desarrolla el proceso.

Muchas personas ya han oído hablar de la construcción de prototipos antes de ahora, provenientes del campo de la informática o del desarrollo de producto, por citar dos ejemplos. En dichos contextos, un prototipo se define como un modo de adquirir experiencia sobre problemas clave relacionados con el diseño, y sirve para recolectar la opinión del cliente muy al principio del ciclo (sin esperar a completar todos los pasos del proceso de desarrollo). Sin embargo, no existe razón alguna para restringir la construcción de prototipos a productos físicos. La rápida construcción de prototipos es *perfectamente aplicable* a cualquier medio donde un equipo necesite diseñar una solución para un desafío complejo. Puede utilizarse en problemas de marketing, diseño organizativo, estrategia, y demás campos. Este es un concepto clave sobre el que usted debe insistir, dado que a veces a los equipos les cuesta mucho convencerse de que pueden construir prototipos que no sean objetos físicos.

¿Dónde reside el poder del prototipo? Pues, en que las soluciones propuestas se despliegan abiertamente para que todos reaccionen ante ellas y las comenten. Los prototipos deben considerarse propiedad común. Ello es importante si se ha de evitar el síndrome de "eso no fue inventado acá". Posee también otros beneficios: un prototipo puede crear una visión de futuro mucho más convincente que un simple plan o una indicación verbal. Los prototipos infunden vida a los conceptos, alentando a las personas a comprar en una dirección compartida, y generando muchos más comentarios y reacciones concretos y significativos durante las etapas iniciales de un proyecto que cualquiera de las otras metodologías que conocemos. Y ello es así porque un prototipo es tangible —es algo que se puede discutir fácilmente. La construcción de prototipos también reduce el riesgo inherente a algunos procesos creativos, poniendo a prueba elementos clave de la solución antes de dedicarse de lleno a desarrollarla. Y, en la medida en que usted *construye los prototipos rápidamente* (es decir, no está fabricando el producto final), invierte poco tiempo, dinero, y ego. Ello facilita destripar un prototipo y volver a comenzar desde el principio si el equipo descubre que se encuentra en el camino equivocado.

Si la construcción de prototipos magnifica la potencia del proceso de diseño, el DeepDive, por su parte, magnifica la potencia de la construcción de prototipos, y lo hace comprimiendo varios ciclos de construcción de prototipos en un breve lapso de tiempo, acelerando así la habilidad de poner a prueba las ideas clave y ver qué reacciones y comentarios despiertan.

Un buen prototipo es aquel que encara el desafío de diseño estratégico (o algunos de sus aspectos clave), de la manera más clara, tangible y específica posible. Puede tomar casi cualquier forma —un rotafolio apoyado sobre un pizarrón, un modelo o estructura, un proceso, un objeto, e inclusive una teatralización en la que los participantes "actúen" aspectos clave de la solución. Lo que importa es que el prototipo sea lo suficientemente concreto y definido como para que logre transmitir sus elementos esenciales y despertar reacciones y comentarios específicos en la etapa siguiente. Cada uno de los equipos debe dedicar tiempo a este paso, transfiriendo las ideas principales producto de la lluvia de ideas a una solución específica.

Si bien las pautas establecidas en los párrafos anteriores son importantes, a esta altura también es fundamental *no* ser excesivamente legalista ni obsesionarse con el proceso. Especialmente durante las dos primeras sesiones que involucran la construcción de prototipos, los equipos tienen que sentirse autorizados a producir cosas originales del modo en que crean que pueden captar la solución. Esa es la razón de incluir juguetes y otros objetos en el ambiente. Anímelos a usarlos, y también a servirse de cualquier otro material, físico o abstracto, que se les ocurra. Quizás deba alentarlos a que se muestren más agresivos o a llevar sus ideas hasta las últimas consecuencias.

Es importante que los equipos se concentren en lo que el prototipo debería ser antes que en cómo presentarlo o explicarlo. En nuestra opinión, utilizar tiempo de esta etapa en confeccionar presentaciones en PowerPoint equivale a perderlo, dado que usted espera cambios radicales en los prototipos durante el transcurso del DeepDive, y el creador de la presentación no se encuentra presente durante las conversaciones que el equipo ha sostenido. Le mostramos a continuación algunas sugerencias que el equipo ha ubicado en sus lugares de trabajo, y en sus fichas recordatorias individuales cuando realizan un DeepDive:

SUGERENCIAS PARA LA RAPIDA CONSTRUCION DE PROTOTIPOS

► Comenzar por meta y propósito —encarar el desafío de diseño estratégico

► Concentrarse en las áreas de alto riesgo

► Adaptar los prototipos a las preguntas relacionadas con el objetivo

► "Estimativo" es bueno —ninguna técnica es demasiado simple

► Probar múltiples enfoques para un mismo problema

► Esperar lo inesperado

► Combinar la alta tecnología con tecnología poco avanzada

► Construir rápidamente los prototipos y obtener rápidamente reacciones y comentarios; ¡aprender!

► Utilizar el prototipo para recoger los comentarios, y avanzar

Fuente: IDEO

En esta etapa de un DeepDive, una tarea importante del liderazgo consiste en monitorear el progreso de cada uno de los equipos y alentarlos a terminar algo *específico* durante el tiempo limitado del que disponen. La presión del tiempo sirve a los propósitos de fomentar el trabajo en equipo (es decir, los integrantes trabajan juntos contra el reloj, antes que preocuparse por las implicancias personales o empresariales del prototipo) y de alentar la priorización, pues sólo habrá tiempo de trabajar en las partes más importantes del prototipo.

Terminada la primera fase de construcción de prototipos, los equipos necesitan experimentar las reacciones y comentarios provocados por las soluciones iniciales propuestas. Existen varias maneras de poner en práctica esta instancia, que discutiremos en el próximo apartado: la fase del ritmo frenético del aprendizaje.

Nota importante: Tenga en cuenta que durante un DeepDive se construyen muchos prototipos, y que el frenesí del aprendizaje ocurrirá repetidas veces. Estos dos primeros pasos componen un poderoso ciclo de aprendizaje que tiene lugar por lo menos dos veces al día, y que puede llegar a cuatro veces durante un DeepDive cuya duración puede ocupar, por ejemplo, uno o dos días.

4. Ritmo frenético para poner a prueba los prototipos: aprendizaje, reacciones y comentarios

En este paso del DeepDive, hacia el final del primer ciclo de soluciones, los equipos habrán recogido información, practicado lluvia de ideas acerca de los elementos clave de la solución elegida, y construido prototipos que reproducen y representan con fidelidad estas ideas fundamentales. Ahora ha llegado el momento de la verdad —o, por lo menos, el momento de máximo aprendizaje. Los equipos presentan sus prototipos, los exponen a las reacciones y comentarios, y los toman en consideración para el siguiente ciclo de construcción, de modo tal de mejorar y refinar los nuevos prototipos.

Existen diversas maneras de provocar las reacciones y comentarios a los que nos hemos referido. En la etapa avanzada del DeepDive, tal vez usted desee que los equipos presenten sus prototipos ante un panel de expertos o ante los altos ejecutivos, para así contribuir a la identificación de las áreas clave en las que es necesario concentrarse para llegar a la solución final. Sin embargo, en esta etapa, y para que los equipos conserven un elevado nivel de energía y aprendan los unos de los otros, es más conveniente que expliquen la solución representada por el prototipo a los otros equipos intervinientes, en un proceso de intercambio mutuo que hemos dado en llamar "ritmo frenético".

Dicho proceso consiste en que los equipos expliquen sus prototipos y registren las correspondientes reacciones y comentarios en paralelo. Esto funciona particularmente bien cuando los equipos están agrupados muy cerca unos de otros —ésta es la razón de ubicarlos en una habitación grande o en habitaciones contiguas sobre un mismo pasillo. Cada uno de los equipos deja a dos de sus integrantes en su área de trabajo, a fin de que ellos expliquen a los demás las soluciones representadas por sus prototipos, y los miembros restantes van a observar los prototipos de los otros equipos. Entonces, si usted ha formado tres equipos compuestos por unas seis personas cada uno, habrá seis junto a sus propios prototipos, y doce circulando y mirando prototipos ajenos.

Haga que todo el mundo se mueva; presentadores y analistas deben circular, y recoger la mayor cantidad de información posible. Quienes han quedado a cargo de la presentación deben trabajar en equipo: uno de ellos explicará el prototipo a los visitantes, mientras que el otro registrará las reacciones y comentarios que se produzcan. El presentador ha de mostrar el prototipo y dar una explicación *breve*, rápida y concisa, limitándose a describirlo antes que iniciar una conversación acerca de cómo fue realizado o de por qué es maravilloso.

A continuación, los visitantes dan a conocer sus reacciones y observaciones. Al igual que la descripción del prototipo, éstas deben ser rápidas y directas. Es necesario controlar el comportamiento de los equipos en este momento, y usted mismo debe aportar algún comentario para asegurarse de que los analistas no anden con rodeos. Para que el proceso funcione, es imprescindible dejar de lado una conducta típica de los equipos, que suelen decir una cantidad de cosas agradables antes de pasar a las críticas, actuando con la mayor cortesía y diplomacia al expresar sus opiniones. Ello no significa "destrozar" de palabra el trabajo de los otros pero, a fin de que el proceso se desarrolle a la velocidad prevista, hay que ser muy franco y directo. Dado que todos están recibiendo el mismo tipo de reacciones y comentarios al mismo tiempo, el enfoque es justo. De otro modo, se desperdicia un tiempo precioso.

Recuerde que, en este punto, su rol más importante consiste en fomentar comentarios claros, rápidos, directos, y francos. Debe insistir en que todos se expresen así, y entrenar a su gente para que evite el exceso de cortesía o ciertos comentarios demasiado generales o ambiguos. Resulta totalmente inútil —al menos durante un DeepDive— decir, por ejemplo: *"Creo que tu prototipo de automóvil es bastante bueno ... quizás tengas que trabajar un poco más en él, pero me gusta ... creo que yo no me opondría a manejarlo".* Es mucho más valioso escuchar algo como *"Me gusta mucho el frente, pero después de un año de uso, las llantas van a reventar, y las luces traseras son decididamente feas".* Prácticamente no cabe duda de que usted tendrá que entrenar e impulsar a los equipos en esta dirección, lo cual significa que necesitará realizar un muestreo del tipo de comentarios y reacciones que cada prototipo recibe, y moverse rápidamente de un equipo a otro. También puede desempeñar un papel activo aportando sus propios comentarios, y su ejemplo sentará las bases para que los intercambios sean eficaces.

Otra cosa que le compete es entrenar a los presentadores de los prototipos respecto de cómo recibir los comentarios. Si ha logrado que su gente hable de manera franca y específica, es natural que los equipos, que se han esforzado mucho en la construcción de sus prototipos, quieran ofrecer más explicaciones, o que se pongan a la defensiva e intenten discutir con la persona que los está criticando. Esto es malo por dos razones (mínimo): hará que quienes manifiestan sus reacciones y opiniones retomen el camino de la cortesía y sean menos sinceros, y también acortará el tiempo dedicado a escuchar, puesto que quien comienza a explicar o a defenderse reduce su capacidad de escucha, y utiliza tiempo que podría ser empleado para que el analista haga sus comentarios.

Para que el "ritmo frenético" funcione, usted tiene que preparar el ambiente. El propósito de este paso no es evaluar la calidad de los prototipos, ni elegir el mejor, ni discutir si un determinado concepto es correcto. En esta etapa temprana, los prototipos harán agua por todas partes, pero también es posible que encierren la esencia de una gran idea. El espíritu indicado debe ser el de "fracasar pronto, a menudo para triunfar más rápido". Cuantos más comentarios y reacciones, mejor; así el prototipo siguiente será más sólido y completo.

Usted tiene que subrayar estas cuestiones en dos ocasiones: primero, cuando presente el DeepDive, y luego, inmediatamente antes de comenzar cada uno de los "ritmos frenéticos", porque, pasado un tiempo, los participantes tenderán a volver a su habitual conducta "cortés".

SUGERENCIAS PARA LA EVALUACION

- ▶ Como analista: formule preguntas directas y francas, dé opiniones claras, ofrezca sugerencias sinceras.

- ▶ Como analista: no olvide que lo que ve puede ser algo que tal vez le sirva para usar en su propio prototipo. "No se avergüence de robar".

- ▶ Como receptor: no se justifique ni se defienda; acepte con elegancia.

- ▶ Como receptor: recuerde registrar lo que le dicen para no desperdiciar sugerencias.

- ▶ Como receptor: trate de superar los prejuicios que lo llevan a pensar que sus ideas son mejores: escuche a los demás.

El "ritmo frenético" no necesita durar mucho para ser eficaz. En un DeepDive de entre cuatro y seis equipos, y especialmente durante las últimas rondas, quince minutos suelen ser suficientes. La clave reside en dar a todos el tiempo necesario para ver la totalidad de los prototipos, pero sólo el necesario, no más. Esto es importante, dado que en la construcción de prototipos, la imitación es la forma más sincera del halago. Las personas que visitan a otros equipos no sólo deben formular sus comentarios, sino también captar lo mejor de las ideas del otro equipo para usarlas en el suyo en el futuro —la idea de "no se avergüence de robar".

Ciclo sinfín: el DeepDive se potencia por la continua repetición del ciclo que lleva de la construcción del prototipo al "ritmo frenético" (el reto al prototipo construido). Este ciclo impulsa la experimentación y el aprendizaje hasta alcanzar una solución mejor y más eficaz.

Conclusión

Si sus equipos necesitan potenciarse, piense en poner en práctica un proceso poderoso que crea características y capacidades semejantes a las de un *virtuoso team*. El DeepDive es uno de los procesos que poseen dichas características, y permite que los equipos de cualquier sector de su organización obtengan resultados concretos, rápidos, y enmarcados dentro de las limitaciones propias de cada caso, aprovechando a pleno el potencial de cada integrante del equipo.

Notas

1. Katzenbach, Jon R. y Smith, Douglas K.: *The Wisdom of Teams.* McGraw- Hill, 1993, pág. 5.
2. Ibíd., págs. 65–67.
3. ABC News: "Nightline: The Deep Dive", julio 13 de 2003, *www.abcnewsstore.com*
4. El Análisis Posterior A La Acción (AAR) es una técnica de aprendizaje utilizada por el Ejército estadounidense, y nos fue señalada por el Profesor David Garvin (Harvard Business School), quien tradujo el AAR en un poderoso proceso de aprendizaje gerencial y organizacional. Ver David A. Garvin: *Learning in Action: A Guide to Putting the Learning Organization to Work.* Cambridge, Harvard Business School Press, 2003.

Apendice I

Guía de implementación

Las secciones anteriores le han dado una visión general del proceso DeepDive. Ahora nos adentraremos en los detalles de los 12 pasos del proceso.

1. Defina el desafío de diseño estratégico
   - *Describa el desafío de diseño estratégico de manera clara, simple, y concisa*
   - *Incluya el/los resultado/s deseado/s y el margen de tiempo*
   - *Pregunte cómo sabrá un equipo si una solución dada cumple con su objetivo*
   - *Asegúrese de que la solución no quede implícita en la descripción del desafío*
   - *Incluya limitaciones que aseguren que las soluciones sean realistas y factibles, pero trate de evitar aquellas que se encuentran en la raíz del problema (a menudo existen cuestiones organizacionales que la empresa se ha impuesto a sí misma y que no es posible modificar)*
   - *Impulse la puesta a prueba del desafío de diseño estratégico antes del DeepDive*
   - *Puede elegir un único desafío de diseño estratégico para todos los subequipos, o uno diferente para cada uno de ellos*

2. Forme el equipo
   - *Planifique uno o más bloques de tiempo para dedicar al proceso*
   - *Las personas son más importantes que los cronogramas: adapte el cronograma para que la gente que necesita pueda asistir*

- *Combine los tipos de personalidad —consiga suficientes personas con ideas*
- *Maximice la diversidad: cultura, funciones, roles, edad, gente de la empresa/gente que no pertenece a la empresa*
- *Reclute expertos —pero no sólo expertos. También necesita gente sin intereses creados/sin ideas preconcebidas*
- *Lo mejor es realizar su primer DeepDive con un total de entre 12 y 30 personas*

3. Prepare la habitación
   - *Elija un lugar estimulante e interesante*
   - *El área donde se realizará la reunión plenaria debe ser amplia, con espacio para circular*
   - *Soportes de video y presentación*
   - *Una habitación o un área con paredes amplias para cada subequipo*
   - *Las habitaciones donde trabajan los subequipos deben estar muy cerca unas de otras, o bien hágalos trabajar en sectores de una habitación grande*
   - *Instale pósters que muevan a la inspiración y otros materiales visuales en la habitación*
   - *Ponga materiales aptos para la construcción de prototipos a disposición de todos los equipos*

4. Prepare el escenario —aliste los equipos, inicie la jornada
   - *Planifique una agenda ajustada, pero realista*
   - *Asegúrese de que todos comprendan el desafío de diseño estratégico*
   - *Designe los equipos*
   - *Establezca las reglas básicas: siga el proceso, dedíquese a la jornada*
   - *Mantenga un ritmo rápido y el equipo unificado*
   - *No rigidice demasiado la agenda —permita cierta flexibilidad*

5. Visite a los expertos; aprenda, exhiba, y comparta los problemas
   - *Consulte a algunos expertos con antelación, tráigalos al DeepDive, o hágase de tiempo para visitarlos*
   - *Comparta un "conjunto de ideas y cuestiones para comenzar" ubicándolas sobre una pared*
   - *Haga que todos vean la pared al comienzo del DeepDive*

- *Marque las ideas que resulten usadas por el equipo*
- *Vuelva a la pared si le falta inspiración*

6. Lluvia de ideas en busca de posibles soluciones para el desafío de diseño estratégico
   - *Repase las "reglas" e insista en que se respeten*
   - *Debe ser un proceso de equipo —no permita listados individuales de ideas*
   - *Comience por la mejor idea tomada de la pared*
   - *Genere muchísimas ideas —¡busque cantidad!*
   - *Numere las ideas*

7. Vote las ideas que conducen a las mejores soluciones
   - *Recurra al voto secreto o al voto cantado para seleccionar las mejores ideas aplicables a la construcción de prototipos*
   - *Hágalo rápido —la impulsividad puede ser importante*

8. Cree prototipos velozmente
   - *Construcción de prototipos = aprendizaje*
   - *Traduzca las ideas clave en soluciones concretas*
   - *Sea audaz y específico*
   - *Confíe en el proceso*
   - *Respete los plazos*
   - *No imponga reglas para los formatos —existen muchas maneras de crear prototipos*

9. Ritmo frenético —ponga a prueba los prototipos y obtenga rápidamente reacciones y comentarios
   - *Dos personas por equipo presentan el prototipo y registran las reacciones y los comentarios*
   - *Otros integrantes del equipo analizan y critican todos los demás prototipos*
   - *Los buenos comentarios no andan con rodeos, son sinceros, específicos, y directos*
   - *Quienes reciben los comentarios, escuchan y registran, no se defienden*
   - *Muévase rápidamente, mantenga elevado el nivel de energía, y haga que comiencen los intercambios verbales generalizados*

10. Repita el ciclo: lluvia de ideas — prototipo — ritmo frenético
  * *Mínimo de tres ciclos (incluyendo el último) para desarrollar ideas*
  * *Equilibre el tiempo entre la lluvia de ideas, la construcción de prototipos, y el ritmo frenético*
  * *Presione para obtener resultados agresivos y audaces*
  * *Mantenga elevado el nivel de energía y el DeepDive en movimiento*

11. Construya el prototipo para la solución definitiva
  * *Reúna a todos para iniciar la ronda final del prototipo*
  * *Conceda un poco más de tiempo para "pulir" detalles*
  * *Motive a los equipos —piense en un concurso, o en un premio*
  * *Cada equipo presenta su solución*
  * *Los equipos votan la mejor, o los mejores aspectos de cada una*
  * *Explique lo que sucederá a continuación*

12. Análisis del DeepDive
  * *Inmediatamente, cuando las ideas aún están frescas*
  * *Haga que cada equipo diga lo que conservaría, lo que modificaría, y cuáles son sus recomendaciones para efectuar las modificaciones*
  * *Su trabajo consiste en escuchar y registrar lo que ocurre, no en justificar ni defender*

Apendice II

Tres ejemplos de agendas DeepDive

1. DeepDive: ideas para productos

(10 equipos, 60 personas)

El desafío de diseño estratégico

¿Cuáles son las ideas de producto de máxima prioridad que debemos buscar en nuestra investigación?

Cronograma

60' **Preparación del escenario.** ¿Por qué estamos aquí? ¿Por qué necesitamos generar nuevas ideas? Explicar los beneficios clave para el consumidor. Explicación de la mañana: lógica, logística, reglas básicas. Exhibición del video DeepDive.

60' **Visitas a los expertos.** Los equipos discuten ideas interesantes para emprender nuevos negocios. Mirar las ideas ubicadas sobre la pared, generadas antes del *workshop* (por e-mail) para alimentar la inspiración. Elegir las cinco mejores ideas del equipo propio y compartirlas con el grupo. Cada equipo cuelga una página de su rotafolio al frente de la habitación. Cada participante vota las ideas que encuentra más interesantes (tres votos cada uno, pero no le está permitido al participante votar por sus propias ideas).

15' **Coffee break** [interrupción para café y bocadillos] Durante este período, los facilitadores suman los votos, y deciden cuáles son las cinco ideas a encarar cuando se reanude la actividad —nuestro "desafío de diseño estratégico".

2.25 horas

10' **Reagrupamiento**: mostrar las cinco ideas y explicar los próximos pasos. Una idea por mesa (y 2 mesas por idea). Establecer las expectativas: *"Las soluciones representadas por los prototipos deben ser acciones que usted y su jefe puedan rastrear, monitorear, y discutir cada vez que se reúnen".*

Establecer las limitaciones: se debe satisfacer por lo menos uno de los **beneficios clave para el consumidor**, y el **tiempo de llegada al mercado debe ser inferior a 2 años**.

30' **Lluvia de ideas** sobre la idea para el producto que le fue asignada. ¿Cómo funcionaría? ¿Qué tecnología requiere? ¿A qué beneficios clave para el consumidor responde? ¿Quiénes son los consumidores potenciales?

20' **Construcción de un prototipo** para la solución.

20' **Primer "ritmo frenético".** Comparta los prototipos con los demás equipos. Los equipos se dividen: la mitad de los integrantes permanecen en su mesa, y la otra mitad circula para visitar otros dos equipos, escuchar qué se les ha ocurrido, y realizar comentarios/críticas acerca de sus elecciones. No se permiten defensas de los prototipos, ni explicaciones prolongadas —sólo escuchar y registrar críticas/comentarios.

20' **Segundo prototipo.** Tomar en cuenta lo que se escuchó de los otros equipos, lluvia de ideas respecto de lo que es necesario hacer, y luego rearmar, mejorar, y/clarificar nuestro prototipo.

20' **Segundo "ritmo frenético",** pero esta vez todos toman parte, es un mercado de ideas. Eche mano de quien pueda, explíquele su prototipo, y escuche comentarios y reacciones.

20' **Tercero y último prototipo.**

20' Todos los prototipos colgados sobre una pared o ubicados en el frente de la habitación. Todos recorren la muestra. Buscar puntos en común, contradicciones y elementos que fueron aprobados/elogiados a partir del primer prototipo. Acordar cuáles son los puntos con los que no se está de acuerdo. Conversar sobre los pasos siguientes.

2.75 horas

2. DeepDive: transformación de la organización

El desafío de diseño estratégico

Identifique, para ser presentados a los ejecutivos senior el martes, los cinco máximos factores clave de éxito que asegurarán que la transformación de la organización del proyecto X proporciona a su compañía un valor real y concreto para el 2x de abril, y que mostrará un progreso notable y aumentará su valor para el 2x de julio.

Limitaciones del diseño estratégico

1 Tiene que poder presentar estos cinco factores críticos para el éxito (que consisten en cosas que es necesario hacer inmediatamente, y deben estar muy bien hechas) a los ejecutivos senior para el martes próximo. La presentación no debe exceder los 10 minutos.

2 Los cinco factores críticos para el éxito deben impulsar las transformaciones propuestas por usted de manera audaz.

3 Los cinco factores críticos para el éxito deben ser EBITDA [sigla en inglés] (Ganancias Previas a los Intereses, Impuestos, Depreciación y Amortización) y sensibles al valor del cliente y sensibles al valor que el cliente representa para la empresa.

4 Los cinco factores críticos para el éxito deben ser coherentes con los objetivos, valores, y promesa de marca de su compañía.

Cronograma

Los equipos ya se encuentran familiarizados con el DeepDive, de modo que no se necesita introducción.

Paso 0: Visite a los *expertos* en busca de ideas: casos relacionados, lecturas, juego de roles, artículos, videos, agregados a su propia experiencia (Completado)

Paso 1: Primer diseño del prototipo (incluye lluvia de ideas) (45 minutos)

Paso 2: Primera exhibición del prototipo (presentación, reacciones y comentarios, registro) (30 minutos)

Paso 3: Segundo diseño del prototipo (incluye lluvia de ideas) (45 minutos)

Paso 4: Segunda exhibición del prototipo (30 minutos)

Paso 5: Tercer prototipo (incluye lluvia de ideas) (30 minutos)

Paso 6: Tercera exhibición del prototipo (20 minutos)

Paso 7: Desarrollo del diseño final (30 minutos)

Paso 8: ¿Respetamos las limitaciones del diseño? Este diseño, ¿va a funcionar?

Paso 9: Discuta el proceso DeepDive, los resultados de la construcción de prototipos, el análisis general y los intercambios verbales (30 minutos)

Nota: Bio recesos en algún momento: 10–15 minutos. Almuerzo, si hay suerte.

3. DeepDive: información de procesos

Su desafío de diseño estratégico

Una **presentación de 20 minutos** (máximo) por equipo, que debe incluir los tres puntos clave detallados a continuación:

1 **Describa los dos procesos clave de la compañía que le fueron asignados.** Qué son, cómo funcionan, y de que manera se relacionan con los otros procesos o dependen de ellos. Use técnicas visuales.

2 **¿Por qué son importantes dichos procesos?** ¿Cómo se vinculan a la estrategia?

3 **El "despertar de la curiosidad" (elevator pitch).** Describa en 30 segundos aquellos aspectos de uno o ambos procesos grupales que son importantes para un ejecutivo recién llegado a la compañía.

Suplemento: comentarios, críticas, sugerencias, preguntas que no han sido respondidas, si los hubiere, acerca de sus dos procesos.

Advertencias:

▶ *No* se le pide que cree procesos.

▶ *No* se le pide que mejore los procesos.

▶ *No* se le pide que critique los procesos, aunque puede hacerlo si lo desea.

▶ Considere a cada proceso "tal como es", según se los han descripto los especialistas, y de acuerdo con lo que usted sabe de ellos por su propio trabajo.

Cronograma

13.30 a 14.15 Introducción a la sesión grupal de procesos
Video DeepDive, programa, reglas, logística.

14.15 a 14.45 Paso 1: organización de los equipos
Cada equipo discute por separado su enfoque de la asignación. Lluvia de ideas; acuerdan sobre la estrategia a utilizar, las preguntas, la definición y la distribución de tareas. ¿Qué información necesitan para cumplir con lo encomendado? ¿Quién hará qué?

14.45 a 15.15 Paso 2: procesos grupales —"aprender de los especialistas"
Es responsabilidad de los participantes obtener una muestra de cada proceso grupal. Aunque el trabajo que le han asignado exige que se concentre en dos procesos grupales, debe ser capaz de explicar de qué manera estos procesos se vinculan con los otros. Escriba sus ideas sobre algo que luego pueda ser fácilmente colgado en la pared.

15.15 a 15.30 Receso —coloque las ideas y la información recogida en la pared que corresponde a su equipo.

15.30 a 16.00 Paso 2 (continuación): procesos grupales —"aprender de los especialistas"— los procesos restantes
Escuche atentamente. Tome notas. ¿De qué manera se relacionan estos procesos con los de los que ya hemos hablado? ¿Qué más necesita saber?

16.00 a 16.30 Paso 3: equipo
Reagruparse e intercambiar ideas. Poner las ideas sobre la pared del equipo. Mirar los aportes de todos y decidir cómo aprovechar la próxima sesión. ¿Qué falta? ¿Cuáles son las preguntas pendientes de respuesta?

16.30 a 17.30 Paso 4: "aprender de los especialistas" *en detalle*
Un especialista en procesos por habitación. Los equipos eligen con qué especialistas desean hablar y durante cuánto tiempo.

17.30 a 18.15   **Paso 5: equipo —diseño del primer prototipo**
Al momento de retirarse de la sesión, cada uno de los integrantes debe llevar consigo un prototipo: *una hoja de papel que contenga la explicación del prototipo.* Confeccione una lista de las preguntas que todavía no han sido contestadas en un rotafolio.

18.15 hasta finalizar   **Paso 6: comparta sus primeros prototipos con otros** mientras toman un cóctel y se reúnen en una cena informal. ¿Qué piensan los demás? **Presente su prototipo y pida reacciones y comentarios** pero **no lo defienda** ni se enrede en largas explicaciones; **simplemente, escuche.** Anote los comentarios que recibe.

08.30 a 09.30 **Paso 7: equipo —diseño del segundo prototipo**
¿Qué comentarios recibió de los usuarios la noche anterior? ¿Qué nuevas ideas han surgido? ¿Qué se aprendió de los prototipos de los otros? ¿Qué fue lo que los usuarios no comprendieron la noche anterior? ¿Qué aprendizaje tuvo lugar? Incorpore estas ideas, sugerencias, y críticas a su segundo prototipo.

9.30 a 10.00   **Paso 8: ponga a prueba el segundo prototipo**
Divida a su equipo en dos mitades: una permanecerá junto a la pared para dar explicaciones a los otros equipos. La segunda mitad visita a otro equipo. El procedimiento se repite dos veces. El equipo anfitrión realiza una breve presentación de su prototipo (10 minutos máximo) y el equipo visitante expresa sus reacciones y comentarios.

Equipo anfitrión: Escuche. No se defienda. No tema "fracasar".

Equipo visitante: Sea conciso. Sea positivo. Sea franco.

10.00 a 10.45 **Paso 9: diseñe el prototipo final**
Compare el aprendizaje adquirido entre prototipos. Complete el suyo.

10.45 a 11.00   **Receso**

11.00 a 12.30   **Sesión plenaria**
Presentación y discusión de los prototipos confeccionados por cada equipo, con la presencia de expertos y altos ejecutivos, quienes harán los comentarios respectivos.

Apendice III

Muestra de materiales utilizados durante un

DeepDive

Tabla 9.1 Material utilizado para un DeepDive de 60 personas
(10 equipos de 16)

Artículo	Cantidad	Comentarios
Rotafolios	10	Con trípode o soporte
Lapiceros	60	Lapiceros comunes
Marcadores	60	Para escribir en los rotafolios, colores varios
Fichas	300	Tamaño mínimo: 12 × 8 cm.
Taco portanota adhesivo	60	1 por partcipante, colores varios; tamaño mínimo 75 × 75 mm.
Stickers para votar	300	Circulares, colores brillantes, cualquier tamaño —sólo deben ser muy visibles
Hojas de papeles de colores	180	Tamaño estándar (21.6 × 28 cm.)
Tijeras	10	Una por equipo
Cola	10	En tubo o pote
Cinta adhesiva	10	Rollos de cinta scotch
Cordel	5	Ovillos
Papel de aluminio	3	Rollos de cocina comunes
Cinta de enmascarar	10	Rollos
Cortantes	10	
Cartulina	20	Tamaño normal (A4 o 21.6 × 28 cm.)

Usted puede proporcionar materiales que sirvan, a modo opcional, para que los equipos construyan sus prototipos. Esto queda a su exclusivo criterio —es posible llevar a cabo DeepDives exitosos con o sin estos materiales.

Para el ejemplo de DeepDive descripto anteriormente, proporcionamos los materiales que se detallan a continuación, colocándolos en una ubicación de fácil acceso a todos los equipos. Alrededor de la mitad de ellos aprovechó la opción:

planchas y bloques de poliestireno	bandejas de plástico
corchos	botellas de plástico
arandelas de rieles para cortinas	ganchos de plástico
cordel de color	tubos de plástico
arandelas de acero, tuercas, tornillos	palitos de helado (de madera)

www.ingramcontent.com/pod-product-compliance
Lightning Source LLC
Chambersburg PA
CBHW031808190326
41518CB00006B/248